今天怎样做教师

师生关系

管理

教学

个别学生教育

教师自身素质提高

王晓春 著

点评100个教育案例（中学）（修订版）

大夏书系·教师专业发展

华东师范大学出版社
ECNUP
全国百佳图书出版单位

目 录
contents

第二部分　教学问题

第三部分　管理问题

第四部分　师生关系问题

第五部分 个别学生教育问题

修订版序

　　这本书是2005年第一次出版的，内容是我在"教育在线"和"K12"等教育网站上和老师讨论的案例。书出版后很受欢迎，先后加印了十几次。最近出版社和我联系，要出一个修订版，我答应了，因为此书初版毕竟过去十来年了，有很多新情况、新问题需要研究。又因为多年来我始终没有间断在网上与老师们讨论问题，手里也有了不少新案例。这次修订，我更换了近三分之一的案例，改动算是比较大的，读者很容易分辨哪些是新入选的案例，只要2006年之后的都是。原书缺少关于教学案例的内容，这次特意补上了，十几个案例都是国外的，很有参考价值。

　　案例研究是理论联系实际的研究。如果师范院校能开设案例研究课，则学生毕业后走进学校教课、当班主任，会很快适应角色，减少很多挫折。如果学校里能经常组织教师讨论教育教学案例，教师的专业水平也会提高得比较快。

　　目前，学校老师写总结的时候也常常谈到一些案例，但那种写法是宣传性质的，不是研究性质的。很多学校还在提倡教师写教育随笔，老师们辛辛苦苦写了不少，但多是"记叙文"，叙事加些抒情而已，对案例鲜有深入全面的分析，尤其缺乏质疑。有的学校也组织老师"会诊"一些案例，但讨论来讨论去，深入不下去。所以，若想推进案例研究，必须首先培训一些有一定理论基础且又善于思考的骨干，每所学校有一两个这种骨干就可以把案例研究带动起来。

　　教师培训，这方面很薄弱。现在的教师培训，专题学习很少，内容多是大杂拌，讲课人集中在两端，一端是高校教师或科研人员，善讲理论，一端是优秀教师，介绍自身经历、经验。这两种人的讲课内容有一个共同特点，出发点都是"自己手里有什么货色"，而不是"学员想解决什么问题"，他们都是在宣讲自己的好东西，而不是从学员的需要出发，帮助学员学会分析眼前的问题，加以解决。我们的教师培训，路子和中小学课堂其实是一样的：宣讲，灌输。这需要改革。教师自己都没有体验"探究式学习"的感觉，如何在课堂上引导学生进行探究式学习？我觉得可以考虑举办专门的案例培训班，课上不干别的，只是探究案例，讨论和争论。至于理论学习，自己课下读书就行了。

王晓春

2014.8

初 版 前 言

　　以李镇西老师为总版主的"教育在线"网站，我常去访问。那里发言盈庭，议论滔滔，其实讨论的主要是一个问题：我们今天怎样做教师。好多人都觉得现在当老师太难了，常常内心茫然，手足无措。我对此发了不少议论，引起了一些网友的注意。

　　去年10月，教育在线"班主任论坛"版主基石老师发短信问我可不可以开一个小专栏，回答令年轻班主任困惑的问题，对一些案例进行点评。我同意了。于是在"班主任论坛"上就出现了一个固顶的帖子"长者引领——王晓春老师指点我们！"署名"基石"。基石老师在开场白中说："今天，我就把这个帖子作为我们班主任案例研究的成长地，作为王老师指点我们年轻班主任的自留地。"

　　在这个网站上，像我这样六十多岁的人确实不多，称我为"长者"我只好承认，只是"引领"和"指点"实不敢当。无奈来讨论问题的青年教师一个赛一个的谦虚，我也就只好咬紧牙关，不去一一表白了。我告诫自己，讨论问题，我不过是个发言人而已。我一定坦率地说出自己的意见，但是必须竭力避免教训人的态度。人家说"引领"，是一种礼貌，自己若当真，那就太不清醒了。

　　总而言之，我老汉这块"自留地"就开始耕耘了。风调雨顺，庄稼长势喜人，不到半年的时间，我就点评了教育案例将近200个，点击次数已经达到1.5万次。也算"郁郁葱葱"吧！

　　2005年3月，华东师范大学出版社编辑吴法源先生给我发来电子邮件，跟我商量，是否可以就此写一本案例点评的书。我答应了。于是读者面前就有了这本书。

　　本书选取的案例，除了个别案例之外都是中学的，共100个。有问上门来的，也有我送上门去的。凡是我没有注明出处，只注了作者（网名）的，都选自"教育在线"。主要是"班主任论坛"，也有"学校管理论坛""宏观教育思考""教师之友论坛""李镇西之家""教师随笔"等栏目。K12教育教学论坛我去访问的次数也较多，从里面选了一些案例。为了节约读者时间，较长的案例我都做了缩写或摘录。在此，对所有这些网友和版主表示衷心的感谢。

评了这么多案例，我总的感觉是，相当一部分中小学教师的工作方法太简单了，而且多年如一日，变化不大。无非是一边"严管"，一边"奉献爱心"。严管不见效，就用爱心感动之，爱心感动不了，就更加严厉地管理之，再不管事，只好借家长的手"修理"之。然而学校管不了的学生往往家长早就失控了，家长还在指望老师把他的孩子弄过来呢！于是没棋了。剩下的只有牢骚、无奈和疲惫。而且工作方法越简单，教师越感觉劳累，因为低科技含量、低效率的重复劳动最磨损人的心灵。我感觉，以这样的专业能力应付日新月异的社会和越出越奇的新一代，难免捉襟见肘，力不从心。

为什么工作方法如此简单呢？因为思维方式简单。其工作方法中主观印象的含量远远高于智慧的含量，二者严重失衡。教师遇到学生问题，很少假设多种可能，只作单项归因，而且对谁都这样归因。在更多的情况下，教师根本不问原因，甚至不想知道原因，只要你达不到我的要求，上来就管，就批。所以从他们的教育方法中较少找到专业色彩，也就是说，没有学过教育专业的人，也完全能用这种方式工作。比如发火，比如评比，比如罚抄作业，比如不让回家，比如赶出教室，比如给家长打电话告状……这属于"非研究型"教育，"非专业型"教育。与其说这是教育，不如说这是"管孩子"。

所以，要做一个与时俱进的新型教师，提高专业水平，提高工作的"科技含量""智慧含量"，乃当务之急。

要提高教师的专业水平，光给教师布置工作指标是不行的，光用各种规章制度管、卡、压教师是不行的，光进行煽情的师德鼓吹是不行的，因为这些都是在打"外围战"。许多领导总想用单纯的行政手段来解决业务水平问题，此路不通。学术问题只能用学术手段解决，行政管理只是帮助创造一些条件而已。

提高教师专业水平有多种办法，愚以为案例研讨较好，值得提倡。

现在比较普遍的情况是：在一头，专家们总是宣讲一些令教师昏昏欲睡的抽象理论；而在另一头，教师们则忙于总结停留于事物表面的肤浅经验。二者各走各的路，如两条平行线，向远处延伸……

案例研讨恰好可以把这二者联系起来，结合起来。

案例研究的特点是"就事论理"。

因为它"就事"，从案例出发，所以它不脱离实际，老师们看起来亲切；又因为它要"论理"，它必须从案例中抽出理性的结论，所以它不至成为单纯描述性的文字。谈的是司空见惯的事情，结论却往往与教师通常的想法相距甚远，震撼之余，就会有所启发。

"就事论理"即是本书的路子。

案例研究与正规的个案研究有些区别。正规的个案研究，研究者常常是要亲身参与其中的。本书中的案例却都不是我亲眼所见和亲身经历的，我只能通过教师的叙述间接地了解情况。这是一种缺憾，加大了判断失误的可能性。因此我很欢迎读者的批评。

我们今天怎样做教师？一言以蔽之：光有良好的师德是不够的，光激情燃烧是不行的，还要有科学的思维方式，真正的专业水平。

王晓春

2005.5.23

第一部分
教师自身素质提高问题

　　教师素质涵盖很多方面，这一部分侧重讨论的是教育理念问题和思维方式问题。

"我的教学成绩从没有这么好过"，
"欣喜的同时我有点心虚"

王老师：

　　说实话，从教十几年来我的教学成绩从没有这么好过。以前我教的班生源都是中下等，因此我的信心不是很大，要求不是很严格，最后的考试成绩也就是中等。现在我们班不论是考试还是体育比赛、文艺演出，都是数一数二的，我从没这么成功过。我也分析过我现在的"成功"：一方面是生源好，因为我是组长，学校会把比较好的孩子放到我的班，为的是将来出成绩。二是因为我这一年要求特别严格（从未有过的严格），不论是对孩子还是对家长。我提出的要求，无论大小，他们必须不折不扣地执行，哪怕数学作业留的是孩子和家长做猜数游戏，如果我发现有的家长没有和孩子做，我也会找到这位家长问原因，并要求必须补上。家长和孩子都觉得我特别厉害，因此在完成我的要求上也确实战战兢兢地努力做到最好。欣喜的同时我也有点心虚，我总觉得这么干虽然效果特别好，但是路子不对，用一句特时髦的话说就是，不利于学生的可持续发展。我的这种方法主要是跟我原来的一位同事学的，她就是这样从一个成功走向另一个成功的。我给那个班上过一节心理活动课，我发现那个班的孩子虽然学习特别棒，可思维很不灵活，想象力也打不开，教学效果还不如同年级一个最差的班——班里的孩子学习成绩最差，纪律散漫，但是在我的心理活动课上孩子们的想象力特别丰富，在游戏中遇到了难题，他们想出的办法也特别的多，有些办法我都没有想到。当时我就想，为什么同样的一节心理活动课，好班上出来的效果差，差班上出来的效果好呢？是不是和班主任的教育理念有关系？严格要求的结果就是带出了一群坚决执行命令的好兵，但是他们不会自己打仗。而给孩子们空间的老师却能激发出孩子们的潜力，让他们朝着适合他们的方向前进，但是他们可能在学业上不是很出色。现在，我也带了一个好班，我就不自觉地沿着我同事的路走了下去，我也成功地复制了她的成功，但是我真的不想让我的学生成为只会服从命令听指挥的好兵，我也不想永远当司令，我希望他们能够自觉战斗。我觉得我该转变角色了，但是怎么转，转成什么型，我得仔细地想清楚。（赵琳）

○ 点评

教育成功的三个层次

上面是一位小学老师发给我的邮件，我征得她的同意，发在了 K12 教育网站上。本书是中学的案例书，第一个入选的却是一位小学教师的案例，为什么？因为这个案例在中小学都很典型，而且发表读后感的老师多是中学老师。

这篇文章使我想到一个问题：我们做教育工作，什么是成功？像上面这位小学老师，她的工作显然是成功的，"不论是考试还是体育比赛、文艺演出，都是数一数二的，我从没这么成功过"。我认为这是第一个层次的成功——业绩的成功。也就是说，按照目前通常的标准，按照上级的考核要求，她成功了。评个优秀教师，模范班主任，学科带头人，得个什么什么"杯"，看来没问题。

但是这位老师的可贵之处在于，她质疑自己的这种成功，她想追求第二个层次的成功。第二个层次的成功是什么呢？是真正的育人的成功。不满足于取得好的业绩，而是要切实提高学生的素质，使他们得到真正的发展。她敏锐地感觉到，第一个层次的成功与第二个层次的成功有时是矛盾的。教师追求工作业绩的时候所采取的许多措施，可能是速效的、短视的、有后遗症的、不利于学生可持续发展的。这和经济上盲目追求 GDP 的道理是一样的。你不能说 GDP 提高不是成功，但这毕竟是第一个层次上的成功，如果不及时上升到第二个层次，经济发展就不可持续，未来就会出现问题。教育成功的第二个层次——育人的成功——没有一定的水平的教师是看不清楚的。事实上，多数家长、多数教师、多数校长对成功教育的理解一直停留在第一个层次，目前学校的所谓绩效工资看的也是这个。因此可以想象，我们所谓的名师、名校长，大多数不过是第一个层次上的优胜者而已，他们在育人方面究竟是否成功了，不好说。

育人成功与否，不能看眼前，而应该对学生进行跟踪调查。如果某位教师的学生多年之后表现都不错，而且有证据证明这些好的表现与当年这位教师的教育有直接关系，学生本人对此也认可（并非出于礼貌和客气），那么我们可以说，这位教师取得了第二个层次（育人）的成功。可惜这种成功评价起来很不方便，因此人们就只好拿眼前的效果说事。这是可以理解的，但是不可以到此止步。教育者的良知恰恰在于，不管别人怎么评价，成功不成功，他自己心里有杆秤。为了眼前的成绩给孩子埋下定时炸弹，这种事能不做就不做；确实对学生未来发展有好处的事，即使眼前与业绩无关，他也会去做。育人成功与否，还有一个重要的标志，就是看教师是否培养出了有创新能力的重量级学生。但此事并不完全取决于教师，其中还有学生的天分、家庭教育以及其他教师的作用，甚至还有学生的运气，所以你很难断定某个名人是某教师培养出来的，除非该名人自己拿出确凿的证据。这一点，就连孔夫子本人做得也不是特别漂亮。孔子的著名学生颜回、子路等等，并不多么出色，而孟子等等，并不是孔子直接调教出来的。可见，这第二个层次的成功（育人的成功），真是不好说清楚的一件事。但是，我们得承认，有这么一回事，有这么一个高的层次，需要我们去追求。所谓素质教育，就是强调第二个层次的教育，而所谓应试教育，就是停留在第一个层次上的教育。

　　教育成功还有一个更高的层次——第三个层次，就是思想的成功。如果教育者能拿出独到的教育思想，即可涉足这个层次，若有全面深刻、开风气之先的教育思想，那就是教育家了。比如陶行知先生，我们谈到他的教育成就，首先想到的并不是他培养出的某个有名的学生，而是他的某些教育思想。陶先生的成功，就达到了第三个层次，孔子当然也是这样。这是很难的事情，但是表面看起来又似乎容易，有人以为只要写几篇文章，出几本书，被人称为专家，就达到这个层次了；其实不然，这里的关键是独创性。你必须提供独立的、新鲜的思想，而我们通常见到的专家们写的文章，不过是炒冷饭而已，顶多换个商标。

　　每位教师都可以追求更高层次的成功，前提是既不要满足于已有的成绩，也不要以追求高层次成功为借口，逃避第一个层次的成功，甚至为自己责任心不强、能力不够辩护。事实上，只要用心，教师可以同时把业绩和育人两个层次都做得很好。我读《第56号教室的奇迹》时，感觉美国小学教师雷夫就做到了，他较好地协调了应试教育与素质教育的矛盾。这里要注意的是，不要有这种想法：我先把业绩搞上去，然后再谈育人水平。教师最好是在创造业绩的同时警惕它的副作用，而在育人方面努力的时候，也不要忽略业绩方面的硬指标。否则你的教育理念再先进，家长和校长也不买你的账，这是现实问题。

2013.4.23

最悲哀的就是，第一层次还没有得到领导的彻底认可，又有了一点第二层次的意识，像我。于是，领导调侃：说起来天下无敌，做起来有心无力。（东莞老牛）

这位老师说的情况，我当年也遇到过。这会让你感慨：与其醒过来，还不如一直睡着；与其懂点素质教育，还不如一直糊涂着，以为应试教育就是正宗的教育。一旦有一些正确的理念，有些事你就不忍心做了。可是你不忍心，别人忍心，于是你就会吃亏，你会眼看着别的老师抢走学生的时间，"切蛋糕"后给你所剩无几，然后领导还要说你没能耐。怎么办呢？我当年的办法是，我不生气，我也不抱屈，我在自己的课堂上内部挖潜，减少讲课时间，课上写作业。我不逼学生，但也要求他们认真复习，到考试的时候弄个中上等，我觉得这就对得起学生了。领导当然不会树我为样板（我也不想当），但也不会调侃我，因为我业绩说得过去。再说，他知道如果跟我过不去，我的反击可能很锋利，不留情面，而且我与青年教师普遍关系不错，我常常帮他们解决疑难问题，领导大概也看出我不是没本事的人，也不是孤立者……于是我就可以"宁静以致远"了。人的个性不同，我的办法仅供参考。

2013.4.23

第二层次与第一层次难道就不能统一、协调起来吗？

第一层次简言之就是应试吧，而第二层次简单说也就是素质。

如果应试的题目都做不好，某一些方面的能力应该就会受到影响，而这一能力应该属于素质的范畴。其实应试这一块做不好，也就无法谈及素质了。

当然，注意了素质，就没有太多的时间放在应试上了，素质包含太多的东西，应试仅仅是其中一个部分。与专业针对应试的学生相比会差一些，但也不至于差到哪里去，而且随着年级的增高，这种差别会越来越小。（GBEAR）

"不生气，也不抱屈，我在自己的课堂上内部挖潜，减少讲课时间，课上写作业"，这正是我现在做的。因为我性格比较老实吧（不知道是不是一个缺点），语文、英语老师把学生逼得挺狠的，学生做完那两科作业就没时间了，连上数学课都想做英语、语文作业，我缴了几次学生的作业。我是教数学的，我没有办法像她们那样，我又做不到，我总觉得自己的办法还不够多，导致学生成绩不好，因此一直在改变自己，但收效并不明显，这是我现在仍然感到压力大的原因。不过我赞同王老师的思路，我想短期内效果不好并不说明这不是一个好的思路，相信中考时会有

进步的。（大树7086）

王老师的办法很值得学习！内部挖掘，再挖掘！课堂尽可能减少无效劳动，靠吸引，靠兴趣，让学生为我争取时间，也就是让学生爱我的课堂，爱上我的课，爱我的作业，这样谁也争不过我！前提是我不断读书，提高自己的素质，有育人的本事。（走进科学）

王老师的境界也是我想追求的。但是这的确很难，得有很强的专业能力，得顶得住外界的压力，还需要不时地给自己鼓劲，这种事情很少有人喝彩。（泥潭）

我不知道我算不算是有点"清醒"了，但我确实从前年开始就不喜欢从外面挖潜的做法了。我教语文，总是希望从课堂上挖掘潜力，已经快两年基本没给学生布置假期作业了，学生的校内作业也总是尽量安排在课堂时间完成。我总是想办法改革课堂教学，提高学生学习兴趣，提高课堂教学效率。但是，这条道路走起来很困难，而且效果来得很慢，有时教学成绩会下滑，但总体上看，还能居中等。我带班，也在努力改变方法，尤其是跟着王老师学习后，更加努力转变思维方式，走科学化、专业化道路。道路很艰辛，也感到了不少压力，但我不甘心回到原路。我还是愿意努力改变自己。（冰山7091）

我无需掩饰看到王老师《教育成功的三个层次》后内心的震撼，好像这篇文章是专为我指点迷津的。我自己有过普通班、较好的班、尖子班的班主任经历，效果都还说得过去，业绩有了，领导认可了，评优评先不愁了，而我却茫然了。下一步该怎么走？

毋庸置疑，以前浅显的成功只限于业绩，谈不上育人，更与思想的成功沾不上边。我也有所觉察，但不知何去何从，曾几何时，我想再教一个差班试试，不求很好的成绩，但求学生能很好地定位自己。但由于工作的安排没能尽如人意，一直很迷茫！

现在，不管我有没有向二、三层次攀登的能力，至少我的目标不再模糊，感谢王老师指明了方向！（冰雪情）

去体验一下其他劳动者的生活

前年我到朋友的一家公司玩了一个月。回来后，老师们问我有什么感想，我说，如果是在私营企业，我们学校绝大部分的人，大约百分之八九十，会被开除。大家不爱听。我看了老师的 QQ 群，大部分发言都是老师如何受到社会的忽视以及各种不公等等，鲜见老师讲到教学中的问题，即使讲到，我发现也很幼稚，不懂得分析各种现象的原因，更不懂得提出解决方法。至于一方面痛恨社会作假，另一方面自己又经常作假；一方面痛恨学生不学习，另一方面自己也不学习等现象，更是屡见不鲜。

我跟学生说，如果我儿子和爱玩不爱读书的同学走在一起，我会反对，但我还是会适度允许；如果是和一个爱发牢骚，但又缺乏行动的人在一起，我肯定是非常反对，因为这样的人散布给人的是心灵的毒剂。

另外，在此应该感谢王老师。我在朋友的公司玩的这一个月，把教育诊疗的方法用在了招收员工方面。其中有一个人，我根据她的材料断定这个人和她自己的父亲接触较少，没什么感情，做事缺乏条理，感情远多于理智，对人对事三分钟热情，数学不良，语文尚可……她的介绍人大为吃惊，因为我讲的与她的实际情况全部吻合。我建议不要招收这个人。对于公司里的其他人，我则根据平常的观察，也一一告诉我的朋友哪些人不久后会离开，哪些人有什么优点，哪些人有什么缺点。在我离开公司后，我的朋友也发现了我提到的问题，我的预测基本上都变成了现实。（*海蓝蓝 2895*）

○ 点评

由海蓝蓝 2895 老师的上述发言我想到：可能还有一种更好的教师培训方法，那就是利用假期，安排教师到各行各业去打工，看一看别人都在如何生活。领导不安排，教师自己也可以像海蓝蓝2895老师这样，"下海"去游一圈试试。我相信大部分老师如果有了公司上班族的经验，他们对自我的认识一定能达到一个新水平，起码会更客观一些。现在的中小学教师，很多人其实经常是把自己关在一间小房子里，或自吹自擂，自我感觉良好，或自怨自艾，孤影自怜，一副"天下属我最不幸"的样子，非常可笑。以我的经验，想用言语说服这种老师很困难，让他们去体验一下其他劳动者的生活，他们就明白了。应该有人（官方、民间均可）发起和组织这类活动。

2013.8.7

那也应该让其他人来体验一下教师的工作。（Rdp）

我觉得Rdp老师这个建议有道理。确实，有些家长认为教小孩子没什么难的，他们没有认识到这是一种很专业的工作，也体会不到教师的艰辛。因此，让他们体验体验教师的工作和生活很有必要。怎么操作呢？有很多学校都有所谓"家长开放日"，这挺好，不过往往搞得像参观或者像看一场演出，这就容易失真。我主张让家长看看教师的家常课，参与教师的日常活动。比如每学期可以安排几位家长走上讲台上课，判作业，带课间操。当然这应该是自愿的，不过我主张越是对学校意见大的家长，越应该动员他们"冲上第一线"一试身手。特别是那些只会片面指责教师的家长，可以极其虚心地对他们说："我们真的水平不高，您看能不能在百忙之中抽点时间，给我们做个榜样？"如果他们真的实实在在干了教师的工作，而且确有独到之处，那我们就向他们学习，聘请他们做顾问；如果他们发现自己上阵比教师还要焦头烂额，以后他们的态度就会有变化。请少数家长体验教师的工作，然后让他们在家长会上谈自己的体会，这岂不是很有特色的家长会和家长培训？

大家都学会理解别人，这个世界才能变得更美好。

2013.8.8

谢谢王老师！我觉得让别人体会教师的工作，应不仅仅针对一些"难缠"的家长，还应该针对经常批判教师的人和当领导的人，让他们体会一下教师的艰辛。（Rdp）

Rdp老师的这个意见，我觉得也有道理。所以我一直主张大学教授适当到中小学兼点课，尤其是师范院校的教授们，不这样做根本不行。我还主张中小学校长都兼一点课。不是缺你这么一个教师，而是你自己缺少第一线的经验，容易指挥失误。据说最近中央军委规定团以下干部必须下连当兵，而且不准搞任何特殊化，此事我很赞成。有句话叫作"屁股决定脑袋"，就是说人一般是"在什么职位说什么话"；换句话说，人总是爱听对自己那个阶层或行业有利的话，而不爱听对自己所在阶层或行业批评的话。这是可以理解的，但也是有害的，实际上这是一种封闭，会使人变得很狭隘，情绪压倒理智，所谓"偏见比无知离真理更远"。

克服这种狭隘有两个办法：一个是靠觉悟，就是经过教育，人们养成换位思考的习惯，学会将心比心——虽然我屁股在这里，但是我可以在心理上把屁股挪到对方的位置上去。这种人属于理性的人、觉悟比较高的人，事实上这种人不会太多。所以你在教育网站上看到的多是"为教师说话"，能站在学生立场、家长立场、社会立场上反观自身的人不多。对此我们不要期望太高，但也不要泄气，我的经验是，总会有一些老师是有反思精神的，教育的希望，主要寄托在这些人身上。

克服这种狭隘的另一个办法是"挪屁股"，就是你索性到别人的职位上生活一阵，这样你的想法就会有些变化。大学教授到中小学兼课，校长兼课，团长下连当兵，都是这个办法的体现。当年我带学生到工厂学工，到农村学农，都是以"换位生活"促进"换位思考"，回想起来，很有收获，看到了自己在此之前很多的可笑之处。当然，我同时也看到社会上很多好的、不好的事情，这样一来，我对生活的看法才更全面。我赞成海蓝蓝2895老师的办法，建议老师们去体验一下其他劳动者的生活。当然，这应是自愿的，如果自我感觉甚好，或者离开校园更不自信，那就悉听尊便，反正"屁股决定脑袋"也不是新鲜事。

2013.8.8

我想应该是先知道自己想要什么，再看自己几斤几两，然后通过不懈努力，最后自己能达到什么程度就接受什么程度。实在达不到，就不要再去执迷不放手了。有些人是有潜力，或者在其他方面有才能，可是自己不知道，通过尝试、努力，也许就达成了预定的目标。有些人又太容易满足，我就这个料，我就这个水平，我也不求什么，什么都不努力一下就放弃了。这也不利于进步。（Coolcatcafe）

人应该有勇气改变自己能够改变的东西，应该有胸怀接受自己无法改变的东西，应该有智慧来分辨哪些是自己能够改变的，哪些是自己无法改变的。据说这话源自《圣经》，我觉得非常精彩。做到这三个"应该"皆非易事，第三个尤其困难。我国有句俗话说：人贵有自知之明。其隐含的意思是：人难有自知之明。物以稀为贵，贵者必然稀有也，显然自知之明不是"大路货"。可能有相当多的人到死也没有搞清自己到底是怎么回事。有的人一辈子高估了自己，有的人一辈子低估了自己，更多的人一辈子在某些方面高估了自己，而在另一些方面低估了自己。我观察周围的人（特别是教师），很多人是在自己本来就完全无法做到的事情上浪费着时间和感情，而他们本来能够做到甚至可以做得很好的事情，却没好好做，糊里糊涂一辈子就过去了。而我们的应试教育，往往是从小就把人弄糊涂了，给了人们一个扭曲的、哈哈镜里的自我形象。

事实上，有不少人并没有真想了解自我的愿望，或者有愿望也不强烈，他们注定是一些随波逐流者。说得难听点，他们并不想活得更明白，"人生在世，马马虎虎"，他们觉得这样就挺好的。这种人，愚以为就不必非让他们反思自我了。你若让他们追问自己"我是谁？"，他们会觉得很累，你也累，话题太沉重，还不如侃大山大家都舒服。

所以我在这里只想对那些真想得到自知之明的老师们提点建议：如果真想了解自我，真想像 Coolcatcafe 老师说的那样，搞清自己究竟"几斤几两"，我想有这么几个办法。第一，不断进行各种尝试，什么都试试，试多了，就知道自己哪些方面有本事，究竟有多大本事了。第二，暗中和他人比较。自知之明是在和他人的比较中获得的，但这种比较不是为了名利，也不是为了竞争，而是为了了解自我。我在某些方面不如别人，我不生气，我在某些方面比别人强，我也不骄傲，对我来说，这两种情况都只是帮助我看清了自己而已。第三，请高人指点。你自己——当局者迷，高人——旁观者清。真正有水平的人往往能一语道破你这个人的特点，这对你认识自我很有好处。第四，看书。你把自己的情况与书中人物进行比较分析，就大概能知道自己才高几斗了。请注意，同事的赞扬，下级和学生的赞扬，还有各种奖状之类，这些东西有可能误导你，要冷静对待。不要把客气话和勉励之词当真。

2013. 8. 11

"你向父母要零花钱的时候怎么不感到沟通困难?"

班上的学生诉苦说,他们和父母无法沟通交流。我问:你向父母要零花钱的时候怎么不感到沟通困难?你是不是想方设法把你的意思更好地传达给他们?为什么遇到需要你负责任的事情的时候你就觉得没法子沟通了?学生无言。(海蓝蓝2895)

○ 点评

海蓝蓝2895老师这些话入木三分。人这种动物比其他动物高明的地方就是会"讲道理",无论干什么,都要说出个冠冕堂皇的理由来。然而,人的形形色色的动机和行为并不都是"有道理"的,甚至常常是无理的。对于动物,这没问题,无须讲理,做就是了;人不行,明明没理,偏要证明自己有理,只好编出各种说辞,先把自己搞定,做到心安理得,然后再去骗别人。海蓝蓝2895老师说的这些学生就是这么行事的,但他们不幸被海蓝蓝2895老师揭穿了。其实他们所说的沟通困难,本质上是不想沟通。

不过细想起来,孩子们这一套,其实是跟大人学来的。我们有很多家长和教师,只要孩子对他们服服帖帖、言听计从,他们从来不感到沟通有什么困难,感觉很顺畅,只有孩子不听话的时候,他们才惊呼"沟通困难"了,孩子"叛逆"了。可见,所谓"沟通困难",所谓"叛逆",在很多情况下,不过是家长和教师推卸责任的一种说辞,甚至是进攻孩子的一种武器。

有思想的教师,研究型的教师,一个重要任务就是像海蓝蓝2895老师这样,把真相说穿,让家长也好,教师也好,学生也好,包括自己,都看清隐蔽的真实思想,看清真实的自我。人要看清自己是很不容易的。有些人干脆拒绝,他们不想面对自己赤裸的灵魂;但是总会有些人敢于面对真实的自我(即鲁迅所谓的"解剖自己"),教育的希望,寄托在这些人身上。

2013. 8. 1

优秀教师的生存状态

　　曹老师在 2004 年教师节听了一个县的中小学师德报告会。曹老师说，听完了心中完全没有产生组织者所期望他产生的自豪或是感动，相反，心中却充满了悲哀和反感。

　　师德报告团的几位老师年龄多在中年，取得了相当不俗的成绩。但让曹老师感到不是滋味的是这些成功者的生活。

　　他们起早贪黑，废寝忘食，一天到晚泡在学校里，几乎没有多少属于自己的时间。天不亮就匆匆离开家，顾不上给孩子做一顿早餐；深夜才筋疲力尽地回到家中，孩子早已在等待中睡着。平日里忙碌不说，节假日还要给学生补课。

　　他们的身体大多不好，患有多种疾病，却长期得不到及时的治疗。一位教师为了早于学生到校给学生做出榜样，急急忙忙赶路出了车祸，全身鲜血淋漓，却仍咬牙坚持赶往学校，由于没有及时对伤口进行处理而导致感染；还有的教师带病上课，当场晕倒，可即使这样，第二天简单吃点药又坚持站在讲台上。

　　他们的家庭生活大多谈不上美满。有的公婆卧病在床，却不能侍奉左右；有的儿子活泼可爱，却只能反锁在家中；有的父亲病逝，却不能赶回去见最后一面。

　　曹老师问道：是不是教师只有牺牲了健康、家庭、亲情这些大家都视如珍宝的东西之后，才能获得社会和大众的认可？难道我们兢兢业业地工作不是为了创造更好的生活，而只是为了证明教育工作的崇高和伟大吗？生活和工作这两者对任何一个人都必不可少，都不可偏废，可为什么这个问题出现在教师身上时，我们就可以视为理所当然，甚至理直气壮呢？（根据曹蕾老师的帖子整理）

○ 点评

要的是现代人的师德

愚以为继续提倡这样的师德不够道德，因为它显然不是以人为本，而是以完成任务、创造业绩为本。

继续提倡这样的师德也是反科学的，因为它在鼓励低效率，鼓励"拼体力换质量"。

继续提倡这样的师德是开历史倒车，因为它是用老掉牙的农耕时代的"老黄牛"工作方式回应信息时代。

我们需要的是现代人的师德、现代人的生存方式和工作方式。

但是我们不能坐等什么人把新的师德恩赐给我们，不能坐等别人来解放我们。

要有主见，自己争取。

当我们无法立刻改变环境的时候，我们可以试着改变自己。

怎样活着，我们在一定程度上还是有自主权的。

千万不要对错误的"师德"推波助澜，又摆出一副"纯洁受害者"的样子，说自己不得不这么做。

2005. 1. 17

补充：解决这个问题，从领导和传媒的角度，就是不要一味地宣传"蜡烛"式的教师，不要老是树立那种"老黄牛"式的榜样。当然，要取得不同寻常的成绩，确实需要付出超出常人的努力，宣传这一点，可以理解。问题是不要过分，不要像电视剧那样搞得过于悲壮，令普通人望而生畏。再说所谓"超出常人的努力"，也主要应该是在动脑筋方面，而不是在拼体力方面，这才对路。而从教师自己的角度，就是要有主心骨，努力提高心理素质和工作效率，做一个轻松快乐的教师，埋怨是没有用的。

2013. 8. 16

案例 5

一个女老师的悲哀

我当中学班主任十几年了，自认为书教得还可以，班主任当得也不错。但我走上社会和人相处总是怪自卑的，感觉自己想问题太单纯、很幼稚。比如和以前高中时的女同学相处吧，她们谈什么服装、美容呀，我什么牌子也不知道（当然我不是仅为不懂这些而伤心），我像个山里来的女人。有时，我也想，我这一辈子早出晚归也是生活呀，我没有双休，连单休也没有，早上不能给老公做饭，不能帮孩子扎小辫，晚上很少辅导孩子功课，打扫卫生还要在晚自修回家后。我像个女人吗？可是我不教书，我还能做什么呢？但是我每天这样重复我的生活有意思吗？（风中的叹息）

○ 点评

关注教师的生存状态

我们从风中的叹息老师这短短的一段文字，就能看出许多中小学教师的生存方式了。据我所知，风中的叹息老师说的现象很普遍，并非特例。

这是一种单调的生活方式。它是线性的，或者是片状的，缺乏立体感；它是灰色的，缺乏更多的色彩。

这是一种偏颇的生活方式，顾此失彼。每天忙于照顾别人的孩子，冷落了自己的孩子。难道自己的孩子就不是孩子？难道自己的孩子就有超强的抵抗力，受到冷落也不会产生心理问题？

这是一种封闭的生活方式，看不见窗外的生活，感受不到社会的变化，与人谈话插不上嘴。除了学校那点事儿，几乎没有谈资。在一般人的眼里，他们就是傻老师、书呆子。可是他们又没有陈景润那样的成就，于是在"呆"之外，又加了一层自卑。

这是一种低效率的生活方式，科技含量不高，基本上是"拼体力换质量"，是以体力劳动的策略，应对复杂的脑力劳动。

这是一种低创造性的生活方式，不断地重复自我，而找不到超越自我的感觉。

活得很累。疲于应付，而不是兴致勃勃；有努力，没有活力。

风中的叹息老师说，这是教师的悲哀；我说，这是教育的悲哀。

请想一想，教师如此的生活方式会对学生产生什么影响？

据我所知，真正从心里愿当教师的大学生很少。我想他们的选择不是偶然的，他们在中小学亲眼看见过教师如何生活，那不是令人羡慕的生存状态（我指的主要不是工资水平）。

你很难相信这样的老师能培养出开放的、生机勃勃的、全面发展的、充满创新精神的学生。

实际上，教师的生存状态在某种程度上预示了我们民族未来的生存状态，因为教师的生存状态不可避免地会潜移默化地影响学生。

所以，不关心教师的生存状态，而只关心教师的"应试任务"完成得如何，绝对是目光短浅！

为了我们民族的未来，请关注教师的生存状态！

2005.2.28

这个学生究竟为什么进步了？

小冯性格"嚣张"。同学走在他前面，很可能被他大喝一声"闪开"而被挤开，更可能被他一把拉开；吃饭时多半是挑了先走，别人稍有微词，他便动辄恶言相向甚至挥拳威吓；课堂上，他也很少端正坐姿、认真听讲，时常会大声打哈欠，或者随意插嘴……

于是我加大了对他的监控力度。在我的课上，我对他的插嘴、接嘴、坐姿，用他的话来说，都近乎挑剔地批评。而一旦有科任教师来告状，我则会对他加倍批评教育，往往最后师生两人都面红脖子粗，不欢而散。这样的僵局持续了将近两周，小冯不但在日常行为规范方面毫无寸进，成绩也有明显下降的趋势。我开始反思自己的教育方式。

我和每个能找到的、在小学时期就认识他的同学交谈了一次，了解到，他在小学时就性格张扬，和同学争吵打架是家常便饭，甚至有一次还将一个同学打得骨折，对待宿管老师他也曾恶语相向。

我又和他的父母联系了一次，了解到因为该生父母都有自己的事业，所以很小就让他寄宿在学校里，长达五年。一个从小就过集体生活的孩子，与同学的日常相处可能更会陷入"弱肉强食"的错误思维模式。时间久了，这种想法就成了思维定式。同时他又缺乏正常的父母关爱，父母的忙碌使他的思维模式成了被关心的盲区。小学生在这方面的辨识能力相对较弱，致使他这样的学生甚至有追随者。这种是非不辨的学习生活氛围对小冯的性格养成无疑起了至关重要的推波助澜作用。简单的物质上的充裕，只能助长这种性格发展。

适值学生期中的道德自评互评，我便和班长商量一起开展一个"最令我讨厌的同学日常行为调查"。最让大家讨厌的行为包括：讲粗话、蛮横不讲理、做事不顾他人感受等等。结果大家不约而同地将目光聚焦到小冯身上。这对于他来说不啻晴天霹雳。我第一次看到小冯脸上露出难以置信的神情，在愤怒与惊讶之后，继之而起的是绝对的难过。他第一次流下了眼泪。

于是我找他单独谈心。他失去了以往咄咄逼人的张扬，垂头丧气的。在我条分缕析式的剖解面前，他显然被我打动了，下课后问了句："老师，我改还来得及吗？"第二天，我和全班同学都惊奇地发现小冯有改变了。尤其在和同学的相处上，有了明显改观，虽然谈不上彬彬有礼，可也不再令人讨厌了。

但一天中午，他和同桌女生因为拿饭起了争执，他竟一拳挥在那位女生的脸上。我很愤怒，但也认识到一点：我将一个学生性格的转变看得太过轻而易举了。

我想：何不让小冯担任些班级工作？这样有责任在肩上，他转变的内在动力就大了。我安排他即日起负责分发点心与午餐。他的惊讶是可想而知的——我居然不罚反赏。在诧异与迷惑的眼神里，我分明读出了几分感激。他上任后很负责，工作井井有条。他现在俨然是班干部的一员了，变得理性了。而更令我欣慰的是，在不久前的小队长改选中小冯居然出乎意料地当选为他那一组的小队长。一切都在向更好的方向发展。（落日照大旗）

○ 点评

搞清"这一个"的独特逻辑

落日照大旗（以下简称大旗）老师教育小冯的方法，基本上只是两招：一个是利用舆论压力迫使小冯收敛；一个是让他负点责任（当个小官），用来约束他的行为。

这是班主任工作的老套路了。而且恕我直言，第一种办法实脱胎于"大批判"，第二种办法则来源于古已有之的"招安"。许多教师都用这两种办法，例子很多。有时能收到成效，有时则不能。

大旗老师的方法见了成效，但是究竟为什么见成效，不是很清楚。

我手里一共有几个药方，谁有病都吃这几副药，也能治好一些病人。但是，这恐怕就不能算名副其实的"对症下药"了。

我感觉大旗老师并没有把小冯的问题真正"确诊"。小冯的问题似乎属于攻击行为。

他为什么会有攻击行为？

大旗老师的归因是：

1. 一个从小就过集体生活的孩子，与同学的日常相处常会陷入"弱肉强食"的错误思维模式。

2. 缺乏正常的父母关爱。

3. 简单的物质上的充裕，只能使他以自我为中心，以张扬为特征。

4. 周围同学辨识能力相对较弱，助长了他的霸气。

这四条都有道理，但是不足以令人信服。

同是过集体生活，为什么别的孩子没有产生进攻性？缺乏关爱的孩子就一定会产生进攻性吗？物质充裕与以自我为中心也不是简单的因果关系，不少家庭并不富裕的孩子照样以自我为中心；以自我为中心的孩子很多，多数都没有如此的进攻性。至于同学对其霸道的助长，那只是外因。在同样"辨识能力相对较弱"的班级中生活，为什么偏偏他这样蛮横？大旗老师没搞清楚。没搞清病因，还要治疗，于是只好走老套路：说教，施压，压不下去就"安抚"。

很多班主任都是这样工作的，虽然自有合理之处，但恐怕这还不能算是科学的工作方式。

我在 K12 网站上看到一篇文章，题目是"中学生攻击性行为的预防和矫治"，作者是尹成芳老师。他从动机角度，把学生的攻击性行为分成许多类：取乐性攻击性行为、习惯性攻击性行为、迁怒性攻击性行为、报复性攻击性行为、模仿性攻击性行为、义气性攻击性行为、挫折性攻击性行为等等。

我觉得这就有点研究的味道了。分类是科研的基本功，分类才能细化，才能找准原因，才能对症下药。比如我们对待取乐性攻击行为与对待挫折性攻击行为，处理方法就不会一样，连态度都不会一样。"病情"搞得越清楚，"治疗"把握越准确。

所以我觉得，大旗老师虽然很辛苦，也很有成绩，但是并没有真正走进小冯的心，没搞清"这一个"孩子的独特思维逻辑。这种教育，还属于一般化教育。

2004.10.13

教育一个顽童的故事

叶×，男，1990年7月出生，初一学生，小学成绩极差，且经常被批评处罚，可谓"身经百战"。升初中，成绩名列全校倒数第5。

叶×在开学第一周的干部选举中，表现十分突出，多次要求担任劳动委员一职。他的表现给全班同学留下了良好的印象，大家通过举手表决同意叶×担任劳动委员。

叶×在开学之初的第一个月表现相当不错：对待值日工作认真负责，常常课余检查地面，每天值日后都留下来检查卫生，合格之后才回家。

后来，他的热情开始消退，同时，小学养成的恶习开始发挥作用。最终他表现出了他自己承认所犯的13种错误（注：以下为叶×说明书内容）。

① 上课无故接嘴；② 无故打报告；③ 上课无故叫老师的名字；④ 上课转头找后面的人说话；⑤ 上课吵闹，上课吹口哨；⑥ 上课无故骂人；⑦ 上课无故敲桌子；⑧ 上课无故站起来；⑨ 上课无故把窗户推来推去；⑩ 上课坐得不像样；⑪ 上课没有认真听讲，上课东张西望，无故攻击余××；⑫ 上课传纸条；⑬ 上课无故用脚把凳子踢来踢去。

最大的顽疾是天天犯错误，天天检讨错误，天天难改错误。他天天帮同学做好事——扫地、擦黑板、倒垃圾，十分积极。但是，又利用权力吓唬同学，乱扣同学的德育分，甚至破坏公物。他自己在说明书中写道："烦恼啊，真烦恼啊！自己一边做好事，为何自己一边又做坏事呢？"

面对这样的一位学生，我们应该怎样去做？

余××在小学时成绩也较差，与叶×是一对"黄金搭档"，进入初中后担任纪律委员。叶×对余××十分不服，认为自己比余××好。于是多次要求老师就以下两项组织一次民主测评：① 工作积极；② 遵守纪律。老师没有答应叶×的要求。可是，叶×却十分固执地认为，自己的表现肯定优于余××，老师偏袒余××，所以几乎隔一两天就请求老师组织评选。老师只好组织了一次评选，结果叶×失败。

事后，二人和好，又成了"黄金搭档"，在教室一唱一和，放学后不及时回家。四五个同学在外乱逛，连续两天直到晚上九点半才回家，对班级影响也越来越大。

教师于是采取以下措施：停止叶×的劳动委员职务；课间、课后，班主任与他结成互助小组，对其进行一对一的教育、辅导和帮助；让他每隔两天写300字左右的心理反思报告。

一周以后，他开始认真反省自己的行为，并对自己孤立的处境开始表现出担忧，多次要求老师恢复其劳动委员的职务。

第二步的措施是成立帮助叶×同学的小组，在课余帮其补习功课。由班级中学习成绩好的同学组成行为监督小组，主要在课余及时指出叶×行为习惯的不足之处。同时，争取叶×家长的配合，让家长在家对其严格要求，要其多做家务，每天必须和父母沟通一小时以上。让他每天继续写行为习惯的心理报告，对其时时提醒，事事提醒。

这样大约经过一个月，叶×逐渐改掉了大部分不良习惯，期中成绩也进步不少，由倒数第5进步到倒数第9，前进了4名。

班里决定恢复叶×的班干部职务，担任班主任助理一职。他发挥自己字写得比较漂亮的优势，使班级在评比优秀黑板报中荣获一等奖。

在期末评比中，叶×被同学推荐评为学雷锋积极分子，在期末的散学典礼上，老师首先让全班同学用热烈的掌声来表彰两位进步较快的"差生"和"中等生"：叶×和肖××。

叶×的母亲也十分高兴地打电话给老师，称赞叶×有进步，由全班倒数第1进步到全班倒数第2，由全校倒数第9进步到全校倒数第13。（张老师）

○ 点评

一个"非研究型教育"的案例

这类转化"差生"的案例我见过很多，大同小异。老师们的工作当然是辛苦的，有成绩的，值得钦佩的，但是如果对他们的文章进行认真的学理分析，就会发现：

学生的问题到底在哪里？不清楚。教师采用的教育方法为什么能奏效？也不清楚。

我看完了全文，也没搞清楚叶×为什么这样不守纪律，成绩为什么这样差。要知道，同样是不守纪律，同样是学习成绩差，原因会有很多种，有不少类别，具体到人，则几乎一个孩子一个样。需要对孩子的家庭教育、孩子的成长史进行十分认真的分析，找到属于"这一个"孩子的病症所在，才能对症下药，这是教师的基本功。然而我们看到，本文作者并没有做这种研究，没有做主要并不是因为没有时间和精力，这是一位很敬业的老师，他花在叶×身上的时间和精力相当多，问题是他把精力都花在"管理"上了，没用在"研究"上。我们甚至可以说，他根本就不想研究这个孩子。请看作者的话：

> 他自己在说明书中写道："烦恼啊，真烦恼啊！自己一边做好事，为何自己一边又做坏事呢？"

面对这样一位学生，我们应该怎样去做？

其实，叶×同学提出了一个十分重要的研究课题：为什么有的孩子一边做好事，一边做坏事？这是他们自己人格的矛盾，还是我们的视角有问题？为什么他们明知自己做的很多事是错误的，还要去做？是习惯问题，是意志问题，还是这样做能使他得到快乐？这些问题极有研究价值。

可是我们看本文作者，他面对学生的烦恼，根本就不想知其所以然，他的思路毫不犹豫地就跳过了"问题"，直接进入"管理"层面——"我们应该怎么办？"

不问"为什么"，只问"怎么办"，不想研究问题，却想解决问题，这是目前相当多的教师的思维方式。

我把这种教育称之为"非研究型教育"，目前多数（甚至可以说大多数）的班主任的教育方式，都属于此种类型。

没有扎实的研究作支撑，教育方法可以从哪里来呢？

1. 沿袭老例，或照搬其他教师的经验。像本文作者采用的任命和撤销叶×劳动委员职务，建立帮助监督小组，写"心理报告"（这是从写"检查"演变来的），都属于沿袭老例。虽然不是不可以，但看不出个性特点，也就是说，这类办法对所有的差生，几乎都可以用。

2. 从其他行业"借鉴"。比如"承包""罚款"之类。这就离谱了，有的简直属于"非教育行为"。

3. 教师灵机一动想出来的点子。例如有个学生不爱说话，教师把他叫到办公室，告诉他，每说一句话，加2分，说够10分，就可以回家。这招挺灵，我怀疑这就是教师灵机一动想出来的，不是一种研究成果。

总之，没有研究作支撑的教育方法给人一种一般化和陈旧的感觉，没有特色，缺乏新意，缺乏逻辑性。

教师自己可能也感觉到了这一点，于是就常常在文章中"与时俱进"地加一些"理论"。比如本文作者，就说了不少关于"多元智能"的话，为节约篇幅，我删去了。然而作者论述完多元智能之后紧接着采取的措施就是撤销了叶×的劳动委员职务，莫非叶×的智能类型不适合劳动？说不通。理论和实践两张皮，油水分离。

那为什么这种缺乏研究支撑的教育方式也能够把某些"差生"（例如叶×）转变过来呢？

这是因为此类办法虽然并非对症下药，但是毕竟有一些道理，碰到某些"差生"，就可能管事。凡感冒都喝感冒冲剂，总会治好某些病人的。治好了我就写文章宣扬，治不好我就不提了，不少老师就是这么办的。这就是为什么我们学了很多优秀教师的经验却不能解决自己的问题的缘故。从某种意义上可以说，他也是撞的，你拿过来，就不一定撞得上了。另外，他班集体搞得好，对"差生"的带动作用很大（学生都有从众心理），你的班集体没有人家搞得好，用人家的办法就不灵。再有，有的教师还有一些"绝活"，能把"差生"治住，而这些"绝活"是登不得大雅之堂的，只能做不能说。你按照他公开讲的经验做，当然没有他那样的效果。

转变"差生"的文章，我看了至少近二十年了，其中的大多数，竟然二十年如一日，还是那个水平，变化的只是包装。二十年差不多一代人了。我觉得很可怕，所以说了上面的话。我希望班主任都走科研的路，能走多远走多远，否则教一辈子书，也不会有多大进步，而且越活越累。

2004. 9. 3

一本书引发的较量

田老师上英语课时，看见黄某拿着一本课外书津津有味地看。他走到黄某身边，黄某没有发现。田老师说："把书给我好吗？"黄某吃了一惊，条件反射地把书扔进自己的抽屉里，埋着头不动了。

田老师又轻声地重复着说："请把书拿出来。"老师连说几遍，黄某无动于衷。

"那老师就自己拿了！"田老师伸手去拿，黄某忙用手轻轻挡在抽屉边，不让靠近。

"那我就请班主任刘老师来拿吧。"黄某依旧不动声色。

老师有些紧张了，没想到借助班主任的威力也产生不了效果。于是，田老师说："好吧，我现在就打电话给你爸爸，请他来拿这本书。"黄某默不作声。

老师心想："倘若真的给家长打电话，他依旧不把书给我，我该如何收场？我的威信靠什么来支撑？更何况，我根本就不知道他爸爸的电话。"不过，他还是本能地边想边慢慢从包里摸出手机，而就在他快要按键的一瞬间，黄某迅速从抽屉里扔出一本书来。

"对不起，刚才你看的不是这本书。"老师说。随后就开始假装拨打电话，一个键一个键地按着号码，但脑子里却是一片忙乱："他会把书拿给我吗？"

兴许是看老师动真格的了，黄某流着泪很不情愿地拿出了刚才看的那本美国的畅销书《奥兹国的巫师》。这时，老师才如释重负地松了口气。（根据田伶俐老师的帖子整理）

○ 点评

从"一本书引发的较量"看教师的思维方式

讨论这类案例，一般网友都希望谈"你觉得应该怎么办"。愚以为，那样讨论虽然也有用处，但充其量只能停留在操作层面，深入不下去的。

问题的关键不在于"怎么办"，而在于"怎么想"。人是有思想的动物，支配他行动的，是他的理念和思维方式（思维模式），一个人是决不会违背自己的思维模式的。

为什么这位老师如此与学生较劲？因为他的教育理念是管理型的、以自我为中心的，因为他的思维方式是线性的、单向的。这样的思想必然使他投入这样的"战斗"。

学生上课看课外书，这很常见，原因相当复杂，作用也相当复杂，包含着丰富的教育信息，而这件事到了田老师那里，就简化到了不能再简化的程度（这是一种常见的思维模式），只剩下了最外表的现象——违反纪律。

看问题如此简单，这就注定了处理问题的方法很难灵活。

我们退一步说，就算这件事只剩下了"违反纪律"一个含义，解决起来也仍然可以有多种方法的。田老师却认定了只有一种办法——没收。没收对"这个"学生的教育作用会如何？（事实上，没收对有些学生合适，对另一些学生可能就不合适。）老师连想都不想。

教师实际上是非常机械地按照"自我"的习惯思路来执行"管理"。

然而学生不交，这样一来，教师的想法就出现了转折，他的思路重点立刻从"维持纪律"转变成了"维护个人威信"（其实就是"自我"的面子），于是这位老师在教学时间，竟然置多数学生于不顾，旁若无人地与一个学生"单练"起来了。这与其说是"教育"，不如说是"吵架"了。

田老师是怎样"制服"这个学生的呢？其实也是最简单不过的老套子：找班主任，告家长。（这也是教师常见的思维模式。）

最后学生把书拿出来了，田老师感觉自己"胜利"了，愚以为基本上是失败了。不但在教育学生这件事上没有多大成绩（顶多把学生吓得下次不敢在你的课上看课外书了，这算什么教育成绩？学生的素质又有何提高？），而且个人威信也没保住——遇事用家长和班主任当"王牌"，是最降低科任教师威信的，学生能明白：你独立解决问题的能力不强，只好"狐假虎威"。

像这样的事情，教师提醒一下，学生把课外书收起来就行了，教师应该照顾大多数学生，继续讲课。但是课下要找他谈谈，像朋友一样跟他分享读课外书的快乐（只要是好书），同时提醒他学会自我控制，不要在课上看。

本来很简单的一件小事，教师剑拔弩张，硬往学生枪口上撞，弄成一场大战，教室硝烟弥漫，值得吗？

我把这叫作"举轻若重"，这种事多极了。

这样搞，教师工作没法不累。对工作负责任，不是这么个"负"法。

我们常会见到有些老师在一点小事上跟学生没完没了（甚至谁不这样就说谁"不负责任"），对大事却很麻木，这实在是应该扭转的风气。

为什么那个学生死也不肯交课外书？我怀疑他是跟人家借的，限期归还，老师没收了，他没法交代。这种情况，老师若不没收，反而可能使他在今后的课堂上更守纪律。

通情达理的老师才能熏陶出通情达理的学生。

老师死心眼，学生就难免"一根筋"。师生打得"激情燃烧"，局外人从思维方式角度看，师生"彼此彼此"。

2005. 1. 10

四部随身听引发的较量

自习课上，有四个学生耳朵里塞着耳机。学校规定不许将随身听带进教室，班级也重申，只要发现在班级里听随身听的，一律将其没收，直到假期归还。我没有吱声。终于其中的三位学生看到我站在窗外，但只做了个小动作掩饰，仍然陶醉其中。我暗想真是太大胆了，不处理怎么行？

我走进教室，说："请四位同学将随身听交给我。"

没人动，大家都在张望，陆和赵相互看了一眼，但没交出来。

"不用我点名是哪四位吧？两位男生两位女生。"

终于，陆和赵慢吞吞地交了随身听。

另外两位女生还是没有动静，我压住心中的气，仍然平静地说："请小蒋和小玲将随身听交上来。"

教室静得连空气似乎都凝固了，大家都在注视着她们。她们没有动，但显得有些不安，红着脸埋下了头。

"行，不交可以。明天如果我在班里，你们就不用在了。"

我的语气出乎意料的平和，但这种严厉的语句自我当班主任以来还没有过。我不顾教室里的骚动，拿着男生上交的"战利品"回到了办公室。

第二天清晨走进教室，小蒋和小玲看到我就低下头。

我问："平时你们表现不错，昨天晚上怎么会出现这样的事情呢？你们说怎么处理这件事？"

两人都一声不吭。

"两位男生都很自觉地交上来了，你们怎么就是不肯交呢？"

"随身听是别人的。"她们低声说。

原来如此。

其实我能够理解她们，学习累了听听音乐放松点，调节一下情绪是可以的，但是晚自习不应该听，会影响自己也影响他人，况且这作为纪律强调过很多次。

我问她们"是不是觉得我们就是不交，看你孙老师能拿我们怎么着？"时，她们摇摇头说没有这想法。

我提了两条处理建议：

一是现在交出随身听；

二是与家长联系，家长同意自习课听随身听，那么就让家长领回去在家听；家长不同意，那还是得交出随身听。

中午，两部随身听出现在了我的办公桌上。

这件事看起来处理得似乎还比较成功，但我没能在处理问题之前仔细思考，留下了很大的缺憾——我竟然威胁学生。

我提出的两条处理建议，似乎给了学生莫大的"民主"，但实质就是"专政"——两个选择只有一种结果，有哪位家长同意孩子上课听收音机呢？我没和学生平等地交流，而是动用了最让学生反感也最显得老师无能的一招。不仅用请家长来威胁，而且用了更不应该有的语言威胁，说了一些让学生畏惧的话，让他们在"师道尊严"的压力下屈服，这不仅使得学生反感，同时也定会大大削减教师的威信。（宸岁）

○ 点评

两个"较量"的比较

同样是在课上没收学生东西，我们把"一本书引发的较量"和"四部随身听引发的较量"比较一下，可能有启发。

很明显，就整体素质和专业能力来说，孙老师比田老师高一筹。

田老师处理学生看课外书事件时，差不多是完全的教师中心，几乎毫不考虑学生的感觉；而孙老师则说"其实我能够理解她们，学习累了听听音乐放松点，调节一下情绪是可以的"。孙老师能换位思考，作为教师，这是很重要的思维品质。不换位思考，"理解"就是空谈。

田老师在和学生发生冲突的时候，只是一股劲往前冲，看不出有灵活机动的"敌进我退"意识，这是很冒险的。万一碰到硬钉子，如何下台？难怪田老师自己也捏一把汗。孙老师就不然，四部随身听收上来两部，另外两部学生死活不交，这是很尴尬的局面。孙老师看情况不对，说了一句："行，不交可以。明天如果我在班里，你们就不用在了。"这是明智的撤退。

田老师遇到学生不听指挥的时候，几乎毫不犹豫地就搬援兵（家长和班主任），恕我直言，这是缺乏自信的表现，而孙老师虽然也动用了家长这张"王牌"，却相对比较谨慎。

更可贵的是，孙老师有研究意识。他有两个问题提得非常好："两位男生很自觉地交上来了，你们怎么就是不肯交呢？""是不是觉得我们就是不交，看你孙老师能拿我们怎么着？"这两个问题一提出，立刻就把问题深化了。说明孙老师不是主观主义者，在他脑子里，事情有多种可能，而不是只有一种可能（成心跟我过不去）。这属于发散思维，不是线性思维。在思维方式上，田老师稍逊。

最可贵的是，孙老师能反思自我。孙老师对这件事的处理，应该说也算成功，但是孙老师却对自己很不满，甚至说自己"威胁"了学生，反观田老师，事情处理得不算成功，只是用外力把学生压住了，却自认为是胜利，反思精神也略逊一筹。

那么孙老师的工作是不是就无懈可击呢？愚以为也不是。

我要是遇到此种情况，就不会当众让学生交出随身听，这太冒险了。我当场只会要求他们先收起来，课下再找他们谈。既然宣布过要没收，那还是要收的，我可以答应他们第二天就还，但要他们以今后不在教室听为交换条件，估计不会有多大障碍。然后我就拿着这四部随身听到教室向同学展示一下。此事就可以告一段落了。

但是事情并没有完。平时表现不错的学生，竟然冒老师之大不韪，上课听音乐，而且竟敢瞪眼不交，说明他们的心态已经很压抑，"豁出去"了。这是一个危险的信号。愚以为，班主任应该及时找同学询问，了解下情况，想办法在百忙之中组织点学生喜欢的活动，让他们发泄一下。否则不但影响高考成绩，弄不好还要出事情。

2005. 1. 11

拔草要拔根

我爱种花，暇时就给花拔草。拔草也有门径，我拔草有时粗心，有的只掐茎叶而留着根，两三天后，"花盆领地"又被占据了，而那些用心思连根拔的，就不再生了。

由此我感触不浅：我们这些有"园丁"美称的教书匠，教育学生时不也要避免"只掐茎叶而留着根"之弊吗？

刚执教鞭，遇一顽皮学生，吵架乃其乐事，每当此时，我就来个公式化的方案——先问为啥吵架，再问"你这样做对吗？"当学生承认"我错了"就了事。当时，我以为这是"最佳方法"。再犯，我也就对他不客气啦——先绷紧着脸，继而暴跳如雷，和学生对着干，直至学生辍学。我虽有点遗憾，但总觉得是仁至义尽，也就心安理得了。

一年后，我碰到这么一个学生：他原来是一个较好的学生，但近来情绪异常，变得性情暴躁，对谁都敢顶几句，上课没精打采。有一天，他竟与一个学生打架，我本想再来个"公式化"，可又觉得有点不踏实。想了想，终于决定改变方法。

放学后，在宿舍里，我让他坐下，给他倒了杯水。他呢？只冷冷地注视着我的一举一动。

"我发现你近来心情很不好，能告诉老师是什么原因吗？"

他慢慢地低下头，也许是猝不及防吧。

"唉！过去我心情不好时，也要找个人没头没绪地发泄。后来知道错了，不这么干了。因此，我寻思你近来可能也这样吧。"

这时，只见他略微抬起头，张了张嘴，又低下头，眼眶却红了。当我再给端水时，他感动了，猛地攥住我的手，呜咽着："老师，我闷，我……太闷啦！"接着，他终于道出了事情原委。

原来，近段时间，他的爸爸每晚在家里打麻将至深夜，有时甚至通宵达旦。他几次劝爸爸，都遭臭骂……

噢，终于"扒土见根"啦！是拔根的时候了。我安慰了他几句，立即到他爸爸的单位去，跟他爸爸谈了好半天，终于使其醒悟过来，表示不再打麻将影响孩子学习了。"根"也就这样拔掉啦。当然，那学生又变成了好学生。

可这时，我忽想起一年前的那件事，心却隐隐作痛，内疚至极！要是我早运用此法，也许那学生就不至辍学了，依然是一朵茁壮成长的花朵。（刘荣海）

○ 点评

认错型教育与研究型教育

刘老师这篇文章很有启发性。

刘老师原来用的方法是"只掐草，不拔根"，是认错型的教育；后来用寻根溯源的方法，是研究型的教育。

认错型教育其实是以教师为中心的，注重的是教师的自我感觉：你认错了，我就消气了，即使你不改，我也"仁至义尽"了。

研究型的教育才是以人为本的。因为它注重的是对方的感觉，注重的是沟通和理解。

请注意后来刘老师的问法："我发现你近来心情很不好，能告诉老师是什么原因吗？"

要是按原来"只掐草，不拔根"的认错型教育的思路，刘老师的问法本来应该是这样的："我发现你近来不守纪律，能告诉老师是什么原因吗？"

前者是有沟通色彩的询问，后者是有审问色彩的批评。显然不同。

研究型的教育才是科学的。因为认错型教育实际上暗含着两个基本假设：一个是，学生犯错，都是不知而犯；另一个是，只要承认了错误，就能改正。这两个假设都经不起科学论证。

刘老师从认错型教育转轨到研究型教育，很值得祝贺。

再问，为什么刘老师能实现这个转轨而有些老师就不能呢？

请听刘老师自己在转弯的关键点是怎么想的："我本想再来个'公式化'，可又觉得有点不踏实。想了想，终于决定改变方法。"

刘老师有反思精神，不盲目自信，喜欢动脑筋，不封闭自我，不怨天尤人，想改变自我……

这些优点是刘老师思想转轨的基础。

2005. 1. 16

我不知道如何帮她

这个女孩上初三，离中考只剩一个学期了，而从学习成绩上讲，她几乎不可能考得上高中。

在这学期，她现在的班主任（和我关系不错）不止一次告诉我，她现在的学习状态，不见好转。甚至有一段时间，她父母发现家里的电话费猛然增多了，一查才知道是晚上等父母睡了后她一直与一位男生通话。父母初时不信，因为她一回到家就在认真地学习。

班主任大伤脑筋，也不止一次地跟她交流，她反而连班主任也不信任了。由于之前父母着急，有过"逼迫"她学习的情形，所以她也不理解父母。

她属于那种比较单纯的女孩。可以感觉到她和我聊天时很开心，而且她喜欢和我聊，没事就想找点话题。但只要一说到学习，她就把头一扭，嘴里一个劲地说："我知道，我知道要努力，我知道要注意方法……"

她和同学中的好朋友在一起，话特别多。她有敏捷的思维和很好的口才，我曾经重视过，让她代表班级参加学校辩论赛，她还得到了单场最佳辩手。可学习上老师都说她反应慢。她上课时总的来说比较认真，笔记认真而规范，当然在我的课上尤其突出，可即使这样，期末（我教历史）仍然不及格，更别说其他科了。

从目前的情形看，她还能信得过的大人中，也就是我了。而我却不知道怎么帮她。（517jy）

○ 点评

学会思考

出现这种情况，原因是很多的，就好像出现同样的发烧症状，病因却很不一样。如果 517jy 老师不能告诉我这个孩子的成长史和他的家庭教育情况，我很难判断病因，也就没有办法拿出对策。

所以我到这个网站来参与讨论，给自己确定的任务并不是单纯的"开药方"，而是和老师们一起学会思考，学会在翔实材料的基础上思考，学会有逻辑地思考，学会科学地思考。

我常常给中小学教师讲课，发现多数人的思维方式有两个明显而巨大的缺点：

一个是"感性色彩"。就是说，他们所说的，记住的，往往都是自己亲眼见到、亲耳听到的一些材料，很少进行横向的扩展性询问，更没有纵向的历史性的追寻。这就使他们的发言往往带有闲聊天式的"见闻"性质。

第二个是缺乏逻辑性。只问"怎么办"，不问"为什么"。既然不问"为什么"，就不需要找理由，不需要找理由的地方当然也就不需要逻辑。因为所谓逻辑，无非就是提供理由，也就是"讲理"。所以严格地说，我们很多教师的发言都是"不讲理"的，经不起追问和反驳。我和许多老师对话，一追问，一反驳，他立刻就愣住了，这说明他们很少体验追问和反驳，说明他们很少在头脑中追问和反驳自己，没有此种思维习惯。而追问和反驳是科学研究最基本的思维方式。

由于以上两个思维缺陷，我们就会发现许多中小学教师的发言十分缺乏研究精神和研究色彩，话语总是浮在事物表面，深入不下去。有些发言之所以能够给人较深的印象，不过是因为语言比较花哨，比较煽情而已。如果你问他："我用您的招数，在我的学生身上为什么不灵？"他就没词了。他们一般都没有对一个具体问题进行分析和诊断的习惯。他们只是自己灵机一动想出一招，或从什么地方学来一招，然后就在班里用，恰好有效果（其实他自己也常常没整明白为什么会有效果），就以为这是科学了。然而科学根本就不是从自我出发的，科学是从客观对象出发的。

我昨天接待了一对母子。孩子 18 岁了，在某重点中学上高三，学习成绩倒数第一，面临高考，不努力学习，有时间就上网玩游戏，还特别迷恋万智牌（一种在大学生和白领中流行的牌）。家长快急疯了，来找我们求救。

我们询问他的最早记忆。他说他的最早记忆是大约三岁的时候，他记得屋子里的摆设、床、栏杆。

母亲又告诉我们，孩子在幼儿时期拼图能力惊人，甚至可以超过大人。

孩子现在打万智牌水平极佳，全市无敌手，正准备参加全国比赛。

孩子又告诉我们，他将来的职业理想是去电影学院搞动漫设计。

他数学成绩很不好，题目常常做得完全没有逻辑性，偶尔却能得出答案。

于是我的助手孙老师就非常聪明地问这个孩子："你做数学题的时候是不是也像拼图一样，把你以为相关的数字拼到一起，就觉得自己做出来了？"

他说是。

我们把这个孩子的早期记忆、幼儿拼图、万智牌（这种牌像扑克一样，一张一张的），还有他的职业理想（动画）串联在一起，就会发现，这很可能是一个天生的空间智能发达而其他智能较弱的孩子——一个偏才。

于是我们解决问题的路子就比较明晰了。

在人生总体设计上，我们要帮他找到学历教育和特长发展的结合点，而不是像他家长那样，拼命压制他的特长。

在学习辅导上（比如数学），我们得想办法找到这样一位老师，他能把数学的概念、公式，尽量用空间图画的方式表达出来，以适应这孩子的思维方式。我们正在寻找这样的数学教师。这并不容易，因为能够适应学生的思维特点变换教学方法的教师极少，一般教师都是要求学生跟着自己已经凝固多年的教学方法走，跟不上就说学生笨。

上述例子说明，我们只有真正了解了孩子是什么"材"，才谈得到"因材施教"。孔夫子只给我们留下了一个"因材施教"的正确口号，他并没有告诉我们辨材的科学方法。这一课，我们要补上。否则我们只能永远在那里说一些"正确的空话"。

因此目前的教师培训有一个重要的任务，就是帮助老师们学会思考。具体的操作办法并不是最重要的。

但是我们不能空洞地谈"如何思考"。经验告诉我们，结合具体案例研究思想方法是最好的。这就是我搞个案点评的目的。

2005. 1. 29

班主任应该多一双眼睛

一个男生对着教室的门踢了一脚，刚好被他的班主任看到。班主任把这个男生叫到办公室，板起脸孔将他教训了一顿，责令其写检讨书。男生没有办法，只得写好，恭恭敬敬地交给班主任，班主任就没再为难他。他走出办公室，在教室门口，像要发泄心中恶气一般，对着大门就是一记猛拳，响声比刚才那一脚踢的还大。门开之后，他高昂着头颅，夸张地嚼着口香糖，趾高气扬地走向座位。

这一切，都被我看在了眼里。在我来看，这个班主任对此男生的教育并没有成功，甚至有可能还起到了反作用，可是班主任却觉得学生已经写了检讨，也作了保证，以后这样的事情大概不会发生了，自己的教育达到了目的。但他没有想到学生根本就没有听进去，谁也说不准，学生背着他又会做什么，也许还会故意毁坏其他的东西。

我为什么能得出这么一个跟班主任完全相反的结论呢？因为多了一双眼睛，我不但看到了男生在班主任面前的恭顺，还看到了男生离开办公室后的反应。我觉得，我们做班主任的，都应该多这么一双眼睛。（浪子无忧）

○ 点评

人为什么喜欢骗自己？

浪子无忧老师这篇文章很精彩。

这位班主任的教育其实是失败的，但是他的自我感觉却正相反——成功了。实际上他自己骗了自己，而且浪费了不少精力和感情，做了无用功。这种事情在学校多极了。

为什么会这样呢？因为教师只看见了学生"在我面前"的表现，没有看见学生的真实表现。浪子无忧老师因此建议教师多长一双眼睛，学会从另外的角度看学生、看自己。我觉得这很有道理。

我想进一步提问的是：为什么许多老师只有一双眼睛而长不出另一双眼睛呢？

可能他们误把学生的保证与学生的行动等同起来了。

很多教师都以为，学生只要作了保证，行动就会跟上来。其实这在很多情况下都只是教师的一厢情愿而已，言和行果真能如此一致，教育就是太简单的事情了。

那么，学生做不到的事情，他为什么要作出承诺呢？这至少有两种可能：一种是被迫的。许多老师其实是逼着学生写检讨作保证的，这种老师似乎爱听谎话，学生没奈何，只好投其所好，求得过关。第二种情况是学生不能正确估计自己的能力，他承诺了自己实际上做不到的事情。这不属于欺骗，是自我认识水平问题。学生是未成年人，缺乏自知之明是很普通、很正常的现象。我们当老师的，就一定有自知之明吗？我们不也常常保证完成任务最后却没完成吗？这不算说谎。

恕我直言，在很多情况下，与其说学生喜欢骗老师，不如说老师喜欢自己骗自己。他只是"觉得学生已经写了检讨，也作了保证，以后这样的事情大概不会发生了，自己的教育达到了目的"。就这样，把自己骗了。

接下来的问题是，教师为什么会喜欢骗自己呢？莫非这种欺骗能给他带来好处？

是的。这种自我欺骗最直接的好处是缓解教师本人的焦虑。学生犯错，教师很生气；学生承认了，教师的气就消了一半；学生又保证今后不再犯，教师甚至可能高兴起来了，看到了光明的未来……

所以再恕我直言，让学生承认错误、写检讨、作保证，与其说是一种教育方法，不如说是一种教师的自我安慰方法，我把它称为"心理止痛片"。

所以真正的优秀教师是很少搞写检查、作保证这一套的。一位外国教育家甚至说，没有必要让孩子认错，关键是帮助他改正。这话有道理。我们许多老师都以为学生只有先承认了错误才能改正错误，这个推理是经不起推敲的，事实上我们的许多错误都不必向别人承认，自己就逐渐改正了。

所以真正的优秀教师总是更重视学生"不在我眼前"的表现，因为他知道，教育的目的不是为了使学生"让我满意"，而是使学生得到真实的提高。因为他懂得，教师个人的教育目标与真正的教育目的并不总是重合的，教师最容易犯的错误之一就是误把自己的目标看成客观教育的目标，那是一种自我中心。

真正的优秀教师是一些最不愿欺骗自己的人。

2005.3.20

学生在家号啕大哭……

李 × 妈妈打电话来向我求救，说李 × 一到家就把自己关进屋里听英语，听着听着，就把东西摔在地下，号啕大哭起来。她不知怎么回事，怎么说都没用，只好向我求救。

我心里既高兴又难过。高兴的是今天的班会触动了许多学生的心，难过的是许多时候我心有余而力不足。李 × 的数学成绩一向不错，可英语由于没基础，学得很辛苦，时间用上了，效果却不好。我在电话中告诉他："男孩子不许掉眼泪！男孩子要学会勇敢面对！男孩子要学会为父母分忧！哭解决不了问题！要多动脑筋，像学数学一样摸着门道，就会轻松起来。老师相信你会走出低谷！"

许多学生的学习兴趣、信心随着长期不见效果而慢慢减退。今天班会上我告诉他们哥伦布每天都在航海日记上写：继续前进！我真的希望我的每个学生也在自己的信念上写上：继续前进！（晴 qk 空）

○ 点评

当孩子需要帮助的时候，我们给了他们什么？

当孩子需要帮助的时候，他们从老师那里得到的通常是两种东西：批评和空洞的鼓励。前者属于"雪上加霜"，后者则只是"喊加油"而已。

这是在学校里普遍存在的突出问题，许多教师已经习惯这样处理问题了。

晴 qk 空老师似乎也有这个问题。

李 × 妈妈打电话来向晴空老师求救，说李 × 一到家就把自己关进屋里听英语，听着听着，就把东西摔在地下，号啕大哭，她不知怎么回事，怎么说都没用。

这是怎么回事呢？起码应该问问当事人吧？

可是晴 qk 空老师上来就下了一个结论：是班会触动了他的心，他"英语由于没基础，学得很辛苦，时间用上了，效果却不好"。

愚以为在询问学生之前这样下结论有点冒险，因为学生大哭可能有多种原因，是否真的和班会有关，是否真的和英语成绩上不去有关，调查研究一下再下结论不迟。

为什么家长问不出来呢？这也值得思考。从逻辑上说，家长之所以问不出来，一种可能是亲子关系紧张，孩子不习惯对家长说心里话；另一种是觉得跟家长说了也没用；不排除还有一种可能，此事不便对人说。

家长问不出来，老师又不问，孩子到底怎么回事，谁知道呢！

于是教师就在若明若暗的情况下开始教育学生了。这种事在学校里真所谓"司空见惯浑闲事"。

现在让我们退一步。我们假定晴 qk 空老师的判断完全正确，确实是班会触动了他的心，他"英语由于没基础，学得很辛苦，时间用上了，效果却不好"。然后我们来看看晴 qk 空老师的教育对他能有多大的帮助。

晴 qk 空老师在电话中的教育有以下几个要点：

1."男孩子不许掉眼泪！"这等于批评他"你不应该掉眼泪"。

2."男孩子要学会勇敢面对！"这等于批评他"你在逃避"。

3."男孩子要学会为父母分忧！"这等于批评他"你不替父母分忧，你不懂事"。

4."哭解决不了问题！"这等于批评他"你在做无用功"。

以上四条都属于批评，占晴 qk 空老师教育要点的三分之二。我不是说不可以批评，问题是，这样的批评中肯吗？既然老师肯定他"学得很辛苦"，那就说明这孩子并没有逃避，恐怕也不是不想替父母分忧，他只是见不到效果，找不到出路。可见老师的批评是有些冤枉孩子了，有些文不对题。再说，这样的批评能解决孩子的实际问题吗？他若真的是遇到了英语问题，听了这样的批评，能找到办法吗？知道该怎么努力了吗？至于男孩不准掉眼泪，则属于不恰当要求。起码哭一场可以发泄一下，若憋着不哭，反而更危险。男孩不许哭，这是老规矩，并不符合现代科学的研究成果。

晴 qk 空老师大概也觉得光是批评不能解决问题，所以下面又说了两条。

5."要多动脑筋，像学数学一样摸着门道，就会轻松起来。"

这一条只是原则性的指导，且有毛病。如果李 × 的智力类型是属于数理逻辑型的，则很有可能他这一辈子学英语都不会像学数学那样"轻松"。听了这样的教导，学生可能只好苦笑。

6."老师相信你会走出低谷！"

这一条就是所谓喊"加油"，不能说不对，但恐怕用处不大。

所以恕我直言，当李×同学很无助的时候，从这次谈话里，他并没有得到切实的帮助，而只是收获了一堆教训。替孩子想想，他惨不惨？

我若是班主任，遇到这样的情况，会怎么做？

我当然首先要搞清这孩子为什么大哭。在搞清之前，我不会说任何指导的话。

如果搞清楚了，确实是英语问题，那就看我是不是内行了。假若我是内行，我就研究一下他英语学不好到底是什么原因，他的记忆力有什么特点，能不能帮他换换学习方法，使他有所提高。假若我不是内行，我就去拜托一位有水平的英语教师，让他帮我看看，这孩子为什么英语老上不去，有没有可能上去，还有什么可以采用的应对策略。我不懂行的事情，我绝不乱发言。

批评的语言，我一句也不说，因为在我看来，那属于浪费感情。鼓励的语言，也不着急说，等他有一点进步再说不迟。在学生找不到路的时候，空洞的鼓励形同讽刺，只能使他更迷茫。

在下看老师们写的随笔也不少了。总而言之，我感觉许多老师更像鼓动家、文学家、节目主持人、管理者，而不像科研人员。如果你承认教育是科学或者教育有科学成分，那你恐怕就会为这种普遍的"情绪化教育"现象担忧。

缺乏研究氛围的教育是没有前途的。

2005. 3. 20

王老师的帖子看得多了，越看越有味道！

可是有了另外一个感觉，那就是王老师不管对于什么样的问题，都是从科研的角度出发的。

我有一个想法：教育教学虽然有一定的规律可循，但又是没有规律可言的。别人总结的规律对自己并不一定是适用的，我们平常不是在说可借鉴别人的方法而不能照搬照抄吗？

如果教育可以科研，那么从哪里去找两个一模一样的学生呢？我们总结出的规律在下次应用时就一定有效吗？

同样的做法，我在五年前没有取得应有的效果，但是在五年后的今天我看到良好的效果了，可是这好像要建立在学生对我有敬佩感的基础之上，并不是以前学生

对我不敬佩，只是没有现在这么强烈而已。（新沃洲湖）

感谢新沃洲湖老师的跟帖，这正好给了我一个说明自己意见、避免他人误解的机会。

我不希望我的发言给大家一种"唯科学论"和"科学万能论"的印象，因为科学确实不是万能的。尤其在教育这个行业里，我们面对的是活生生的人，人是有感情的，所以情感因素非常重要。同样一句话，学生跟你关系好，他就听，跟你关系不好，他就不听，这是显而易见的。

那我为什么如此强调科学呢？因为现在普遍的情况是，我们工作中的科技含量太低了，而情感因素则用得太滥了，科学因素与情感因素严重失衡了。写文章总要有所侧重的。

然而问题的关键并不是我从哪个角度出发，而是我结合案例的具体分析是否有道理，是否能解决问题。抽象地讨论科学重要还是情感重要，在我看来没有多大意义。我为什么对案例研究情有独钟？因为这是实实在在的事情，科研也好，不科研也好，你总要说出个道道，拿出个办法，含糊不得的。

我其实本来不是科研人员，后来我思考问题时发现，你只要刨根问底，就躲不开科学，于是跟科学就越来越亲近了。亲近而已，我不敢说懂科学。

教育教学有规律吗？愚以为还是有的。科学就是研究规律的，无规律的地方没有科学的立足之地，但是规律不等于"定法"。如果网友细心看我的文章，就会发现我总是分析老师的思维方式（其中显然有规律），至于具体的做法，我从来不谈模式的，我一般做多种假设，但更强调的反而是：找出"这一个"的特殊性，加以解决。其实这才接近科学的态度。当前流行的种种教育方法的"俗套子"，并不是因为科学太多了，恰恰相反，是"想当然"太多了。

以上，供新沃洲湖老师参考。

2005. 4. 21

一个理想主义者的悲哀

下文节选自尘埃 yang 老师的来信。

"当老师，当班主任以来，我一直在克制自己，不要发火，不要生气（尽管我一直都是温和的人，很少发火），特别是经一些同学提醒之后。每当我走到教学楼下，走到教室门口，面对嘈杂的教室，我都会调整呼吸，反复告诫自己：每个学生都很可爱，我一定要冷静，不要生气，不要发火，要温和，要微笑。今天，可能是天冷的缘故，刚才在拼那些纸片时，我的手一直在发抖，很久没这样了！现在我的声音也是，在颤抖！班上的有些同学把我的宽容当成什么了？软弱吗？一而再、再而三干违纪的事，变本加厉。有些事情我是不能容忍的，知道有些同学家里势力大，可以压得过校长，而我无权无势，必须得听校长的。但为了维护一些在意识里觉得重要的东西，我会赌上我的并不富有的一切：班主任的职务，老师这个工作……现在我表明我的态度：和这样的同学，这样的事势不两立，如果这样发展下去，如果这些同学还无改进，这个班里不可能同时容下我和他们！这样的同学，本不该在学校，在高中的，十七八岁，他们应生在监狱，死在地狱！如果我不是老师，不是班主任，我肯定不会用这样的方式处理这件事！"

今天晚上自习，放学前五分钟，我在教室里说了上面这样一段话。有些语无伦次，甚至意思表达得有些过分，有些偏颇……这不是一个冷静的班主任说的话，不是一个热爱教育的年轻人应该说的话。但这的确是我当时真实的想法，"吾口说吾心"，何错之有？尽管面对的是学生！

我是个彻头彻尾、不折不扣、不可救药、无可挽回的理想主义者！

或许我真的会丢掉班主任的职务，甚至会失去教师这个工作；或者我会选择默默离开！但我会捍卫我的理想，甚至是以生命为代价。我还年轻，不怕失去这个工作，我只怕我走了，在这样的环境下，新的班主任不会像我这样爱他们，关心他们！折断翅膀的天使尤其需要爱的呵护！我必须用我并不硕大的翅膀去为他们挡住恶风暴雨，并教会他们飞翔！

理想主义是悲剧的根源！我的付出未必会得到报偿，然而这并不能让我停止对他们的爱！（尘埃 yang）

○ 点评

我也是个理想主义者

尘埃 yang 老师的热情、真诚和正义感使我感动。记得我年轻的时候也是这样的。

现实让尘埃 yang 老师失望了，学生让尘埃 yang 老师失望了。

这真令人愤怒、遗憾、焦虑，而且无奈。

不过我斗胆问一句："'现实'有没有必须让某位教师满意的任务呢？"

没有。现实就是现实，它不是为谁满意而存在的。

再问一句："学生有没有必须让某位教师满意的任务呢？"

恐怕也没有。我想大部分学生都是在想办法使自己满意，而不是让教师满意。他们在实现自己的期望，而不是教师的期望。我以为这很正常。教师不也是在为自己的"理想"奋斗吗？

你有你的理想，他有他的理想。他的理想和你的理想不一样。当你认为他不能让你满意的时候，他还在那里埋怨你不让他满意呢！

当然，你的理想可能是很正确的、很高尚的，他的理想可能是很错误、很猥琐的。但是，如果你没有一套办法帮他转变错误的价值观，光指责或埋怨他让你失望，那是没有道理也没有用处的。

恕我直言，经常失望的人并不是真正的理想主义者。真正的理想主义者是无论现实情况如何令人沮丧，都坚定地朝自己设定的方向前进的人。哪怕只能往前挪动一寸一分，他也不放弃。

为什么我们的努力常常白费？原因很多。

1. 可能是我们的努力不得要领，脱离实际，使劲使错了地方，或者办法不高明。

2. 也可能我们的努力已经见到了成效，只是我们期望值过高，看不见小小的进步。

3. 也可能有些事情我们确实无能为力。

面对第一种情况，我们应该反思自我，提高专业水平。

面对第二种情况，我们应该鼓励自己，毕竟有点收获。

面对第三种情况，我们应该安慰自己，本来我们就无法单枪匹马扭转乾坤，我们只能做自己力所能及的事情，问心无愧而已。

我相信人比山高，我相信脚比路长。

我也是一个理想主义者。

2004. 12. 22

实习老师为什么受欢迎?

14年前，我在一所城市的重点小学实习，教二年级语文，和那帮学生处得可真是好。个个与你无话不谈，把嘴巴凑到你腮边，把心中快乐与你分享，将满腹委屈向你倾诉。下课一起疯玩，课上他们也并不捣蛋或恶作剧，就连最调皮的学生也听得很认真。争着发言时，他们恨不得把小手伸到你眼皮底下。当时我想，教学真是一件有意思的愉快事儿，因为孩子们如此的纯真可爱。在告别联欢会上，他们表演了精彩的节目，我们也亮出了各自的拿手好戏，分手在即，同学们一个个号啕大哭，拽着衣角不让你走，拉钩约定下次去学校看他们，我们心里自然也酸酸的。

"你们号什么号，又不是生离死别的，一个个抬起头来!"猛听班主任一声吼，同学们立刻止住哭，大气不敢出地看着他。我心中涌出一种怪怪的感觉：是在嫉妒我们之间的融洽吗? 他和学生相处那么长的时间，为什么竟没有只和学生短暂相处的我们在学生心中那么可亲呢?

忽记起，有一回，一个孩子不小心把茶水溅到前座的衣服上，两个孩子大吵起来，我正准备上前劝阻，班主任老师不知从哪儿冲了过来，不容分说地拎起两个小朋友的耳朵到教室外，劈头盖脸一顿训。训斥的具体内容我已记不大清，只记得两个孩子挂在眼角的一串串泪珠和惴栗的眼神。此后，我曾委婉地问这位班主任，孩子们还小，能这么严厉训斥? 班主任显得很不高兴，说："你别看他们小，他们是人小鬼大，你不严厉点儿，他们就爬到你头上去了。其实如果你们走上工作岗位，遇到这类烦心事儿，或许比我有过之而无不及呢!"

真是这样吗? 为什么师生相处的时间越长，距离倒隔得越远? 为什么我看到我们实习老师整天笑眯眯地对着孩子，学校老师们却大都很凶? 刚才还笑着，一转身就在学生前刷的挂下了脸?

时光已从指缝中悄无声息地流逝了14个年头，我也遇到了和那位班主任老师相似的情形。实习老师刚到班两周，就和同学们拧成了绳，抱成了团，学生对实习老师的叫好声连连，尽把心中的悄悄话说给实习老师听。在课间，同学们把实习老师团团围住，像一群麻雀叽叽喳喳地说着闹着。那股亲近劲儿，看着令人眼红。

究竟是什么让我们如此不可亲近，甚至面目可憎？

一、日益麻木了心灵。有位老教师说，从教数年后，大部分老师的棱角都会被磨得光光的。他们惯用的托辞是："现实就是这样，我一个教师又如何改变得了呢？"于是，一张张试卷，一道道练习，做、改、评，再做、再改、再评，重复着过去，自认为没有了新鲜的刺激，不麻木才怪！

二、逐渐消减了热情。实习时，由于摸不着教学的门道，我们会极主动地钻研教材、研究学生，向其他教师虚心请教。待教学几年，有的老师自以为有了一些教学经验，于是研究、反思、提升自己的热情开始消减，放松了对自己专业成长的要求。

三、步步趋于功利。由于应试教育大行其道，分数不仅成了学生的命根，也成了教师的命根。学生的考分与教师的岗位考核、评职称关系密切。教学更多地关注当下，关注眼前看得见、摸得着的分数，而忽略了学生素质的提高。不知不觉中，考分一再上不去的所谓"差生"就成了烦心的代名词。功利教育牺牲的不仅是学生的未来，同时也是成长中的教师的智慧。

四、老曲顺口，老拳顺手。人常有惰性心理，喜欢走捷径，走老路，除了"三板斧"的教学招式，竟很难亮出"第四板斧"来了。

以上主要是从课堂教学的角度进行的反思，其实，许多教师热情的消减、心灵的麻木、教学的僵化和功利化还出现在班级管理中，当老师以权威者的形象自居，施行程式化的管理模式时，学生只会离你越来越远。与此相反的是，实习老师往往谦虚好学、满怀激情、追求民主，因为没有框式的制约，教风相对活泼，没有应试压力的束缚，教学空间自由而广阔，更重要的，"教学新手"的角色催着，甚至"逼"着他们尽快地迈上专业成长之路。

看来我得调整心态了——就从始终把自己当作一名实习老师开始吧！（袁健）

○ 点评

向网友推荐这篇文章

上文是我从 K12 论坛上转来的。我很钦佩这位老师的反思精神和研究态度。因为作者已经说得比较清楚，我就不啰唆了，只从旧文《教师心理健康的自我评价》中节选几段相关部分，给这位袁老师助威。

2005.2.2

附录：

5. 新鲜感

在工作中常有新鲜感的教师，心理是健康的，缺乏新鲜感的教师，心理是不够健康的。

世间万物，既是稳定的，又是变化的。没有相对的稳定，我们将失去安全感；没有变化，我们将无法进步。一个心理健康的人，应该能同时感受到世界的稳定性和世界的变动性，而且能将两种感觉很好地协调起来。有一种人完全失去了稳定感和整体感，世界在他们的眼里变成了毫无固定形状的飞驰的碎片，我们把这种人叫做精神分裂症患者。还有另一种人，失去了变化的感觉，生活在他们的眼里变成了周而复始的一成不变的圆圈，他们失去了新鲜感，我们说这种人是心理不健康者，他们的心田绿色减少，正在变成沙漠。

有些教师就像后一种人。他们觉得生活在不断地重复，第二天是第一天的克隆，今年是去年的拷贝。课还是照老办法教，学生照老办法管，几年前的教案仍然可以用，一切都枯燥而令人厌倦。另外一些教师则不然，他们总有新鲜感。在他们看来，每一天的太阳都是新的，每一个孩子都与众不同，孩子们来了又去了，去了又来了，永远能带来新的课题，新的挑战，新的惊喜。旧的教案可以参考，但是绝不能照搬，必须有所改变，要讲出新的东西。他们每天都带着儿童般的好奇心走进学校，走进课堂，每天都能找到一些新的感觉，工作有无穷的乐趣。

心理不健康的教师把自己的心灵的干枯归罪于生活，这也有一点道理，因为相对地说，中小学教育界比其他各行各业改革得慢一些，旧的计划经济的生活方式保存得多一些，这里确实有点沉闷。然而，"东方风来满眼春"，这里也不会例外，到处都涌动着生命力，问题在于他们自己的心窗关得太紧了，春风难以吹进，久而久之，感觉就迟钝了。正像老年人埋怨饭菜没有滋味一样，其实那是他们自己舌头上的味蕾退化了。在社会上，我们见过更典型的这类人，他好像什么都见过了，什么都经历过了，什么都懂得了，对一切都失去了兴趣，什么都不能激活他的好奇心。这种人已经变成了精神木乃伊，他的心田成了荒漠。

如果一位教师在工作中，常常整月整月地缺乏新鲜感，我们可以说，他已经有心理障碍了，如果他整年整年地找不到新鲜感，那他的心理障碍就比较重了。

如何增加自己的新鲜感呢？最好的办法是走进孩子的心灵，因为孩子的心理是绿色心理，污染少，活力强，作为一个朋友而不是一个单纯的"管理者"生活在孩子中间，一定能找到许多新感觉。再有就是读书学习，练习换个角度想事情，也很有效果。

6. 上升感

上升感与新鲜感都是生命力的表现，但二者有所不同，新鲜感是过去没有过的感觉，上升感则是一种自我超越的感觉。有上升感的人心理是健康的；上升感越少，心理健康情况越差。

我们用登山来做比方。一个人走在山坡上，如果他回头看，发现刚才站的地方比现在站的地方低，他得到的就是上升的感觉；如果他发现刚才站的地方比现在站的地方高，他得到的就是下降的感觉。一位教师回忆过去的工作，如果总觉得那时比现在能干，那时比现在辉煌，那时比现在高明，显然这个人是在走下坡路，他没有上升的感觉。缺乏上升的感觉特别损害人的心理健康，他或者忿忿不平，老用自己的优点比别人的缺点，用当年的成绩比别人的失误，来维持自己虚假的心理优势；或者灰心丧气，承认自己"不中用了"。缺乏上升感的人不一定都是中老年人，青年人也会有这种现象，他们在精神上未老先衰了。人到中年以后，身体是要逐渐走下坡路的，但是精神上却可以在相当长的时间内保持上升的势头。这也是一种长寿之道——用心理的上升来平衡生理的下降，以延缓衰老。

你若能发现过去的想法、做法错了，陈旧了，或者不全面，或者需要修改，那你就有可能超越自己，找到上升的感觉。所以，心理健康的人是会常觉得"今是而昨非"的，他经常批评和修正自己的观念，即使多年形成的成功经验，他也允许别人批评，自己也要怀疑，因为要想上升，就意味着对过去的某种否定。我们来举个例子。有些人主张，要用放大镜看学生的优点，我开始也觉得这说法很好，很敬业，但后来我发现，有些老师瞪着眼睛硬是看不见学生明显的优点，我还发现，同一个学生，在不同素质的教师眼里，竟然是两种人。所以我想，声称用放大镜看学生优点的教师，很可能是自己眼神不好，观念有问题，因为每个学生的优点通常根本不需要用放大镜去看的。需要用放大镜看学生的优点，多半是教师的缺点——他是先把孩子的优点看小了，然后再放大它。如此，我就觉得自己对问题的认识深入了一步，觉得自己比原来更明白了，于是我找到了一种上升的感觉。当然，我仍随时准备批评现在的看法，因为对真理的认识是永远没有止境的。我永远不放弃上升的机会。

我体会，要保持上升的心态，最重要的是倾听不同意见和读书，读书其实也是为了看看别人有什么和自己不同的意见。如果在书中看到的都是自己赞同的、已经知道的东西，那实在太没意思了，那是一种原地踏步的感觉。（摘自王晓春《开辟素质教育的绿地》，长春出版社，2001年9月）

说明：这虽是一个小学的案例，但中学情况与此相同。现在流行一个词汇叫"职业倦怠"，从这个案例可以看出职业倦怠的原因。

2013. 8. 18

学生的作文写到"第一次来月经"

第一次作文课，题目是"我第一次……"。老师要求学生补充好题目，然后写写自己熟悉的生活。

出现了"我第一次来月经"这样一个可怕的题目！

老师觉得刺眼！不由得说出了声"真是的，怎么有这样的学生？"，不知如何处理为好。其他老师也开始谈论，谁会相信有这样开放的学生？

文章内容写自己第一次来月经以前妈妈就准备了一些东西备用，来了月经以后，妈妈细心为"我"指导，晚上睡不好觉，为"我"讲解，安慰"我"，使"我"从中感受到妈妈对"我"的无私的爱。

内容没有什么，但这样的字眼好像不能登大雅之堂呀，这样的作文在本子上被别的同学特别是男同学看了会怎样呢？

老师决定撕下这几页，让她再写一篇。而且觉得这样简单的事没必要解释什么。

再一节课，学生拿到作文本，马上就站起来问："老师，为什么您撕掉了我的作文？"老师没想到她会这样直接，只能说："没什么，你再写一篇吧。"她不罢休，又要问的样子，教师赶忙说："赶紧坐下吧，再写一篇，你的那一篇不行！"她很不情愿地坐下，而同学们都在疑惑地谈论些什么。

这学生后来好像知道了些什么吧，很害羞，每次上课都低着头，课下也从未正眼看过老师。慢慢地竟然孤僻到不抬头、不说话，没有朋友也没有什么感情了。

后来教师不经意间才听学生谈起，她写了一篇"流氓"文章，被老师撕了，她伤心，她难过，她要退学……（佚名）

○ 点评

教师阳光，才能使学生阳光

这位老师撕去学生作文的理由看来有两条：

1. 题目"刺眼"，闯入"禁区"，不能忍受。

2. 影响不好。"其他老师也开始谈论"。再说，"这样的作文在本子上被别的同学特别是男同学看了会怎样呢？"

教师注意了同事的反映，揣测了同学的反映，咀嚼了自己的感觉（其实这一点是关键），唯独没有去问问小作者本人的感觉。

教师认为这个孩子的作文题目"不能登大雅之堂"。愚以为正相反，是老师们的感想和做法（撕学生作文本）"不能登大雅之堂"。不是学生的作文无法拿到台面上来，而是老师们的抵触情绪无法拿到台面上来。

这是一种成人的、无法说破的反感，一种近似于背后议论别人隐私的心态。

相对而言，反而是这个孩子更阳光，更纯洁。

不过，经过教师这样的"处理"，孩子总算知道"害羞"了。她产生了负罪感。在有些人看来，这或许是"进步"了，"懂事"了吧？

在我看来，她不但无辜受到了伤害，而且原本纯洁的心灵被污染了。经过老师如此引导，她的思想变复杂了，以后遇到"月经"这个词，她肯定就只会往坏处想了。

呜呼！

也许教师会辩解道："我这样做是为了保护她，不让她丢人呀！"

保护不是这么个保护法。

我要是这个语文老师，我决不会撕她的作文本（这是侵犯学生权利的），我会悄悄找她谈话。我要这样对她说："你的作文写得很好。我很喜欢。不过你要注意，人与人想法是不一样的。也许有的同学看了你的这篇作文的题目会说三道四，你不要管他们就是了。要是你觉得犯不上惹这种麻烦，你也可以对这篇作文做一点处理。至于怎么做，完全由你作主。"

如此，孩子就不会受到伤害，也不会出现课堂上学生责问老师何故撕作文的问题了。

教师本想回避问题，结果反而把它弄大了。

要是有同学（包括男生）对这篇作文大惊小怪，怎么办?

我会说:"这有什么? 你不往歪处想，就会觉得这是很平常的，而且写得不错。"

记得当年（20 世纪 80 年代）我教初中语文的时候，有一位女同学在一篇作文中愤怒指责某些地区"闹洞房"的陋习是"侮辱妇女"，作文中还有具体的描写，有些语句比"月经"不知大胆多少倍。我只在批语中称赞她的正义感，其他一概不提。结果没有引起任何风波。

教师阳光，才能使学生阳光。

2004. 10. 24

和学生签合同

下文摘录自郭力众老师的来信。

6月份的一个晚上，高考前冲刺的最后阶段。郭老师刚要下班回家，忽然看见教室外面跑进一个学生邵×，他满头大汗、气喘吁吁。他是请了病假的，怎么会在这个时候又跑了回来呢？

原来他这天晚上是到外面的网吧上网去了，现在想趁着放学的时间来拿一本书，然后再和其他的同学一起回家，这样不至于让家长怀疑。郭老师马上想到了另外一个和他关系很好的学生章×今晚也请了假的，就问是不是章×也和他一起去上网了，他说是的。郭老师又问他为什么在这个时候还有心思到外面上网，他说，前两次考试都考得不理想，心里很烦，就到外面去放松一下。按照学校的规定，私自到外面上网的，要告诉家长，由家长领回家中，停课一个星期。

郭老师想，停一个星期的课，对于一个马上就要参加高考的高三的学生来说，应该是一个不小的损失。这两个学生本身学习也不错，平时思想上也没有什么大的出格的地方，今天可能真的是一时的冲动。如果他们能静下心来，全力地投入高考前的复习，考上大学应该是没有问题的，应该给他们一个机会。

经过教育，两个人都承认了错误。郭老师说："你们每人必须给我写一份保证，保证毕业之前再也不到网吧去上网，并且要说到做到。同时每人再签一个合同，要全力投入学习，考出好成绩，然后拿你们的高考录取通知书，换回自己的保证和合同，怎么样？"

两个人急忙答应，于是师生签订了一份秘密的合同。

7月份过后，两个孩子都如愿拿到了自己的大学录取通知书，高兴地来到郭老师办公室换回了自己的合同。（根据郭力众老师的帖子整理）

○ 点评

区分心理问题与品德问题

比起那些只要学生有错就一味痛加批判、严肃处理的教师来，郭老师的态度和方法都高人一筹。比较人性，比较宽容，比较灵活，效果也较好。

但是细想起来，还是有问题。

事情性质的定位似乎就不准确。这件事其实属于学生的心理问题（学习压力太大，想放松），而教师却经过一番批评和教育，想使学生认识到自己的做法是错误的。我以为这是做了"无用功"，因为这两个学生绝对早就知道上网吧是错误的，绝对是"明知故犯"。

我觉得教师是把心理问题错看成了品德问题、纪律问题，这是目前多数教师的习惯思路。郭老师虽然也觉察到这两个孩子是"一时冲动"，但是从他解决问题的思路来看，他主要是把这种"冲动"看成了"道德越位"，而不是"心理反应"。解决品德问题与解决心理问题路子不一样。前者必须分清是非，而后者恰恰不从分清是非入手。郭老师从"分清是非"切入，说明他基本上不是把这个问题当作心理问题处理的。

沿着"分清是非"的思路，下一步任务自然就是"如何防止类似事件发生"，而不会是"如何缓解孩子的心理压力，如何使孩子的压力得到释放"。郭老师采用的"订合同"法，其实是帮助学生继续用另一种方式控制自我，以完成考试的任务。

这种做法有一定的合理性，因为人为了生存，必须进行自我控制；但是也有冒险性，因为控制得过火，超出了孩子的心理承受极限，他就可能崩溃。郭老师的问题是只教学生自我控制，不教学生自我放松，这种单向度的教育在我们的学校里几乎是常态，引发了大量的学生心理问题。而问题一旦发生，教师往往目瞪口呆，因为用他的"分清是非"的习惯思维方式，无法解释此种现象。

认真反思我们的工作，我们会发现，我们遇到问题，首先关心的恐怕还是我们的"硬指标"，而不是孩子这个"活人"。我们其实不大关心孩子的感受。郭老师的工作，也是落实在"全力投入学习，考出好成绩，然后拿你们的高考录取通知书，换回自己的保证和合同"。我完全理解郭老师的苦衷，但是其中明显的应试主义色彩和教师自我中心，恐怕也得承认。

值得注意的是，这两个学生从应试角度看，都是"可造之才"，属于能"拿分"

的"运动员"，若是换两个成绩不好的学生去网吧，郭老师还会跟他们"订合同"吗？我就不得而知了。

我若是这两个孩子的班主任，遇到这样的情况，会怎么做？

我当然也不会"严肃处理"，在这一点上我和郭老师是一致的。但是接下来我首先关心的可就不是"订合同"了，我会先让他们把自己压抑的感受说个痛快（这有很好的心理治疗作用），然后和他们协商，怎样在条件允许的范围内做到既能适当放松自己，又能学习好，要想出具体的办法（因人而异）。如果他们自己提出"订合同"，我也不反对。也就是说，我首先保住"人"，其次争取学习成绩。我从头到尾不谈"对"与"错"，因为这主要不是个是非问题。孩子们压力太大了，高考前能不疯掉，就很不简单了。

2004. 7. 22

班会课上的"白领教育"

一段时间了，走进三（1）班上课总是感到有些奇怪：在周一班会课后我去上课时，学生特别的认真，而在周四去上课时，学生就没有周一那节课时认真。开始的时候我并不在意，但一段时间后经常这样，就引起了我的注意，我要搞清楚这究竟是怎么回事。

又到了周一，我要去看看班主任是怎样来教育学生的。刚走到教室的后门，觉得班级里好像在放电视。仔细一看，真的是班主任在给学生放电视。于是我也就静静地看起来了，电视画面上出现的，是一些白领阶层工作、生活的片段：这是一群年轻人，有极好的工作环境和生活环境，这样的工作、生活环境是人们羡慕的，高收入、高消费，他们也都有很高的学历。电视画面上的年轻人是那么的潇洒、自在，学生眼睛紧紧地盯着画面，是那样的全神贯注，眼里流露出的不仅仅是羡慕，更多的是渴望！

电视画面戛然而止，教室里一片沉静。过了大约一两分钟，班主任开始说话了："同学们，刚才大家看到的，就是幸福的生活。这样的生活是不能寄托在别人身上的，一切都需要自己的奋斗。同学们，你们想不想要这样的生活？"

"想！"学生们几乎是在同一个时间里发出强有力的回答。

"好！那么我请几位同学起来说说看，该怎样才能得到这样的工作、这样的生活呢？"

学生说，要努力学习。

过后，我问学生："每周的班会课都是这样的吗？"学生们说都是这样的，班主任先是放一段录像，然后就按学生的座位号让大家一个个地发言表决心。怪不得我在周一班会课后来这个班里上课感到特别的轻松，原来班主任刚刚给学生进行了这样有针对性的"教育"。（《中国教师报》夕阳提供）

○ 点评

这是在破坏学生学习的内在动机

这位班主任搞"直观教学",让学生见识"白领生活",以刺激他们当"人上人"的欲望,以此作为学习的动力。

他做得还不够形象。我曾经看过这样的报道。某学校门口,挂着两双鞋,一双草鞋,一双皮鞋。教师指着两双鞋对学生说:"看见没有?你们要是好好学习,将来就穿皮鞋;要是不好好学习,就穿草鞋!"

"书中自有黄金屋,书中自有颜如玉。"

"白领教育"和"草鞋教育"不过是上面两句古老广告词的新版本而已。

由此可见现在有些教师的精神境界。呜呼!

当然,像吸烟喝酒一样,学生受了这样的刺激性诱惑,会产生一时的兴奋,学习积极性提高了,分数上去了,老师很高兴。

但是我要问,学生将来当了白领,又如何?他们会觉得幸福吗?说不定更空虚了,因为失去了前进目标,到头了。

我还要问,更多的学生如果认定了自己将来当不了白领(这种孩子绝对是多数),他们岂不就可以而且应该拒绝学习了吗?我没有这样的目标,为什么要为此奋斗?

所以,这种"白领教育",完全是为少数尖子服务,促使多数人赶快厌学的教育。

教育,本该提升每一个孩子的精神境界,这位班主任为了眼前的工作成绩,竟然引导孩子们把目标锁定在某种"身份"上,作为教师,这是很不负责任的,有悖现代人的师德。

另外,这位班主任强调的是外部激励,而过分的外在动力对学生的可持续发展非常有害。孩子可持续发展最需要的是内在动机。

什么是内在动机?"内在动机意味着我们为了快乐做某事,而不是为了我们能获得什么或完成其他人的目标和期望的结果。"[(美)凯恩夫妇:《创设联结:教学与人脑》,华东师范大学出版社,2004年3月]

我们的很多学生为什么缺乏学习自觉性?为什么推一推动一动?为什么好像在给家长和老师学习?为什么一毕业就再也懒得摸书本?我们许多成人(包括老师),

为什么不给毕业证书的就不想学？都是因为缺乏内在动机——他们从来就很少从学习本身获得过多少乐趣，他们的乐趣必须物质化——白领、皮鞋。这是我们教育的巨大失败，这是我们的人才缺乏创造性的基本原因之一。

一切都是功利的、目光短浅的、猥琐的。

所以我们的广大教师就把主要精力都放在折腾学生方面了。左手拿着胡萝卜，右手拿着大棒，威胁利诱，软硬兼施，凡是能弄得学生不得不学的，就是好老师。

其实一个真正的优秀教师每天应该琢磨的是如何提高自身素质和专业水平，是如何能够把学生带进知识的乐园，让学生真正喜欢自己那一门课，喜欢上学。这种老师实在不多。因为强调外部动力的教育方式对教师本人素质的要求是不太高的，能管住学生低头做练习册就行。

这就是为什么年年喊提高教师素质，却始终不见明显成效的重要原因之一。

一个教师，当他天天琢磨给学生使计策，迫使学生学习的时候，他的专业素质肯定是会逐年下降的。

"白领教育"不但害学生，而且也害了教师自己。

这是一种浮躁。

2005.1.31

"我就这样做坏人，不做好人"

下面是一篇高中生的作文。

我的人生计划

再过两年我就毕业，我就可以自由了，但我现在已经不想读了，因为我总是很闷。即使我读到毕业，也是个流盲（氓）。

在（再）过三年，我就在这大街上偷东西、打劫。我就看那（哪）个有钱，知道他住在那（哪）里，晚上就去把他给劫了。一天劫一个，如果在这里混不下去了，就晚上劫银行干他妈一票，再转到广东去抢劫。

在（再）过三年我就二十多岁了，我就去广东，就住在一个没人住的地方，住在那里人在（都？）不知道，已把人却（？）的时候，我就把钱那（拿）回来，藏在人找不到的地方，只有我一个人知道。在这里不能天天干，几天才能干一次，因为这地方太大了。需要计划好才行，不然就会失败。去打劫大老板难的话，就把他的儿子抓住，然后再打电话告诉他老爸把钱送过来，不然就杀他的心肝宝贝，不要报警，不然……后面不说，他就乖乖送钱上门。就让他走，然后再放人。干了很多票，没被警察抓住就不干了，就神不知鬼不觉了。

在（再）过三年，我就坐在家里看风景美不美，比坐（做）老板还要威风，什么也不想，只在家待着享受时光，或在家里闷了，就出去玩。这才是快乐。

我在心里就这样计划，我就这样做坏人，不做好人。我的命运应该如此，谁也改不得。

教师批语：

从你写的东西里，看到了未来悲惨的命运。

如果你真的做了你说的事，那么就犯了：

一、盗窃罪（如果数额巨大，可处死刑、无期徒刑）；

二、抢劫罪（如果抢劫银行，可处死刑）；

三、绑架罪（可处无期徒刑或死刑）。

想不劳而获是不会有好结果的!!!

还是把自己的未来寄托在努力学习、勤奋工作上吧。在学校里 5 天就待不住了，一辈子在监狱里很可怕。

（宏观教育思考 arroyo 转自搜狐网）

○ 点评

这个批语值得商榷

我们仅从这样一篇作文，能断定这个孩子将来一定走上犯罪道路吗？

恐怕不能。因为即使这个孩子真有如此想法，那也只是走上犯罪道路的必要条件而非充分条件，甚至可能连必要条件都不是。犯罪是要有很多条件的，这些条件是变动的。或许一个从来没有过犯罪想法的孩子，反而犯罪了（例如盲从，讲哥们义气），这是可能的。

简单地把这样一篇作文看成"自白书"或者"个人前途预报"，愚以为至少是太轻率了，甚至可能是上当了。要知道，这也可能是一种发泄。

但是我们从下面的说法中，确实可以感觉到这个孩子的绝望情绪：

"即使我读到毕业，也是个流盲（氓）。""我就这样做坏人，不做好人。我的命运应该如此，谁也改不得。"

他绝望了。作为教师，应该让他重新看到希望才是。

可是我们看教师的批语，第一句就肯定了学生的绝望，完全是雪上加霜。"从你写的东西里，看到了未来悲惨的命运。"

这样写，等于定调了，等于把学生说的话假设成了未来的现实。这既是轻率的，又是有害的，这是负强化。

批语后面的内容就是所谓"法制教育"了。其实就是用犯罪的可怕后果来吓唬他，使他不敢犯罪。

这当然不能说没有用处，但属于隔靴搔痒。因为孩子说得很清楚——"我的命运应该如此，谁也改不得"。他说的是"命运"，法律是管不了命运的。这个孩子不是不知道犯法要受惩罚，也不是不知道蹲监狱的滋味难受，顶多是知道得不具体而已。关键是他认定了自己是个坏人。坏人当然要做坏事，这是完全合乎逻辑的。

所以我若是他的老师，我的批语会这样写，很简单：

"你不会这样的，因为你不是个坏人。"

课后我会找他谈话，帮他找到一条具体的生路，将来能够做一个守法公民的同时又能把日子尽可能过得好一点。空谈什么"努力学习、勤奋工作"是没有用的。这孩子需要的是具体的、朋友式的"支招"，而不是居高临下的、空洞的说教。

2005. 2. 24

案例 *20*

这个班，"老师讨厌，我却喜欢"

一位初三学生的作文，全文如下。

2005 届三（1）班

这是一个超疯狂的班，它集所有最特殊的人于一身，无论这些特别是好的还是坏的。

我很喜欢这个班，就算我的学习一无是处，别的同学学习也不好，我还是喜欢这个班。

这个班的男生最顽皮、最懒、最坏……简直一无是处，但这就是我喜欢的，青春期的叛逆。我不在乎我的成绩、结果。我只想快乐一生，这个班给了我快乐的回忆。我们经常在一起聊天，在宿舍里聊爱情、性、政治时事，天南地北，无所不谈；我们还抽烟，边抽边吐苦水，让自己的不愉快都消失在这一刻。不交作业、不守纪律、起哄、闹着玩……这一切不仅体现了我们孩子的天性，青年的叛逆，更体现了我们做为人而存在着的苦恼。和他们在一起总是快乐多，烦恼少。尽管有点坏，但没什么，男人的天性。这群可爱又可怜的小男生，总有一天会变成成熟的男子汉，回忆起这时光，总不免会露出一丝微笑。和他们在一起，就会没有了烦恼，还有很多很多快乐的事儿……

这个班的女生，文静、美丽、学习认真……，不好再多作评论，以免被听到，少不了一顿揍。这些优点唯一可惜的是分散在 26 个不同的女生身上。美丽而又愚蠢，学习好的却……唉！青春期的小女生总是有太多美丽的幻想，当她们变成女人，就知道这些是不可能的事。还是现实一点好啊！呵呵！

这个三（1）班啊，老师讨厌，我却喜欢，无论它是好是坏，总算给了我的初中生涯一个完美的结局。

我的评语：不可否认，你这篇作文写得的确很好，我都差一点打上满分了。可是我始终认为没有理想，没有追求，没有脚踏实地的干劲，所获得的快乐同样是空虚无聊的，而这种所谓的"快乐"是最禁不起时间考验的。

（需要补充的一点是，作者是个很聪明，学习成绩很好的学生，一个在上学期日记中说自己多愁善感的人，也是一个很多老师眼中自以为是的人。）（梅香）

○ 点评

这个评语也值得商榷

有一个中学生在作文中声称自己只想做坏人，不想做好人，要去偷东西、劫道，老师就在批语中说，那你就准备进监狱，连判多少年徒刑都说了。我对那个批语提出了商榷的意见。

眼前又是一篇作文，又是一位老师的批语。我怎么发现二位的思维方式如此相似呢？

1. 两位老师都"给个棒槌就当针"，孩子怎么说，他们就怎么信。难道他们就没有估计到，这还可能是一种发泄，或者这只反映了孩子的某一侧面、某一时刻的想法吗？

2. 两位老师都没有把孩子作文里说的话放在他整个人的全面表现的背景下来观察。比如这位男生，据梅香老师介绍，"是个很聪明，学习成绩很好的学生"。这种表现是不是和梅香老师在批语中下的结论——"没有理想，没有追求，没有脚踏实地的干劲"有些不协调？如果梅香老师留心的话，就会发现这孩子自己也是互相矛盾的。他先说"这个班的男生最顽皮、最懒、最坏……简直一无是处"，后面又说"尽管有点坏，但没什么"。愚以为前面的说法恐怕是夸张（不可能一无是处），后面的却可能是他的心里话。

3. 教师遇到看不惯的文章，倾向于用批评和吓唬的语言来回应，忘记了自己的引导作用。

总而言之，愚以为教师面对问题，缺乏研究和思考，其反应有点类似条件反射。

那么，我要是梅香老师，我会怎样写批语呢？

我这样写："文采不错，内容无法苟同。咱们班的其他男生和你本人都没有那么坏。我相信这篇作文只反映了你性格的一个侧面，或者是你一时的想法。"

我的意思是，我不迁就学生的错误，但也不站在对立面指责或吓唬他们。因为我是教师，不是法官，不是批判家。

2005. 3. 21

老师，"你有这么多钱时，
也会跟我一样享受的"

我在省召开的"如何转化后进生"的研讨会上，听广州的一位老师讲了这么一个事例：有一初二男生，一个月里跟三个女生睡觉。老师惊觉后，立即进行家访。其父说："你看这孩子，我什么都依他。除了一切费用，我一个月还给一千块零用钱。咋就干出这种事来呢？"据了解，该生出生于一个广州郊区的农民家庭。由于郊区并入广州市，该生家庭的物质生活起了翻天覆地的变化：除获得了农用地被征用的大笔补贴款，还有房屋出租收入，以及乡办企业的分红。所以其父对儿子说："我在广州市、深圳市里都买了房，你好好读书，这些都是你的。"老师做了家长的工作，又与学生交谈。该生说："老师，我说了你可别生气。我想，你有这么多钱时，也会跟我一样享受的。"听，这就是一个初中生说的话！社会上俗不可耐的思想已侵蚀了他。对待这类学生，如果还讲耐心，讲和风细雨，那就可能对不起更多的学生了：这种行为在同学中的恶劣影响是难以想象的，更何况可能还有思想幼稚的女生再遭其害。如果不能开除，或不敢给予严厉惩罚，那我们教育工作者最终会连该生本人也对不起啊！（刘荣海）

○ 点评

都是钱给"烧"的

"老师，我说了你可别生气。我想，你有这么多钱时，也会跟我一样享受的。"孩子这句话虽然不正确，却是他的实话。

现在流行一句话："男人一有钱就学坏，女人一学坏就有钱。"

许多成年人有了钱尚且把握不住自己，何况孩子？

所以在一定意义上可以说，这个学生也是受害者，他是社会负面影响的受害者，是劣质家庭教育的受害者。

这位父亲是暴发户。为什么暴发户常常难免"一辈英雄三辈穷"的命运？都是钱给"烧"的。

钱冲昏了暴发户的头脑，给他们提供了犯大错误的物质条件，提供了造就败家子的机会。

这孩子的父亲人品如何，我们姑且不论，起码他在教育子女问题上是一个极其糊涂的人。腰缠万贯还能把孩子教育好，这是需要相当素质的，头脑要非常清醒。这位家长本不具备此种素质，又不注意学习，又无人及时点醒他，于是上演教育悲剧就是顺理成章的事情了。

其实道理并不复杂。

当一个孩子知道家长已经给他准备好了一切时，他还有必要去奋斗吗？

放弃眼前的好日子去追求未来的好日子，一个孩子能有如此眼光和毅力吗？

我给"贵族"学校或富裕地区家长讲课，许多家长听我说上面的最普通的大实话，居然觉得新鲜而且"深刻"！这倒真是新鲜。

被亲情迷住了眼睛。被钱迷住了眼睛。以为花钱能买来一个好孩子，只有完全不知教育为何物的人，才会这样想。

可惜，有点晚了。如果这孩子上小学时有教师指点，这位家长或许就不会给孩子这么多零花钱，也不会告诉孩子给他买好房子的事情了。

现在怎么办？

孩子当然要惩罚。家长从现在起，若逐渐（注意不可过急）约束孩子的消费欲和享受欲，告诉他不可依赖家长，要靠自己，或许还有希望。就看家长的意志和技巧了。老师只能帮忙出点主意，亡羊补牢而已。这时候如果教师还用通常的方法给孩子讲学习的重要性，那就是浪费精力，浪费感情。他心里正在可怜你，你还教育他吗？

让家长教育他，让生活本身敲打他，教师略加指点即可。别忘了班里还有更多的学生。

2004. 12. 5

学生说："我凭什么听你的?"<br>"你一个月能挣多少钱?"

今天拉一学生来问话,没有想到他却说了句:"我凭什么听你的?"这让我非常震惊,要知道这个学生平时是温顺的。

我:"为什么不听我的呢?是老师哪里说错了吗?"

学生:"老师,不是你说错了,而是你说的根本不管用,外面不信你这一套的。"他接着说了更让人震撼的话。

"老师,说句不怕得罪你的话,你是读了大学的,你一个月能挣多少钱?就那么几百块钱。还不及我哥哥,一个提灰桶的,只初中文化,一个月却能挣1800。"

我:"那他一个月能够休息几天呢?"

学生:"有生意就做哦,有时候休息不了几天。"

我:"老师有三个月的假,领13个月的工资。"

学生:"那老师一年存的钱很多哦。我哥哥一年能存几万呢!"

我:……(我一年能够存2000算不错了。)

再说的话,我就只有伤心的份了。

我只好挥挥手:"你,走吧。"

各位,我该如何以对?这就是低收入阶层的悲哀。老师啊,你怎么就这么的弱。(dashan2005)

○ 点评

我将这样回答

dashan2005(以下简称dashan)老师缺乏经验,竟然顺着学生的思路走下去了,比物质生活条件，那肯定是要打败仗的，因为现在物质生活条件比教师好的人何其多，将来也会很多。这样讨论问题，就中了圈套。

我若是老师，我会很平静地回答如下：

"我没有要求你必须听我所有的话。我的话分为两类，一类是提示学校的规定，学生应该遵守的规矩，这类话，对不起，你必须听，因为这不是我个人的要求，我是代表学校在说话。除此之外我跟你说的话，只是我个人的建议，仅供你参考而已，你完全可以不听。下面我就说点仅供你参考的话。

"按你的说法，谁挣钱多谁的话才有用，那我问你，为什么国家不请你哥哥来当老师？国家为什么这样傻？

"你还认为挣钱多少与文化水平没有关系，初中文化照样挣大钱。可能因为你只看见了你哥哥。我建议你去看看有关的调查材料，看看全中国收入水平最高的人们，他们的文化程度如何。恐怕完全不是你在这个可怜的小圈子里看到的情况。你眼界太狭小了，目光太短浅了。

"再有，既然挣钱多少与文化水平无关，为什么几乎所有的富翁都拼命让孩子上学呢？上了中学上大学，上了大学读研究生。他们是不是都没有你明白？你既然那么相信有钱人，为什么不去问问他们如此供孩子上大学，是犯的什么精神病？

"如果你觉得学习没有用，你可以不学，将来也不要后悔。但是你现在不能辍学，因为那违反义务教育法。这件事你最好也想一想：国家竟然用法律强迫孩子必须上学，几乎全世界都是如此，这些国家的领导人是不是也都没有你明白呀！"

dashan 老师不但缺乏经验，而且缺乏自信，居然在这样一个"小糊涂"面前连腰杆都挺不直！挣钱少，说话就没底气了？难道您的底气全靠钱来支撑？那不是和学生进入同一个拜金主义思想体系了吗？那样的话，让您去教"贵族学校"的学生，您还活不活？

今天上午有个电视台的记者采访我，她对我说，现在有些教师竟然说不过学生，让学生看不起。确实有这种现象，而且越来越多。如今学生见多识广，伶牙俐齿，常常令教师语塞，这种现象很可悲。责备学生是没有用的，要提高自身的辩论能力，我看应该办教师辩论培训班，辩论是教师的基本功。

dashan 老师把自己在学生面前打败仗的责任归咎为收入低，我以为不妥。我不是说教师现在的收入不低，那是另一回事。难道教师只有收入高于所有家长或者高于多数家长时，说话才能顶事吗？那岂不是对教师职业的讽刺？因为那就等于说教师的威信全靠钱来树立，那样树立起来的就不是人格的威信、知识的威信，而是钱的威信了。孔夫子当年也不是富人，为什么很多富人都愿意把孩子送到他那里去学习？因为他有他的优势，他的价值是不能用钱计量的。现在 dashan 老师不注意扩大自己的优势，却拿自己暂时的劣势去作比较，恕我直言，这实在是太不聪明了。

2005. 3. 10

好女孩变"坏"女孩引发的思考

学生刘××2005年1月12日的随笔摘录如下。

今天倩仔收到关×从广东寄来的信,感触蛮多的,几个月的时间,以前班上的同学就各奔东西了。有的上班,大多数选择职高,准备出国的……我们仍在夹缝中求生。

魏老(指我,我姓魏)一定想不出一年前的我什么样吧。如上次主持节目时的淑女模样。真的喔,不怕你笑啦,我以前会一天不说话,面无表情,没什么朋友,倩仔那混账是我唯一谈心的朋友,但她却天天东跑西跑,害我经常一个人吃泡面度日。而且当时的女生对我好坏,背着我说我坏话,我吃饭时会坐我对面盯着我吃,怪没胃口的,会乱拿我的零食、牛奶,用我的东西不还……那时我居然什么都忍了耶!我仍对她们好,因为我身体一向不太好,所以我有一抽屉的药随时开放,但她们有一次甚至把我气到了医院去抢救,还住进了重症监护室,那阵子真的要死了,妈妈还请了心理医生……不堪回首。

所以我讨厌以前的同学,但老师和阿姨一直对我挺好的,我身体也没大碍,只是天凉了会犯气管炎、关节炎,也会不停地感冒进医院。我现在挺好的,觉得人真是欺软怕硬的东西,以前温柔时把你当病猫,现在习钻、横了,懂得保护自己了,大家对你都挺好了。现在以前的同学又都觉得我人不错,经常打电话、写信给我,我有一种洗清冤屈的感觉,同时又觉得人都好虚伪,失去了一切才记得一个人好,我从心底瞧不起这种友情。

妈妈曾对我说:"你一生能拥有一两个朋友就算幸福了。"以前不能理解,现在算体会到了,年龄越大,真心朋友越来越少,中间充满了你欺我诈、利用、做作,玷污了我的生活。

看了刘××的随笔,很有感触。我们可以看到一个好女孩是怎样一步步地变

"坏"的。这个变"坏"的原因可能有多种，首先来自外界环境，包括社会环境和校园环境对她的影响，老师眼中的乖乖女往往在同学中吃不开，结果她不得不顺应环境去适应优胜劣汰的潜规则。她变横了，同学反倒对她好了，敬畏她了，久而久之，她的人生观可能就会发生某种转变。

但是，即使我们给他们创造一个良好的班级环境，又如何？比如在这个班级里，大家都尊敬品德高尚的同学，都以助人为乐为自豪，那当然是好的，但会不会又等于是创造了一个童话王国？（且不说这个童话王国究竟能不能维持长久，对她是不是一种伤害。）

所以我想，我们必须重新审视道德教育，过于理想化的道德教育对学生是一种伤害，一味灌输的道德教育对学生也是一种伤害，当他离开了这种灌输环境，很可能会由相信一切走向怀疑一切，在学校里十几年辛辛苦苦建立起来的一切可能会在残酷的现实面前迅速崩溃。

我在考虑：第一，我们在进行这类道德教育的时候，方式是否道德？第二，许多老师通过一些情感的方式来感染学生，或者是发挥榜样的力量，但是因为榜样往往难以复制，所以也值得警惕。我在想，我凭什么拿自己的道德水准要求学生？这会不会构成另一种暴力专制？这种方式未尝不可（甚至是必需的），但是否存在一些缺陷？学生一旦形成了情境依赖，离开了这个情境，一切便不复存在。比如学生在家里与在外面表现不一样，在班上与在班外表现不一样。

至于解决办法，是不是可以经常创设一些道德两难的情境，主要提升学生对道德问题的认识，而不仅仅是从情感的角度进行感化？设置道德冲突，激发道德思考，谨防道德提纯，形成道德能力，这是不是也算一条路径？（铁皮鼓）

○ 点评

道德煽情与道德思考

铁皮鼓老师关于道德教育的这些话很有启发性。

我们的学校是怎样进行道德教育的呢？

通常有这样几种方式：教条灌输式，检查评比式，榜样式，群众运动式，大批判式。

教条灌输式是让学生把道德训诫记住，背下来。比如我们认为，学生背下了关于礼貌的条文，他们就会有礼貌了。

检查评比式，就是动用行政手段、奖惩措施，落实道德训诫和道德要求，"管"出道德来。

榜样式，就是树立样板，大力表彰模范人物。这种办法的依据是"榜样的力量是无穷的"。

群众运动式，就是搞各种活动。轰轰烈烈，群情激昂，泪如泉涌。

大批判式，就是对于所反对的道德现象运用舆论压制，争取群众，搞臭其思想，孤立其人。

你会发现这种道德教育思路有几个特点：

1. 强调外部干预。

2. 煽情。

3. 靠群体威力。

强调外部干预，有可能削弱个人的道德内化过程，助长道德表演。煽情，有可能削弱道德教育中的理性和理智成分，助长盲从。靠群体威力，有可能削弱道德的个人主体性，助长随大流。这三条有一个共同点——不需要受教育者独立思考。你照着戒条做就是了，跟着别人一起激动就行了，和集体保持一致就对了。

所以总的说，我们的德育是鼓励学生不动脑筋的德育。

故此，铁皮鼓老师提出的"提升学生对道德问题的认识，而不仅仅是从情感的角度进行感化"，我觉得就很重要。

理性的道德思维教育是我们德育的盲区。我们的德育总是促使学生热血沸腾，而不是帮助他们冷静思考，尤其是独立思考。

我并不完全否定外部干预、道德煽情和集体的"熔炉效应"，它们自有其合理性，自有其效果。我只是说，如果只是偏爱这一种思路，则我们的德育是跛脚的。

2005. 2. 25

如此"计谋"

踢毽比赛刚结束，就有隔壁班级的学生向柳老师报告，说柳老师班的几位同学在他们比赛的时候总是说一些不三不四的话。

柳老师问自己的学生说了一些什么，他们都不好意思地低下了头，说："我告诉那个踢毽比较厉害的同学，说他爸爸来看他了。""我看见那同学踢毽总不停下来，就骗他说，他的裤子掉下来了。"……

柳老师问他们为什么说那些不该说的话，他们一下子理直气壮起来，说这样可以使他们分心，于是就可以赢他们班了。

比赛结束，柳老师组织讨论这件事情。好多学生都觉得这种做法是不光彩的，要在比赛中获胜，应该靠自己的实力。用这种方法，即使胜利了，也会被别的班级笑话的。也有一部分学生觉得只要最后胜利了就行。还有学生说现在社会上有些商人就是用类似的计谋做成生意的，那几个同学首先是为班级着想，是爱班级的表现，他们还非常聪明，想出了别人没有想出的好办法。

柳老师首先肯定了那些同学这样做的目的是好的，有为班级争光的思想，也肯定了他们有一定的智慧。但告诉他们各种游戏都有它的规则，如果不按规则办事，最终吃亏的还是自己。

柳老师强调说，竞争取胜不能建立在把别人"往下拉"的基础上，而应该靠自己的实力战胜对方。以后就业了，在技术、经济等领域和别人竞争的时候，不能有把别人"往下拉"的思想，应该公平、公正地与他人竞争，大家应该在竞争中共同得到提高，这样整个国家才会进步，整个人类才会发展。

柳老师看到那几位用"计谋"的学生都听得很认真，心想，此时他们的价值观或许已经发生了根本性的变化。（根据柳永忠老师的帖子整理）

○ 点评

当心道德的"小团体化"

学生使出这样不光彩的计策求胜，柳老师把它归罪于社会影响。这当然有一定道理，不过我想，或许这跟我们品德教育的失误也有关系，我们最好反思一下。

一般说来，从班主任嘴里发布的各种口号，"为班集体争光"可能是最响亮的、频率最高的。这虽然不能被笼统地说成是一个错误的口号，却很容易滑落成小团体主义。

小团体主义的口号接近于帮派口号，帮派口号引导人们为"我们这一伙"谋利益，什么坏事都干得出来。武侠小说里这种描写多极了，那里充满着对本帮本派的忠诚和为本帮本派"争光"的意识。只要我为我所在的小团体奋斗，就是道德的。正是这种观念，引导人们不择手段。

但这里只有"集体化"的道德，没有个人独立的道德。

如果我有自己的道德观念，则无论为了多重要的集体，有些事我也是不能做的。我不能只对集体负责，我还要对我自己负责。愚以为，这才算是一个有道德的人。

可惜我们的德育至今还是强调"集体化"的道德，而强调个人的道德修养则不够。所以我们就会看到有些人，做事时而很有道德，时而很"缺德"，但是都与集体保持一致。

我相信柳老师那几个给人家"使坏"的学生，自己一定会觉得"上课注意听讲"和"比赛运用计谋"是完全一致的，都是"为班集体争光"。他们所缺少的，是不受集体左右的个人价值观（自律道德）。

所以我就不大赞成柳老师在事后还肯定他们"为班集体争光"的目的。当然我也不赞成批评他们。我会引导他们建立自己的处世原则。我告诉他们，做事应该有自己的原则，有些事无论对集体是否有利，都不可以做，还有一些事，无论对集体是否有利，都需要做，这样才是一个正直的人。

2005. 1. 15

我的学生不积极劳动

我有个案例请教王老师。我在县城的一处中学教书，是初二的班主任。我们班卫生委员和小组长经常到我这儿诉苦，说有不少的学生不积极劳动，只有几个觉悟高的干。我在班上讲集体荣誉、讲为人之道、找个别学生谈话都收效甚微，个别学生的集体责任感没有提高。最后我把卫生责任到人，收效很大，但我却认为这是我教育的失败。不知您怎么看？也请其他老师多指教！（我心有约）

○ 点评

我心有约老师：

我觉得这不是您教育的失败，因为您原来对学生的期望值太高了。

干分内的活，这是基本要求；自觉找活干，这是高标准要求。当今学生的责任感和劳动习惯水平决定了我们不能从高端开始，否则谁脸皮厚谁占便宜，所有劳动就都压到了觉悟高、习惯好的学生身上，这是不公平的，而且到最后恐怕连他们也不爱劳动了——那才是失败。

所以您的"责任到人"，我赞成。

但这岂不等于降低了劳动教育的标准了吗？是的。不过这是迫不得已的，而且这只是一种撤退，一旦保住了底线，下一步教师就要尽可能增强学生的劳动观念。

要将增强劳动观念与家庭教育相结合。家长从来不让孩子劳动，不让孩子负责任，老师累死也是不行的，你顶多能让他在学校装出一副爱劳动的样子。再说有些家长还向孩子灌输蔑视劳动者的观念，这等于给劳动教育拆台。

所以先要在家长会上教育家长。您举点例子告诉家长，如果孩子眼里没活，将来求职是困难的，而且将来很可能不孝顺，他只习惯别人为他服务，不习惯服务别人。要鼓励家长把眼光放远，安排孩子做些家务，假期干点体力活。有了这个基础，学校的劳动教育才好办一点。

　　但是由于家长对孩子的溺爱，由于当今社会的浮华风气，由于我们的应试教育体制，我预计劳动教育会越来越困难。您当然还可以搞个主题班会什么的，有用，但期望值不要太高。

2005. 2. 27

我们怎样讨论案例

今天有个学生趴桌子，已经上课了，我扒拉了他一下，他就不乐意了，怎么处理此事呢？（我是班主任，科任老师已经来上课了。）（新新班主任）

换个角度想，如果陌生人在你睡觉的时候去扒拉你，我想你也会不高兴，原因是你不认识他。同样的道理，学生还没"认识"你。（潜心教育）

对学生动手动脚，终须吃亏。

你说"扒拉"了一下，牛学生会说你"用肢体动作"吓坏了他的小心脏。（东风吹落星）

"不认识我"的意思是，还不明白我的处事风格？（新新班主任）

对啊，他就说他吓到了。他是一个本身就很拧的学生。平时就不会说话。那要是我用言语叫他的话，他会不会也说我吓到他了呢？再说已经上课了呀，他怎么会那么横呢？

不乐意就算了。让他接着睡，做个好梦。（推着火车上班）

也可以这么说，主要是，你在他眼中没有威信，这是关键。为什么会没有威信？这个孩子的处事特点是什么？他佩服什么样的人？这些你有空研究一下，我想会好很多，希望能帮助到你。（潜心教育）

作为一个班主任，难道楼主说不出：今天这个学生的举动，对楼主和他之间的关系来说，是反常的还是顺理成章的？

如果这个学生和班主任关系一贯不好，那今天出这样的事情有什么奇怪的？如果这个学生一贯还算守纪，那说明这个学生肯定发生了什么特殊的事情。

懒得弄清楚事情的前因后果，怎么处理？连描述事情都那么不清不楚的，什么叫"不乐意"啊？

多大年纪的学生？小学生嘟嘟囔囔，还是初中生爱理不理，抑或是高中生有不敬言辞甚至甩手一类的大幅度动作？（袁步华）

看完了您的一连串反问，我的心一突一突的！是我没说清楚问题。高一学生，男生，脾气倔强，喜好打架，希望通过打架来体现自己的英雄主义。平时学习凭喜好，没有恒心。偶尔想学习时能起早贪黑，但最多坚持半个月，然后就放纵自己了。比较喜欢我行我素，按照自己的意志行事，说话很随意。因为他的随意说话问题，趴桌子问题，看课外书问题，我找他谈过几次。他还有一次差点跟别人打架，被劝阻住了。他想学习时就会求各科老师多帮助他。我是班主任，不想放弃他，所以最近对他提醒得多了点。

这件事情发生在第二节课上课前。最后一节课时，他来向我道歉，承认自己语气不好，也谈了一下他的想法，他觉得我对他的提醒，是针对他，看不上他。当然中间谈了很多话，最后让他意识到：我这么做是想帮助他坚持下去。我也表示，老师以后尽量改变方式方法。

但是我觉得没准哪天又会发生这样的"冲突"。这位学生的性格就是倔，像小孩。所以只能是我变了，但是怕自己脾气上来，管不住自己，唉！您是怎么做到随时转动脑筋，有勇有谋的啊？（新新班主任）

关于威信的问题，我当了快一年班主任才意识到，唉！的确，有的学生觉得我做事有失公平。比如有的学生犯了错误，我没有训斥，直接按班规处理，而对有的学生，我要训，或者找他谈话，然后依然班规处理。所以被找谈话的学生认为我偏向那个不"挨训"的学生。可是我觉得，有的学生可以管，有的学生你说多少都没用，干吗还要管？所以直接班规处理得了呗，这么做错了？（新新班主任）

向科任教师讲清楚，共同商量解决问题的办法。（竹林4220）

1. 这个学生脾气是不好，既然后来会道歉，就说明主要不是对老师有恶意，所以老师对他既不要恐惧，也不要心急。

2. 提醒的时候可以轻轻拍他的肩膀或者轻轻叩一下课桌，面带笑容，这样即使他不乐意，也很难立马做出过激的反应。拉一下、推几下就很难说了，可能他就势反弹是一种本能。

3. 他的坏脾气也应该能得到克制，可以在他冷静的时候和他商量一下。比如说，如果出现情绪克制不住而有不尊敬教师、不尊重同学的行为，他就应为相应老师、班集体做一些好事以作为补偿。这是为了帮助他向善、成长，而不是为了维护别人的面子。有这个动机作为出发点，教师的底气就可以足一些。反之，如果他脾气暴躁的时候，教师的第一反应是觉得自己的权威、面子受到挑战，那么像楼主这样不强势的新手就会出现不够强硬、招数太少的窘境。

在能力还不强的时候，永远记得：你做的事情不是为了维护自己的面子，而是为了维护有利于学生成长的班级秩序，为了帮助学生改善自己。用这个理念反复提醒自己，就能让自己更冷静，面对原则的时候底气就会足起来。有勇有谋不是那么容易做到的，但是遇到冲突不生气不慌张的素质，还是可以在一两年内初步培养起来的。教师坚强的过程，和学生克制不好脾气的过程是一样的，都是反复坚持的过程。（袁步华）

不管的想法我也有过，但是现在看来这种想法不能有，你不能把问题就放在那里不管，不管就能解决问题了吗？他会变好？他今天睡觉你不管，你能保证他天天都安静地睡觉不打扰别人？再说，孩子就这么睡下去，岂不是毁了？

所以，咱们要做的不是去改变他这个人，要他非得怎么样，而是要引导他。我班有个孩子就是爱睡觉，而且孩子也很倔，我和孩子说过这样一段话："我从来不想改变你，要是你被我改变了，那你还叫你自己吗？我希望你能在我的帮助下，改善、改进你自己，老师看到你这样很着急，一天大部分时间都是在睡觉，一点脑子也不动，这哪能行呢？就算咱不打算走学习这条路，但是你不动脑，不思考，不锻炼，那干什么事都不行啊，都斗不过别人，那不是只能等着吃亏吗？所以我希望的是，你在上学的时候能多动动脑，脑子别总不用。你研究一道题，背一篇课文，这都是动脑，咱们学这些不是为了将来能都用上，而是为了你有个活跃机灵的大脑去思考啊，在我的课上，我允许你睡一会儿，让你睡的时候你就酣畅淋漓地睡，但是不能打呼噜，时间到了我让你学的时候，你就踏踏实实地研究几道题，积极动脑思考……"大致内容就是这些，我改变不了他，我和他之间不可能比他父母和他之间都亲，我能做的就是疏导他，改善他，他当时在我们班最后面坐着，那是一个"三不管"的地方（如果孩子自制力不强的话），他在那里坐了半个学期。后来我想，不能再让他在那了，要不孩子就毁了，科任老师不闻不问，任其睡觉，倒是不影响纪律，这样也不行，这不利于孩子发展，时间久了会发生人格变形的。有一天我把他调到了第一排的一个位置，他很是不情愿，还和我发了脾气。我说："我给你10分钟时间你考虑一下。"我知道这孩子的特点，他是慢热型的，后来他冷静了，我把他叫出来，说："我不想把你放在原来那个位置，我不想放弃，我不管你上小学时你的老师是怎么对你的，我不会和他们一样去对待你，我不想让你坐在那个位置废掉，希望你能理解我……"大概也就说了这些，现在这个孩子和我关系还不错，不是对立面，我说什么都听，都比较理解，但是我心里还是对他有预防的，不定哪天又出什么事呢，我心里总是有准备的，他毕竟还是孩子。说得有点多，有点乱，希望对你能有帮助。对了，补充一点，孩子最信任我的地方是，我对待什么事都公平，我做什么事都是让他们明明白白，从来不无缘无故。（潜心教育）

谢谢啊！写了这么多。可能我做事的缘由跟学生说得不是很清楚吧，以为孩子能懂，结果他们不懂，以后一定注意，呵呵。（新新班主任）

○ 点评

上面是讨论一个案例的帖子。我们可以以此为例，看一看讨论案例应该注意些什么，以提高案例讨论的发言质量。

先说如何提出案例。

新新班主任老师看起来是个谦虚好学的人，不过他提出问题的方式有点问题。他问："今天有个学生趴桌子，已经上课了，我扒拉了一下他，他就不乐意了，怎么处理此事呢？（我是班主任，科任老师已经来上课了。）"

这个问法，实际上隐含着两种预设的假定：1.这种事情有统一的对策，从小学到高中，男、女生，不同性格的学生都适用。2.读者像新新班主任那样知道这个学生的基本情况，知道此生几年级，知道他的一般表现，知道他的脾气秉性。如果没有这样的假设，从逻辑上说，就不能这样发问。

然而这两种假设都是不成立的。第一，这种事并无标准答案；第二，如果新新班主任老师不交代这个孩子的基本情况，网友无从猜测，没法分析，也就很难回答他问的"怎样处理此事"。

我在网上和教育杂志上见到的案例提问者，很多都是如此。有些人像新新班主任老师这样三言两语，好像读者事先应该知道那些具体情况似的，可事实上，读者摸不着头脑。这说来有些好笑，可是很多人这么发问时显得很自然。更多的案例叙述者，说得比较细致，但往往是没必要的抒情和议论一大堆，没必要叙述的细节一大堆，而真正重要的情况却没提，或者一笔带过。比如对于某"问题生"，说到最后不知其几年级，不知道其各方面的表现，也不知道家长的职业和文化水平，这些都是不可或缺的。总之给人的感觉是：案例叙述更像学校里的"记叙文"，而不是专业讨论的发言。打个比方，这就好像医生会诊的时候，首先发言的医生讲起故事来了。

再来说跟帖讨论。这也是很有趣的。你会发现，无论情况多么不清楚，都有人敢给出主意。你连学生几年级都不知道，怎么就敢拿出具体的操作方法呢？我估计跟帖者的意思是：我手里有这么一个招数，供您参考。我想，这么发言是可以的，也有用处。比如这个案例，有的主张让他接着睡做个好梦，有的主张和其他老师共同商量解决方案，有的主张加以引导。这些办法对不对？只有根据具体情况才能判断，就是说，甭管病人什么病情，反正大家送来一堆药，您自己选吧！这也不是不可以，但看着总是不像一些专业人员在那里研究问题。

总之，我见到的很多讨论案例的帖子，无论是发起者还是参与者，多数人都缺乏袁步华老师那种分析的习惯。他们率尔而对。我觉得这反映了我们教育中的一个严重问题：我们从小没有养成分析问题的习惯，我们写的都是记叙文，长大了自然就喜欢用聊天的方式讨论专业问题。等我们的学生长大了，若做了老师，可能还是这样。这是一个很大的问题，需要引起注意。

说到这里，有人可能要问，你侃了半天，新新班主任老师那个学生究竟怎么处理呀？对！这个事情，就我目前见到的材料来看（高中生，没准脾气），似乎可以这样试试——比如我是班主任，他上课睡觉，我扒拉了他一下，他不乐意了，那我就先给他道个歉："对不起，打搅了。我是想提醒你一下，现在在上课。"这是一般的礼貌，也是委婉的批评。对高中生可以这样，对小学生就不一定这么说了，换另一个性格的学生，也可以不这么说。课下，无论他是否找我道歉，我都会找到他，和他商量："如果以后上课你再趴桌子，请问需要不需要我提醒你？如果不需要，我就不再打搅你了，但是我得私下向其他同学解释一下我们的约定，以免其他同学说我不公平。如果需要我提醒，请告诉我你喜欢什么样的方法，到时候我会照着做。”也就是说，对这种喜欢翻脸的人，一定要把工作做在前面，做好预案，否则出了问题教师会很被动。学生是否喜欢翻脸，平日多观察，是能看得出的，如果一时看不出，碰他一次钉子，下次对他也就要小心点了。高中生的面子问题更明显了，出手一定要慎重，试着来，不可轻率。

以上意见，仅供新新班主任老师和其他网友们参考。

2013.6.19

是不是面对每个孩子、
每个问题都需要分析一番?

我上次说到黄老师跟学生赛跑,奖励9支铅笔转化学生的事,我当时就在想:这个孩子为什么上课会捣乱?他的教育经历和家庭教育如何?他是什么性格的孩子?如果按照王老师"发现问题—分析问题—提出解决方案—解决问题"的教育思路教育这个孩子是否可行?这些问题黄老师都没有解决,却把一个孩子给转化好了,这种转化是否持久?

我现在碰到问题就总会想这些东西,这是受了王老师的影响,我认为这是好事。但是有时候我又会想:是不是面对每一个孩子、每一个问题都需要这么分析一番呢?(语薇)

○ 点评

雨薇老师:

采用很多常规的教育方式或者新招数,常常不需要具体问题具体分析也能解决问题,其实这是"碰上了",或者只是"暂时控制住了"。正是这类表面的成功蒙住了很多教师的眼睛。他们想,把事办成了,难道还不内行吗?于是他们就不再追问,于是他们的专业水平就会长期停滞在某种水平。

但这并不是说遇到每件事、每个学生都要很详细地分析,谁也没有那样的精力。实际上需要分析的问题和学生总是少数,然而分析的结果却能指导大面上的工作,所谓"解剖麻雀"就是这个意思,麻雀虽小,五脏俱全,解剖了一个麻雀,对于其他麻雀也就知道个大概了。

愚以为,需要详细分析的一般是以下几种学生:

1.典型生。他是某一类学生的典型代表,通过他可以了解某一类学生。

2. 当务之急的"问题生"。

3. 在班里影响较大的小群体的领袖人物。

4. 教师从未见过的新型学生。

教师精力有限，在某一段时间里，最好集中研究一两个学生，不要贪多。

以上建议供您参考。

2013. 5. 15

学校如何组织"问题生"教育研究

尊敬的王老师:

您好!

最近拜读了您的与教育诊疗相关的两本书,觉得对解决近一段时间困扰我的问题很有帮助。

我在学校教育处工作,近一年来发现老师的职业倦怠越来越严重,学生问题能推给学校尽量推给学校,导致教育处天天成了救火队,焦头烂额,影响了日常工作。同时,已经形成了一种恶性习惯,班主任遇到"问题学生",就推给教育处,科任老师遇到"问题学生"就推给班主任,结果导致推到教育处的事件、"问题学生"越来越多。

我觉得这不正常,分析了一下,大概有几个原因:

一、老师处理问题简单化、想当然、经验主义,在现在复杂的社会背景下,越来越多的问题处理不了,处理不好,弄得孩子和家长对老师意见越来越大,只能把问题往上推。

二、老师多数时间疲于奔命,各项检查层出不穷。有没有意义不知道,但是必须要做,于是只能应付,没有时间安下心来学习、反思、读书,慢慢地也就没有了读书、反思的意识。也因为没有良好的评价激励体制,等待转正的教师和将要评职称的教师还能认真干一干,已经不需评职称的老师,干不干就只能凭自己的良心了。

三、学校这么多年都在搞课题,但是少有能够真正解决问题的,同时正如您所说,作为老师缺乏科研的精神,其实我觉得说白了就是大家根本不会搞课题。虽然每年全国、省市区都有研究课题,但大都最后交几篇论文完事。我个人常在想,真能发挥效果,能够真正让师生受益、有所成长,能够真正解决教育教学中的问题,才能称之为有效的课题,也才能受到老师的欢迎,大家才会自觉主动地参与其中。

所以今天很冒昧地向您请教,我该如何能够一步一步和志同道合的班主任老师共同完成"教育诊疗"方面的相关研究,同时也希望能够通过学习和实践让我们的班主

任受益，不要那么疲累，成为有智慧的老师、快乐的老师。谢谢您！（lianyuhan2008）

○ 点评

　　我建议您私下找几位老师，认真地搞点研究。不要挂牌子，不要成立什么课题组，不搞这些形式的东西，只是像朋友聚会一样，经常凑到一起讨论。要找的老师应该是确实想研究问题、提高自身专业水平的，是肯动脑筋的、悟性比较好的。没有报酬，不给什么好处，绝对自愿。怎么研究呢？就是先分析认定各班有多少个"问题生"，都什么类型、什么程度，然后制定干预方案去实施，下次碰头时反馈结果，研究后续工作。讨论的时候，一定要以本班教师为主要发言人，其他人帮助，如果有不同意见，可以争论。讨论要做记录。这样搞一个学期或者一年，如果这些人的水平确有提高，工作越来越轻松而且有成效，就会引起其他教师的兴趣，然后就可以扩大范围，或者另成立一个小组。几年以后，争取培养出几个"校园专家"，他们有诊疗"问题生"的能力，学校有研究"问题生"诊疗的氛围，局面就活了。这是个慢工，急于求成是不行的。这中间如果遇到什么问题，您可以发到网上来，我会尽量帮助您，我们的讨论对其他老师也是个启发。您参考。

2013.7.18

　　已收到您的回复，真高兴，谢谢您的指导，我会尽快行动起来的。我个人觉得可以利用假期先充充电，做一个储备。

　　王老师，还有一个问题，我想请几位有意愿的老师参与，倾向于哪个年级段的呢？或者高中低段都有？（lianyuhan2008）

　　当然是每个年级都有最好，但目前这不是最主要的，目前最主要的是找到真正志同道合而且有研究潜能的人，重质不重量，一个人也不算少。今天我在北师大的一个培训班上给一些校长讲课，有一位校长课下对我说，他们学校发了我的关于教育诊疗的书，但是一年以来，真正会诊疗的老师仍然很少。我告诉他，这很正常，不要指望每个老师都能学会诊疗，学会研究，这种人永远是少数甚至很少数，但是一个学校只要有几位老师有真正的研究习惯和素质，整个学校的气氛就能带起来。然而很多学校中，这种人从上到下实际上一个也没有，这就有问题了。

2013.7.19

读书笔记怎样写？

王老师的读后感能够就一个问题展开多维度的思考，不仅篇幅能够达到我们学校的要求，而且没有废话，很多话都能引人深思。我个人读书的时候，感想总是只言片语，随手记在书上，或反馈在论坛上，总觉得把已经知道的东西——列举出来挺花时间，喜欢把写的时间用来多看，多想，多记，多实践，多反思，多调整，所以总不能达到学校博客的要求。我想请问王老师的读书习惯是什么样子的？读后感是想到哪儿写到哪儿呢，还是纲举目张，注重多侧面？里面有什么章法可循？我应该怎么调适自己的读书方法才能既有利于学习，又达到学校长篇大论、多写多产的要求呢？（风飞雁）

○ 点评

我的读书笔记是写给自己看的，是我与作者的对话，也是我与自己的对话。它实际上是一种日记，只不过其中记的都是自己的思维历程，并没有什么隐私，我也没有需要保密的祖传秘方和诀窍，所以它们都可以公开。公开了，无非是把自己的思维过程曝光了而已。也因此，我的读书笔记没什么格式和规矩，自己觉得方便就行了。

写读书笔记有两个方向：一个是厘清作者的思想系统，一个是侧重自己的感悟。我的读书笔记都属于后一类型。我认为自己对作者的思想体系知道个大概就可以了，我不想做某一本书和某位作者的研究者，我只想从书中找到对我有用的东西。如哲学家陈嘉映所说，"读别人的书，想自己的问题"。所以我的读书笔记一般不会详细列出所读之书的提纲，也不会详细记录其要点，我只拣对我最有用的段落抄录下来，然后谈自己的想法。这些想法有的属于联想，有的属于感悟，有的属于生发，有的属于疑问，有的属于讨论，有的属于批评。

我不知道你们学校要求教师写的是什么类型的读书笔记。在我看来,我的这种写法,自己的收获最大。读书笔记真正的灵魂不是那本书,而是你自己的想法;读书若以书为本,跟着作者亦步亦趋,那就和应试训练差不多了,全背下来也没用。至于多产少产,我从来没计划过。我像母鸡一样,有蛋就生出来(不然憋得慌),没有就四处啄食,优游而乐,如此而已。

仅供参考。

2011. 10. 9

第二部分
教学问题

　　2012 年 3 月中旬至 7 月上旬，上海平和双语学校的万玮老师被学校派去美国波士顿学习考察了近四个月。万老师依据自己在美国的所见所闻所思，写成了一本新书《向美国学教育》。我饶有兴趣地看了一遍，觉得有必要写点读书笔记。因为这本书提供的情况相对来说是最新的，而且作者的观察比较深入，不是浮光掠影。另外，作者是学理科的，是教数学的，文风朴实，该说什么事说什么事，不像某些文人，动不动就"浩浩乎如冯虚御风，而不知其所止"，也不像某些理论家，竟弄一些自己也未必明白的术语吓唬老百姓。我的读书笔记内容很多，这里只选了一些有关教学的内容。

"只会一刀切"与"不得不一刀切"

波士顿是一个大学城,聚集了一批优秀学校,知名的就有哈佛、麻省理工学院、波士顿大学、波士顿学院、东北大学等。来美国之前,我已经在网上预订了哈佛大学和波士顿大学的课程。为了提高听课效率,我还先去了一家语言学校。

这家语言学校位于波士顿市中心,名叫波士顿英语学院(Boston Acadermy of English)。

第一天去波士顿英语学院,先做一个简单的测试。时间75分钟,一共100道题。前面20道题为听力,后面80道题为语法和阅读。这个测试称为分层测试,主要是决定你进什么样层次的班级。

波士顿英语学院一天的课程是这样的:早上9:00—10:30上第一节课,语法(Grammar);10:45—12:15上第二节课,沟通(Communication);12:45—13:15算是第三节课,叫做工作坊(Workshop)。然后是午餐时间,下午14:00开始是选修课。选修课是针对个人听说读写比较弱的部分进行强化。除了选修课之外,还有活动课。波士顿英语学院有一个日程表,每月初发放,你可以知道这个月会安排哪些活动。这些活动包括参观、游览、参加舞会、看电影、讲座,甚至还有打保龄球等。其中很多活动免费,也有一些活动需要另外付费。时间大部分安排在下午两点以后或者晚上以及周末。

我的课程表稍有不同,在上完上午两节课之后,我得马上去吃饭。我的第三节课不是工作坊,而是一对一的私人课程(Private class)。从下午13:30开始,上到15:00。

分层测试之后,每一名学生就可以知道自己的每一门课程进入什么程度的班级。波士顿英语学院从低到高一共分为8级,为初学者1、初学者2,预备中级、中级1、中级2,高级1、高级2、熟练。我语法进入高级2、沟通进入高级1,如我之前所料。

不得不对波士顿英语学院跷一下大拇指。入学第一天，你就拿到一个小册子，告知你有关波士顿英语学院的所有重要事项，简明、扼要。如果你还有不清楚的，一方面可以登录其官方网站查询，一方面可以到前台咨询。波士顿英语学院的所有工作人员和教师都非常友善，当你有问题咨询时，他们总是尽可能提供帮助。

作为一所语言学校，波士顿英语学院的学生流动性非常大。其课程以两个星期为最小申请单位，你可以申请四周的课程，可以申请两个月的课程，但不能只申请一周的课程。因此，每两个星期，就会有新生进来，也会有老生离开。每两周的周五，都会有一个小型的毕业典礼。我申请的是四周的课程。四周后，我再决定是否还要继续读下去。

对于波士顿英语学院的教师来说，由于学生来自世界各地，文化背景不同，学习习惯不同，流动性又大，其教学难度可想而知。而我所见到的波士顿英语学院的教师都很棒，完全能胜任这样高难度的教学工作。

（万玮：《向美国学教育》，福建教育出版社，2013年4月第1版，第22—23页）

◎ 点评

波士顿英语学院的这种教学方式让我们立刻想起了西医的体检和诊疗：把问题分解，一项一项检测，先摸清你的情况，再对症下药。这是一种科学的思维方式。没有这种思维方式和技术，因材施教就容易落空，事实上因材施教在我国已经提出上千年了，却一直没有可操作的办法，只能把希望寄托在伯乐式的人物身上，可见科学的思维方式之重要。

分层教学在我国也喊了多年了，一直没有什么起色，为什么？马上就会有人说：这是由于我们的应试体制无须分层教学，另外我们的班太大，只能"一刀切"。这些理由都有道理，但愚以为这都是外部原因，而内部原因常常被有意无意地忽略了。请注意，要真正搞分层教学，除了体制和班额的条件之外，还有两个必不可少的前提：一是你要有很多套科学的测试手段，能够把学生的实际水平从不同角度测试出来；二是教师得有本领依据学生的不同情况灵活地设计不同的教学活动，这是相当高的要求。波士顿英语学院具备了这两个条件，所以他们能够搞分层教学。我们的中小学具备这两个条件吗？大都不具备。所以我们现在不只是没有分层教学的外部条件，而且实际上绝大多数并无分层教学的水平、技术和能力。

但是你会发现我们很多老师拒斥分层教学的时候理直气壮，怨气冲天，毫无反思自我之意："这种体制叫我怎么搞分层教学？""班里这么多人，我怎么分层？"听那口气，好像分层教学对他们只是小菜一碟，不在话下，他们现在之所以没搞，只是因为外部条件不允许，这样他们就把真相掩盖了，他们就把自己给骗了。明明他们只会"一刀切"，却说成了"不得不一刀切"，一脚就把责任之球踢出去了。

其实我们并没少搞"分层教学"，重点班和普通班不就是分层吗？只不过这是最粗劣的、最不科学的、最有害的分层。

我愿给那些确有自知之明，不想欺骗自己的老师们提个建议。您先沉下心来研究一下学生状况可以从哪些角度、用什么指标来分层，也就是说，您先研究详细的体检方案，先学会科学分层，再谈分层教学。这是一项艰难的工作，需要有人探索，而这种探索并不是只有等体制改变了才能进行的。探索者的特点是走在前面，而不是跟在后面等待外部条件的变化。

2013. 8. 3

老式教学与新式教学

进了波士顿英语学院之后，我的语法课分在第七层，沟通课分在第六层，巧合的是，老师是同一位，一位三十岁左右的美国人，名叫凯思琳（Cathleen）。

波士顿英语学院是一所语言培训学校，完全依靠市场生存。因此，为学生提供高品质的服务是其宗旨。这些年来波士顿英语学院能够数次提高学费并保持生源不断，说明其质量得到认可。在这里学习之后，如果有朋友来波士顿学语言，我一定会推荐他来波士顿英语学院。

作为一名老师，我必须承认，在波士顿英语学院我不仅获得了语言能力的提升，更被其课堂教学文化所感染。

而感染我的人就是凯思琳。

波士顿英语学院把教学方式分为两种，一种叫老式教学；另一种，毫无悬念地，叫新式教学。

所谓老式教学，即教师讲学生听。我们称之为满堂灌。满堂灌也并非没有必要，如果你的教室里坐了 200 名学生，你很可能满堂灌。事实上，许多大学课堂也就是这样的。

可是语言培训学校不能如此。语言培训如果也是满堂灌，必是死路一条。语言学校必须采用新式教学。

所谓新式教学，就是把学生的学放在中心位置考虑，教师的教为学生的学服务。因此，每一节课教师的教学都围绕着学生的活动来设计。教师采用问答、小组合作、讨论、竞赛、表演、比对、质疑等各种方式，让学生在整节课中始终处于活跃的学习状态。在波士顿英语学院，就我观察到的情况来看，课堂上每一名学生从始至终都一直在参与课堂学习，这不能不说是教学的成功。

当然，能实现这样的教学方式是有前提的，那就是——小班制。我看到的情况是，波士顿英语学院每个班级的人数大致在 8 至 12 人之间，这从他们贴在墙上的分班名单上即可看出来。波士顿英语学院对外宣称他们的班级规模是平均 7 人一个班，这也是事实。因为总有一些学生会缺勤。这是语言学校普遍面临的问题。语言学校对学生的纪律约束明显比较缺乏；而且从市场生存的角度来说，只要学生交学费，通常也不会对学生采取极端措施，除非学生的表现太过分。从分班名单上来看，我的沟通课应该有 10 个人参加，但经常只有 6 人左右。有一天，包括我在内，总共只来了 4 人。另外 3 人来自同一个国家——沙特阿拉伯。

（万玮:《向美国学教育》，福建教育出版社，2013 年 4 月第 1 版，第 26—27 页）

○ 点评

老式满堂灌的教学适合大班，适合某些学科，而新式教学适合小班，适合另一些（例如语言）学科。看起来是这样。不过我想，班级比较大，也可以尝试采用活动式的教学方法（分小组）。具体到某些学科和教学内容，则即使是小班，恐怕用讲解为主的办法也是必要的，这样做效率比较高。所以将教学方式贴上"新""老"的标签要慎重，老师对此也不要做绝对化的理解。不同的教学方法适用于不同的情况，仅此而已。我相信 100 年之后满堂灌也是需要的，而活动式的课程或将与之并存。为什么？因为需要。这与人类物质生活有所不同。有了电灯，油灯就被废弃不用了；有了楼房，草屋就被淘汰了。人类的精神生活不是这样的规律。有了科学，信仰（甚至迷信）也还会存在；有了某些新的教学方法，原有的教学方法也不一定退出历史舞台，它们仍有活动的空间和存在的价值。这不完全是因为教师保守，拒绝接受新事物，而是因为各种教学方法皆有独到之处，都有利弊。即使是最被人诟病的死记硬背之法，也自有其不可替代的价值，只要你把它放在合适的地方，它仍能闪光。

还有一点要指出的是：所谓新式的活动式的课程，光具备小班的条件是绝对不够的，还要求教师要有设计新颖的教学活动的能力。没有这个条件，即使是一对一的教学（不能再小的小班），教师的教学方法也和上大课没什么差别。你看很多老师给个别生单独补课，无非是"再讲一遍"而已，他前后用的是同一种教学方式，因为他实际上只会这一种方式。这种情况下，千万别说什么"班额太大，我怎么因材施教？"因材施教也好，活动式教学法也好，都需要内外两方面的条件。

2013.8.11

波士顿英语学院教室墙上的标语

波士顿英语学院在其教室的墙上贴着一些标语，反映的是其新式教学理念。

1. A teacher is one who makes himself progressively unnecessary.

好老师会让自己逐渐变得不再被需要。

2. 1 can't teach anybody anything. 1 can only make them think.

我无法教给任何人任何东西，我只能让他们思考。

3. We have two ears and one mouth so that we can listen twice as much as we speak.

我们有两只耳朵一张嘴，因此我们听到的东西是说出的两倍。

4. If an excise is not working... "Kill it before it kills you!!!" (a colleague)

如果一个练习没用……"在它杀死你之前先把它杀死吧！"（一位同行的话）

5. A teacher should GUIDE without DICTATING and PARTICIPATE without DOMINATING.

教师应引导而不是命令，参与而不是主宰。

6. Spoonfeeding in the long run teaches us nothing but the shape of the spoon.

喂食式的教学说到底不会教给我们任何东西，除了勺子的形状。

7. Good teacher is more the giving of right QUESTIONS than right ANSWERS.

好老师不仅给出正确的答案，更要提出恰当的问题。

标语都是英文的，中文部分是我的理解。除了第四条，其他都是名人名言。第四条应该来自波士顿英语学院或者美国教育界的一位不知名的教师，看着特别生动。

这些理念贴在墙上，凯思琳也正是这么做的。

（万玮：《向美国学教育》，福建教育出版社，2013 年 4 月第 1 版，第 28 页）

○ 点评

　　我看到这些标语，就想起了我们教室墙上的标语。我们的标语有以下几个明显的特点：1.一般是宣传性语言，而非学术性、科学性语言。2.道德色彩明显，说教色彩明显，都是"教诲"。3.内容都是说给学生听的，没有教师用来自律的。

　　而波士顿英语学院教室里的这些标语却是另一个样。它们是在介绍一种新的教学理念，有学术性、知识性，而且对象是活动在教室里的所有人，包括学生和老师。不但标语的内容很有新意，这种教室布置的理念也有新意。

　　我并非主张完全照搬他们的做法，但是我想，我们的教室墙壁上，恐怕也需要有一些非宣传性的、非说教性的、不是专门教导学生的标语。我认为这也是教育改革的一个方面。我们的教师，太喜欢单向地教导别人了，正像我们的官员，太习惯给下级发指示、布置任务了，大家都形成了思维定势。这需要反思。

2013. 8. 18

创新有时候也不算太难

有一次，凯思琳的沟通课布置了一个任务，让我们每个人准备三个自己的故事，讲给其他人听。让学生提前准备，做陈述发言。中国教师也常常这样做。但凯思琳要求其中两个故事是真的，另一个故事是假的，故事讲完之后其他人必须来猜哪个故事是假的。这一点很绝。这样做就避免了一个人讲其他人开小差的情况发生，保证所有人都参与。

（万玮:《向美国学教育》，福建教育出版社，2013 年 4 月第 1 版，第 29 页）

○ 点评

讲故事本是常用的教学方式，尤其在语文课上，大多数教师都用过，但是改成分辨真假故事，立刻让人耳目一新，使教学带上了游戏性质，集中了所有人的注意力。实在是高！其实这只是做了一个很小的改动，可见创新有时候也不算太难，关键是你要往这方面动脑筋。如果教师把劲都使在整学生、迫使学生不得不按老师说的做，他就没有心思在教学上多动脑筋了。

这个案例启发了我。我想我们的语文课上可以安排这样的作文：写两个关于你自己的小故事，一个是完全真实的，一个是虚构的。写完之后，让老师和你的好朋友猜一猜，哪个故事是真的，哪个故事是假的。这样作文不但能训练学生的语言能力，而且可以检测教师是否了解学生，他的朋友是否了解他，他自己是否了解自己。这岂不很有趣而且很有"科技含量"吗？

可见，即使我本人创新能力不强，只要我多向他人学习，积累这些小招数，我也能成为优秀教师，关键在于我必须永远处于"自己学习"的状态，而不是总处于"逼别人学习"的状态。

2013. 8. 21

看广告学英语

美国电视广告特别多，尤其是像福克斯广播公司和美国有线新闻网这样的商业电视台，几乎十分钟就要插播广告。遇到广告我经常像国内一样换台。不过，有一天纳塔列对我说，如果看电视，多看广告对学英语有好处。纳塔列是波兰人，她老妈当初到美国，愣是靠看广告来提升英文水平。通过广告学英语有什么好处呢？纳塔列说，广告中的英语有三个特征：慢速、夸张、重复。而这三点，正是教师在教孩子语言时的典型做法。

我试着听从纳塔列的话，开始看电视广告，发现有一些的确如此，就像咱们的"羊羊羊"一样，又简单又清楚，很容易听懂。但是大部分广告都是有情境的，对比慢速、夸张、重复这三个特征，完全不守规则。唉，这世界已经过了纳塔列她妈那个时代了。

（万玮：《向美国学教育》，福建教育出版社，2013 年 4 月第 1 版，第 32 页）

○ 点评

很多老师发愁学生不爱学英语，一般将原因归结为学生"不重视"。然而那些不重视英语的学生对语文、数学也未必重视，为什么对这两科的学习态度会相对好一点呢？恐怕这里面还有个兴趣问题，而学生是否有兴趣，与教师的教学方式有很大关系。可不可以在英语课上适当选择一些英语广告的视频给学生看呢？我想可以试试，尤其是那些播放给外国人看的国产产品的广告，学生看起来可能更亲切。如果有英语版的《喜羊羊与灰太郎》之类，那就更好了。在课上常常穿插一些这样的内容，可以提高学生的学习兴趣。当然，要注意广告用语是否规范，不能光图生动。比如"威力，威力，够威！够力！""清爽是分享，更是感动"这类明显不着调的广告词是不能出现在课堂上的，除非作为反面教材。

2013. 8. 23

斯卡斯代尔高中的课表

我是第二次来斯卡斯代尔高中了。

2009年我第一次来时就受到震撼：作为一所公立高中，其99％的学生都能升入大学，更有60％的学生进入全美排名前50的一流名校。这是美国最高水平高中的水准，无论是公立高中还是私立高中。

利用这次的学习间隙，我特地从波士顿赶到纽约，深入斯卡斯代尔的课堂考察。

按照计划，斯卡斯代尔高中将为我设计一张十一年级的学生的课表，包含了大部分十一年级学生要学的课程。第一周，我将按照这课表去听课。第二周，我将去数学教研组，重点听数学课。作为一名数学老师，这也是我应该做的。

今天是星期一，一早跟休（Sue）来到学校。休很热心，先让人带我到图书馆协调电脑上网，又落实我听课之事，并很快拿出一张一周的课表交给我。美国人做事很认真，计划性很强。

斯卡斯代尔高中的课表是这样的：

8:05—8:54　第一节课

8:59—9:48　第二节课

10:03—10:52　第三节课

10:57—11:46　第四节课

11:50—13:08　第五节课

13:12—14:01　第六节课

14:06—14:55　第七节课

这里要说明几点。

一、每一节课时间是49分钟，为什么？老师说这是传统。我猜测可能是为了确保早晨 8:05 上课，下午 14:00 正课结束。不过，另一方面，谁规定一节课必须是 40 分钟或者 50 分钟？一节课的时长是不是整数好像也并不是那么重要。

二、整个课程密度很大，时间很紧，除了第二节课与第三节课中间有一个长休息，学生可稍微放松一下之外，课间通常只有 5 分钟。而且所有的课都是走班制。下课铃一响，只见走廊里都是拿着包走班的学生，如果再上个厕所，真是要一路小跑了。

三、老师告诉我，由于是选课制，并非所有学生每一节都排了课。因此，每一名学生的课表可能跟别人都不一样。于是，有一些时段，对于某一名学生来说，就是自由课。这个时间，他可以选择到图书馆自修。早晨八点钟左右，我在斯卡斯代尔高中的图书馆，就看到了一群一群的学生，在电脑前或圆桌前学习，真是一种胜景。这让我意识到，一所学校的图书馆真是太重要了。一所好的学校要着力构建图书馆文化，让图书馆成为学生喜欢去的地方。

四、从课表中可以看出，斯卡斯代尔高中没有两操。我个人觉得，我们的眼保健操、课间操制度可以废除了。表面上看，我们很重视学生身体健康，强制学校必须开展两操，还加大检查力度。美国人呢，学校里连两操都没有。事实正好相反，美国人热爱体育，崇尚体育。中国学生对于体育的热情从两操开始，就受到了抑制。

五、下午三点课程结束，并非指学生放学，而是选修课和各种社团开始。这是学生成长的另一个重要平台。我在四点离开学校时，发现一间电脑教室里满是学生，我问一旁的格雷格（Greg）老师，他们在干什么。格雷格说，这是学校校报的成员，正在紧张地做编辑工作呢。

（万玮：《向美国学教育》，福建教育出版社，2013 年 4 月第 1 版，第 48—50 页）

○ 点评

我读了上面的文字，有下面一些感想。

首先是选课制，这体现了学生的主体性。如果所有的课程甚至学法都是学校规定好的，学生只能照办，那就很难说学生有什么主体性了。没有选择权就没有什么主体性，需要的只是服从，学生的差别只在于谁更善于服从。我国即使高中也很少有实行选课制的，更不用说初中和小学了。这当然与我们的考试导向有关，但美国也不是没有考试，单用考试来解释我们的"一刀切"，不能令人信服。恐怕这里还有我们传统文化中"求同"心理在起作用，也有教师的专业水平问题。选修课越多，越要求教师有自己的"专门领域"，那里未必有统一的教参可以照抄，而是需要自己的独立思考和课程设计，实际上这是很多教师做不到的。所以，我们这里实行选课制的主客观条件都不具备。但是我觉得这可以是个方向，课改搞所谓"校本课程""班本课程"，就是开了一个小口子，让大家来探索。据我所知这反而成了许多学校和班级的"负担"，就是当你给了一个人某些自主权的时候，他不知所措了。为什么？因为他既没有这个习惯，也没有这个能力。所以我主张，选课制的实验、校本课程和班本课程的实验，不要"一刀切"，应该自愿。给一定的空间和时间，谁愿意试谁就试，不愿意试你就走老路。这样，经过几年的比较，如果发现用新办法确实能提高学生素质，考试成绩也不错甚至比以前更好，愿意进行实验的人就会增加。这才是切实可行的办法。用行政手段强行推动校本、班本课程，教师缺乏必要的理念和能力，就会出很多笑话，所谓"画虎不成反类犬"，最后舆论就会把账算在改革上，于是改革就又退回去了，这是很多教改措施的命运。当年我在一线工作的时候，曾经这样做过：有时我提前把课上完，给学生留 10 分钟，让他们阅读杂志（我事先选一些杂志，发给学生），这其实就是"课内选课"，给学生一些自主权就是了。教师只要真的有尊重学生自主性的意识，即使不开选修课，你也能够做点事情，虽然此事可能微不足道，但若学生同时遇到几位这样的科任教师，对他的作用就大了，这是实实在在的事情，不用唱高调就可以做的，唱起高调来，可能反而做不好。

还有就是阅读，自我阅读比上课听讲重要得多，图书馆比教室重要得多，课外阅读比课内阅读重要得多，但是在我们的中小学，都是颠倒的。这也难怪，我们的校长、教师考虑问题并不是从学生一生的角度想的，他们最关心的只是自己眼前的"业绩"，或者以为"我的业绩就是学生的未来"。当年我在第一线，就发现让学生独立阅读十分困难，你让他看书，他就以为"休息的时间到了"。为什么？因为他从小受到的训练就是这样，所谓"学习"，就是听讲写作业，其他的不算学习，或者只是虚晃一枪。学生很少体验过独立阅读的快乐，或者即使有体验也都是看卡通画和低俗读物的感觉，那显然不是正经阅读的感觉。于是你就明白为什么我国一方面号称为世界上最重视教育的国家，同时却又培养出了最不爱读书的公民（人均读书量少得可怜）了。我们根本就不是把读书当成人生的需要，而是把读书当作"敲门砖"来理解的，这和科举时代的观念没什么两样。所以我们很多家长和教师，看见孩子读课外书就生气，也不了解一下他读的是什么书，为什么要读。要真正培养出爱读书的下一代，很是艰难。做到这一点有个前提，就是家长和教师本人得是确实爱读书的人，现在这种人比例太小了。

再有就是体育。从外表看，我们从来都很重视体育，不但"领导高度重视"，课程设置也是明晃晃地摆在那儿，课间操、体育课、每天活动不低于一小时等等。然而实际上学生身体活动日渐减少，动不动就有晕倒的、休克的，孩子快成纸糊的了。当年我带着学生（初中生）"拉练"，学生自己背着背包，一走就是五六十里地，从来没有休克的。那时候学生吃什么？窝头、馒头而已。我觉得我们整个民族有文弱化的趋势，越来越缺乏尚武的精神和体育精神了。课间操和体育课，我不赞成取消，而且光有这些还不够，最重要的是家长和教师不要在骨子里轻视体育活动。对体育的态度，表面上是个体制问题，本质上是个文化问题。

2013. 8. 27

这个时间表我没看懂，有清楚的能不能解释下，美国的高中生不吃午饭吗？还是有其他的原因？（**教书匠·2010**）

这个课表的午休时间我也不明白怎么回事。我和作者没有联系，希望能联系到的人问问作者。

2013. 8. 28

教书匠.2010老师，根据我在美国学习交流期间的观察，我理解的这张美国的课表是这样的：每个学生每天的课表是不一样的，有可能我前面两节有课，然后下午有课，也有可能是中午两节有课。正因为每个人选修的课程不同，所以每个人的吃饭时间都是不一样的。我在美国的学校发现很多学生中午是没有时间专门坐下来吃午饭的，他们只能在课间的时候匆匆买点三明治之类的食物填饱肚子，还有的学生直接到课堂上吃饭，边听边吃。只要不影响课堂，这种现象就是允许的，而且很常见。其实这也是美国孩子自主的一个表现，他们的时间完全是由自己来安排的，而且对自己的选择是要负责任的，所以中午能否按时吃饭取决于自己的安排。（**花蜜**）

看完了花蜜老师的介绍，我很有感慨，有"山外青山楼外楼"的感觉。我们从小就太习惯让别人安排我们的生活了，而且这种安排多是"一刀切"的，所以我们不太容易想象外国的孩子们怎么生活。细想起来，美国学校的这种课程安排，对培养学生的自主性、独立生活、独立思考能力、责任感，都有很大意义。我国家长和教师可能会想，让孩子自己安排午饭，他挨饿怎么办？美国的家长们为什么就不这样思考问题呢？难道他们不爱自己的孩子？这就是文化的差异了。我们在自己的文化中浸泡太久了，只会用自己的思维方式思考问题，有些事自然弄不懂了。总的感觉是我们的家长、教师包办太多了，吃力不讨好。因为你是包办的，所以他难以产生自主性，他习惯于别人替他思考，自己的脑袋就容易锈住。因为一切都是你包办的，所以他当然可以不负责任，出现任何问题，首先做的就是埋怨。这么一分析，你会发现，我们孩子的几乎所有毛病，都合乎逻辑地是我们"努力"的结果。真的·应该反思了！当然，我们不必照搬人家的做法，但是对我们的失误，必须逐渐弥补，否则历史会惩罚我们。我建议老师们把这个课标印发给学生，然后组织大家讨论，或许有些学生会觉悟起来，不再埋怨家长、学校，而是自己选择自己的人生。也可以将课标在家长会上印发给家长，解释一下，或许有些家长能够醒悟，这比空说一些大道理强多了。

2013.8.28

案例 36

斯卡斯代尔高中的一堂数码摄影课

今天听了两节课。一节物理课，一节数码摄影课。

我是一个对摄影没有任何兴趣的人，平时很少拍照片……

因此，我原先对这门课不是很感兴趣。可是既然课表上有这节课，也就姑妄听之吧。

听了二十来分钟，我突然意识到，这可能是我在斯卡斯代尔高中收获最大的课程之一。

因为，我发现，这不仅仅是一门 IT 类的电脑技术课程，而是一门艺术课程。在我听课的过程中，我阅读了教师提供的在课程不同进度中发给学生的一些资料，一下子就被吸引了。

试举几例。

一、图片故事（Photo Essay）。所有的学生要完成一个作品，叫做图片故事。即学生自己拍摄一些照片，并且按照一定的顺序以适当的方式呈现出来，同时配上合适的音乐。

二、自我介绍。每一个学生拍摄一个有关自我的视频，目的是向别人介绍自己。教师提供了一些提示，如，年龄、年级、住址、家庭、去过哪里、兴趣爱好、喜欢与不喜欢的学科、个性、朋友、人生中的重要事件、理想或梦想……

三、采访视频。选择一个人做一个采访，并且进行录像。

三、照片创作。选择一个自己最喜欢的主题，选择一种学过的拍摄技巧进行拍摄，并且在电脑上利用图片处理软件加工创作。

我所听的课堂是这门课的高水平课程，学生显然已经掌握了大量的摄影技巧。这个单元，教师要求学生做的是：

在自己拍摄的照片中选择五张自己最不喜欢的，找出各自的原因，然后进行分析。

在自己拍摄的照片中选择五张自己最喜欢的，找出各自的原因，并且进行分析。

在此基础上创作一张代表个人风格的照片。

我看到一名女生正在电脑上修改一张照片，图片的主要内容是一个被吹散的蒲公英，和一张正在吹气的嘴。

另一名女生的照片则是一个雨后叶片上的水滴的特写。背景很模糊，水滴晶莹夺目。

还有一名学生的图片则像是一幅抽象画，拍摄的内容应该是一名学生站在草地上。不知她用了什么技巧，整个画面十分模糊抽象，隐约可见人形。教师对这幅作品大加赞赏。

教师告诉我，选修这门课的学生不需要自购设备。照相器材、电脑、高清图片打印机、打印纸都由学校提供。当然，管理也十分严格、规范。

在上课的过程中，教师不断在学生中走动，对学生的各种问题加以指导，不仅有技术方面的指导，更有艺术方面的追问。可以看出，教师自身的技术水准与艺术追求。我深深地为这位老师所折服。

长期以来，我们对课程的理解，就是教学大纲、统一进度、书面考试。在斯卡斯代尔高中，数字摄影课给了我一个很好的示范：课程是什么，学生的创造能力如何在课程中培养，艺术课程可以有什么样的形式……而教师，又是如何创造这些课程的。

（万玮：《向美国学教育》，福建教育出版社，2013 年 4 月第 1 版，第 50—52 页）

○ 点评

要上一堂如此水平的课，对教师的素质要求是比较高的。他不但要有相当的数码摄影专业技术水平，还要有相当的艺术修养，更主要的是，他还要有独立设计课程的能力（不照本宣科，不依赖教参），他得真懂教学。显然，这需要一个复合型的人才。

美国的教师，也并非都能达到这种程度。万玮老师也听过数学课，感觉就很差。万玮老师的总体印象是：美国的教师多数也是很平庸的。我觉得这可能符合实际，世界各国的情况大概差不太多。由此可以得出一个结论，课教得好不好，关键还是要看教师本人的素质和能力。有一种说法是，课改的关键在教师。这种说法遭到很多人的反对，但它可能是对的。我们这里盛行的看法是：关键在体制，关键在上级。我无法完全认同这样的看法。虽然我对中国的教育体制也很不满，但我认为这与教师素质并非一回事，这是两个不同的观察教育的角度，其中一个问题并不会因为另一个问题的解决而自动解决。站在教师个人的角度，我主张最好把精力重点放到自身素质的提高上，而不要傻等体制的变化。比如这样的数码课，在中国难道不能实行吗？我看有的地方完全可以这么做，甚至做得更出色，更符合我国国情。教师如果提出这样的教学方案，校长也未必就反对，说不定还会大力支持。也就是说，现行体制也未必一定会压制你的创新。可能更大的问题不在于别人压制你，而是你实际上拿不出什么可能被压制的创新。我这样说有些老师不爱听，我很抱歉，但我相信，如果我说的确是事实，会有人听进去的。

2013. 8. 28

斯卡斯代尔高中的一堂英语课

上午第一节课是英语课，我好不容易找到教室，课已经开始了。一位身穿蓝色牛仔衬衫的中年男教师正站在前面讲课，学生则聚精会神地听。

我觉得很奇怪，因为，首先，这是一间电脑教室，每一名学生都坐在电脑前。其次，教室后面还站着一名个头很高的男教师，穿着白衬衫，打着领带。看见我进来，他热情地跟我打招呼。给我找了一个空座，安排我坐下来。

看见我疑惑不解的表情，他解释说，他是历史教师，前面讲课的是英文教师，他们这学期正好有一个班的学生是相同的。因此，他们这个单元采用合作教学。

我一听，恍然大悟。一开始我以为后面听课的是教研组长，但是后来注意到讲课的老师水平很不错，看年龄不像是新老师，而且讲课很有经验，并不需要组长监督。

历史教师接着说，下一节是历史课，他们正讲到"二战"之后的美国历史。而英语课也正好有一段内容是讲"二战"之后的美国文学。因此，他们商量一起进行合作教学。

英语教师显然布置了较多的阅读任务，这节课他要求学生完成一篇小说评论。讲了十分钟关于文学评论的原则，示范了一些文学评论的例子，回答了部分学生的问题之后，剩下的时间就交给了学生。学生们纷纷打开电脑，输入自己的用户名和密码，登录，打开自己的文本界面。老师在学生之间走动，回答学生的问题。

斯卡斯代尔高中的学生都非常主动好学，举手提问的学生此起彼伏，络绎不绝。几位女生文学悟性不错，评论文章几乎已经完成，在就一些细节问题咨询老师。我身边有名男生相对来说，比较弱。别人已经快完成了，他才刚刚写了几行，在那里发呆，过了好长时间写了一行，一转眼，自己不满意，又删掉了。

英语老师走过来，蹲在他面前，看他完成得如何。然后逐字逐句地与他交流。英语老师显然对他的文章不太满意，跟他解释了很长时间。这名男生想了一会儿说，还是不清楚。看着那边还有很多人举手，英语老师说，你课后来找我吧。

历史老师也加入了咨询的队伍。看得出来，文学评论对这些学生来说，的确是非常大的挑战，很多人都有很多问题等待回答。

到了下课的时间，英语老师无奈地宣布说，所有作业还没有提交的同学今天都得去见他。并且告诉学生今天第几节课他有空。斯卡斯代尔高中的课是不能拖堂的，课间休息时间短，学生还要转教室。因此，下课铃一响，学生们就纷纷起身，收拾书包，迅速离开。

（万玮：《向美国学教育》，福建教育出版社，2013年4月第1版，第52—54页）

○ 点评

这种课例，最大的优点是真实，这是家常课，不是特意排练好了演给人看的"实验课""公开课""样板课"。这种课的目的是培养学生，而我们的很多公开课，真正的目的并不是培养学生，而是"展览老师"。这种展览风气非常不好，把教育异化成了一种类似商业广告之类的东西。我想这与上级搞的评比有很大关系。

我们来看这节英语课，这应该就是我们所谓的语文课。首先值得注意的一点是语文课与历史课跨学科的合作教学。这要求教师跳出本学科的藩篱，有更广的知识背景和学识，要求教师有跨学科的合作意识和人际交往习惯（不是各自为战），而且要求学校给予教师更多的自主性，使他们可以独立进行课程内容设计。看来这种情况在斯卡斯代尔高中并不新鲜，这当然不是一日之功，但我觉得我们的老师也不妨试一试。例如我国自古以来就有"文史不分家"的传统，像司马迁，就同时是历史学家和文学家，《史记》既是史书，也是文学作品。如果我们把语文课与历史课合在一起上，讨论一些历史问题，岂不是可以给学生许多启示吗？但是这里有个前提，语文教师要有历史感，历史教师要有文学素养，学生无论从历史角度还是从文学角度提出问题，有关教师都能应对，这不是一件容易的事。

再有就是课程内容。这堂课内容是写一篇小说评论，想来这篇小说是反映"二战"后美国社会生活的。这个教学内容是阅读与写作的结合，学生既要读懂这篇小说，又要写出评论（读后感），难度不小。但是你会发现，教师并没有告诉学生答案，连这篇小说的"中心意思"之类也没有说。教师做的只是（用十分钟）给学生提供一个路子（讲了文学评论的原则，示范了一些文学评论的例子），剩下的就全让学生自己去完成了，下面教师要做的是个别辅导（一对一的教学）。你会发现课上教师讲得很少，多是学生活动，学生的活动也不是多么"好看"。这是实实在在的教学，并无表演性质。我们这里经常有人在议论学生主体、教师主导之类的理念，我看这堂课就可以同时体现学生主体和教师主导两个方面。这没什么神秘的，不过是"学生在那里学习，教师帮帮忙"而已。教师只在课堂管理时是"指挥者"，一涉及教学方面、知识方面，教师就只是指导者和帮助者了。

2013. 8. 28

斯卡斯代尔高中的一堂历史课

英语课后紧接着是历史课，我跟着一名学生来到历史教室。

历史教室很宽敞。座位排列成环形。教师则坐在角落。今天的课有一些特殊，一开始，两位学生进行主题陈述。

第一位学生是黑人，讲的主题是古巴导弹危机以及生活在核威慑中的美国人。……

第二位学生应该是拉丁美洲人，他的主题是麦卡锡主义。……

两位学生的讲解给我留下深刻印象，他们每个人都预先制作了PPT，PPT质量精美，有图像，有文字，有视频，他们则拿着遥控翻页器进行讲解。每一个人的讲解都很流畅，声音响亮，充满自信。

在表达能力和自信心方面，美国学生的确非常强。这一点，在他们的中小学教育中，得到了充分的体现。这些学生的讲解水平，即使马上去做导游，也毫不逊色。

在学生讲解的过程中，教师在认真地做纪录。因为，每一名学生的讲述，都将成为他这学期最终评价的一个重要组成部分。

我由此想到，我们国内中小学很多学科的评价，都过分依赖于期终的一张书面试卷。如果说有一些学科有统一进度，必须参加统考，倒也无可奈何，那么，另一些学科，应该有一定的自主权，为什么不能做一些改革呢？

另一方面，作为教育的管理部门，也应当将更多的主动权放给学校和教师，包括课程的教材、实施与评价。既然大家公认传统教学不能教给孩子多少有用的东西，也许真的应该下定决心，让教师自己做一些有益的尝试，或者会有意想不到的收获。

每一个陈述结束之前，主讲人都会添加一句："有问题吗？"

每一次，都有学生提问，而主讲的学生都迅速地给予回答。

这也是一种文化。在中国，很多报告都是单方面的信息输出，报告人讲完，报告就结束了。美国人认为，报告讲完之后的互动是报告重要的组成部分，甚至更精彩。这种分别，在中小学的课堂里就已经形成了。

　　学生陈述之后是历史教师的讲课时间。历史教师非常随和亲切，他讲课时肢体语言丰富，有时候甚至还会伴随一两句小调，或一些表演，讲到开心的地方还会发出爽朗的笑声。他的讲课挥洒自如，给我印象很深的是，他的讲课有框架，有主题，但总是抛出问题，请学生回答，学生回答不完整的部分他最后才做补充。这样的课有预设，但是更注重生成。即便是教师讲授的部分，学生也得到了充分的活动。

　　（万玮:《向美国学教育》，福建教育出版社，2013 年 4 月第 1 版，第 54—56 页）

○ 点评

　　看起来，这堂课也是学生活动比教师多，这两位同学俨然在作学术发言，有模有样的。他们不是按照标准答案回答教师的问题，而是就某个问题拿出自己独立的看法。我不清楚他们各自发言的题目是教师指定的还是自己选定的，但显然这种发言是有个性的。

　　发言是可以事先准备的，甚至可以是抄袭别人的，到时候可以照本宣科，可是有一个环节会使发言者的真水平显露出来，那就是"回答听众的问题"。你不知道听众会提出什么问题，这是无法作准备的，如果你的发言并非你独立思考的成果，一问就把你问倒了，你的本相就露出来了。反之，如果你的发言确实是独立研究的成果，那听众横着问竖着问你都不怕。由此可见，在作报告之后安排互动环节，不但有助于充分发挥报告的作用，而且有助于"打假"。像我们经常领教专家们作报告，他们讲完就走，这是很容易滋生"南郭先生"的。我个人是常给教师培训班讲课的，我每次必留下将近一个小时的时间与学员互动。这段时间，我的收获是最大的，学员们的反映也很好。怕人提问，怕人质疑，你就有可能是滥竽充数。有的报告者只留十几分钟让听众提问，这就有做姿态的嫌疑了。不过，在课堂上互动，会有掌握时间的问题，弄不好会影响教学进度，所以，既要有互动的习惯，还要有互动的技巧。

　　我曾经在一本书中看到，西方国家把孩子从小当研究生来培养，看来此言不虚。他们不认为学生在基础教育阶段无法独立研究，只能被动接受教师传递的知识，而是认为，即使小学生也有探究能力，所以他们选择探究式教学。这堂历史课（还有前面的数码摄影课、英语课）的教学方法就属于探究式教学，这确实是课改的一个重要方向。

2013.8.29

斯卡斯代尔高中的五堂数学课

今天听了五节数学课。

在斯卡斯代尔高中，数学是主科，每周四节课。学校的分层教学在数学学科上体现得非常明显，今年高中数学课共开了 16 个层次的课程。我听的第一节课课程代码是 432，我问格雷格这是什么意思，他说，4 代表课程，也就是数学；3 代表年级，学生来自十年级；2 代表层次，在这个年级里属于比较低的水平。

我进入课堂，教师是一位黑人男青年，三十岁左右，名叫瑟奇（Serge）。他十分友好，热情地跟我打招呼。我找了个位置坐下来，认真听课。

这节课教的内容是代数，分数、指数幂的运算。教师花了半节课的时间复习有关幂的一些运算法则。在上海，这是七年级学生在第一学期就必须掌握的内容，应该不算有难度，但是很多学生还是常常感觉很困惑。

瑟奇教法还是很不错的，比较偏向新式。面对程度不高的学生，他循循善诱，步步为营，每次都尝试让学生回答。学生倒也诚实，只要会做，都会举手。不过每次举手都不超过三分之一。有些学生也会主动提问，教师总是停下来，耐心解答。部分学生程度实在不佳，有一名学生在 $2p = 1$ 的方程面前，竟然不能很快得出 $p = 1/2$ 的结论，在教师两边同时除以 2 的提示下，愣了好一会儿才反应过来。

第二节课的代号是 444，属于较高水平的课。上课的是一位女教师，名叫伊丽莎白（Elizabeth）。她不喜欢在黑板上演算，而喜欢在纸上写，一边写一边实物投影给全班学生。

一上课，她就进入正题。这节课的新授内容是角的和差的三角公式。在中国，这是十年级以上的内容。在一个单位圆中，利用两点间距离公式和余弦定理，伊丽莎白熟练地推导出两角差的余弦公式。然后借此推导出两角和的余弦公式，以及相应的正弦公式。

公式推导出来之后，伊丽莎白教大家怎么去记这些公式，然后发放练习纸，让学生熟悉如何运用这些公式。整节课十分高效，看得出来，教师很有经验，教学目标明确，教学手段直接，与中国的应试课堂竟十分相像。

第三节课代码是431，是程度最低的一个班。学生与444班级是同样的年龄，却只能降级上低一年级的最低层次的课程，学习能力可想而知。

课上教的内容是几何，竟是最简单的同位角、内错角、对顶角的辨别。这个内容在上海，七年级的学生初次学几何时，属于入门知识，谈不上有难度。教师是一位白人青年，三十出头的年龄，名叫亚当（Adam）。最显眼的是他的光头，闪闪发亮。亚当讲解还算清楚，也比较耐心，可能是学生程度太低的缘故，教师明显缺乏激情。

第四节课我又回到了黑人教师瑟奇的课堂，课程代码424。这次他教的是九年级新生的最高程度的班级。同样是几何，已经涉及圆的内容，几乎与上海的教材同步了。甚至有关相交弦定理和切割线定理等内容，上海的教材已经不列为考试项目，但依旧在解题过程中出现。这节课应该是一节习题课，学生针对之前的作业进行讨论，教师请学生上讲台进行讲解。课堂效率有待改进，但学生表现出来的进取面貌和思维能力让我印象深刻。

最后一节课是422.5，表明这个班级学生程度较低，但尚有希望，于是每周有五节数学课。这节课教的内容是解析几何。

教师克雷格（Craig）在黑板上出示了一道题目，给出A、B、C、D四个点的坐标，然后求证AB和CD平行，并且线段AC与BD相互平分。

学生做得很快。两名学生上讲台，在电子白板上解答。第一题用的方法是求各自直线的斜率，说明斜率相等。第二题则是求各自线段的中点，说明正好是同一点。涉及的计算都很简单，难度大致相当于中国七年级的内容。

随后教师在黑板上对曾经学过的内容进行复习：

如何证明三点共线

如何证明线段平行

如何证明线段垂直

如何证明线段相等

如何证明线段相互平分

对于学生来说，只需掌握规则，做题套公式即可，并没有什么特别有难度的内容。学生掌握的情况也不错。

我对这五节课四位教师的评价是：

中老年女教师伊丽莎白教法老套，某种程度上甚至比中国的教师还僵化，但是教学有效率，学生成绩应当不差；黑人青年瑟奇上课有热情，教法活泼，重视以学生为主体，但是课堂驾驭能力略显不足，对数学知识和体系的理解有待提高；白人光头青年亚当缺乏激情，上课从头至尾是一个语调一个速度，下面有两个学生昏昏欲睡；另一位白人青年克雷格则显得稚嫩，课堂纪律控制还有些问题。

总体而言，四位教师没有出现知识性的差错，且高程度班级学生涉及的数学内容还是有一定的知识难度，他们在美国应该算是不错的数学老师，但在上海，以重点中学的水平来衡量，其教学能力达不到平均水平。

斯卡斯代尔高中的数学课程在美国高中体系中，学术程度较高。尤其是那些高水平班级的学生，早在十一年级即开始接触微积分。不过，在课堂上，教师更强调的是如何套用公式解题，而题目的变化远没有中国学生做过的题目那样灵活。学生只要上课认真听讲，记住公式，理解例题，回家作业就基本会做，考试也能顺利过关。要是在中国的重点中学，数学课上即便能听懂，回家作业也很煎熬，考试更是很可能不及格，因为一些重点中学的传统就是平时测试的平均分在及格线左右。

从这一点来说，中国学生在12年的中小学数学教学中受到的磨砺与洗礼远非美国学生所能想象，因此在世界基础教育领域取得一点数学学习的成就也是理所当然。

（万玮：《向美国学教育》，福建教育出版社，2013年4月第1版，第81—84页）

○ 点评

前面我们看了斯卡斯代尔高中的好几个课例，数码摄影课、英语课、历史课，都让人有耳目一新的感觉，得到了一些启发。可是在这同一所学校，五堂数学课给我们的感觉却完全是另一个样，除了分层教学以外，没有多少新意，无论教师的教学水平还是学生的学习水平，都让人无法恭维。要知道这所学校可是相当于我国的尖子学校啊！

作者还说：

在美国，我看到的所有数学课，几乎都是灌输式。教师讲解一个概念，随后讲例题，随后学生练习。不管怎么说，中国国内对于满堂灌的教师主讲式的教学方式已经不太能容忍，美国高中数学课却大都是这种模式。每每听完社会学科的课再听数学课，我就很纳闷，都在同一所学校，都是在民主社会下成长的教师，咋差距就这么大呢？（同上书 176 页）

美国相当一部分小学"数学"老师，连中国乡村代课老师的水平都不如，这很可能是美国当今小学数学教育的现状。这些孩子长大后，有一些人也去做数学老师，于是就形成了一种恶性循环。（同上书 177 页）

据作者说，物理课的情况也差不多。斯卡斯代尔高中的文科教学如此生机勃勃，却为何一到理科就这样泄气呢？这是一个非常有趣的问题。

作者认为：一种可能是，数学与文学及社会科学不同，前者收敛，后者发散。也就是说，数学常常只有一个固定的答案。学生解一道题，答案通常是唯一的，即便不唯一，也十分有限。相对来说，文学与社会科学就大不相同，很多观点甚至会截然相反、相互矛盾。因此社会科学教师在课堂授课时，方式十分灵活，小组讨论、个人主题陈述、项目研究等都会被用上。教师甚至鼓励学生向老师质疑，鼓励学生提出有争议的观点。还有一种可能是与美国小学教师包班制有关，数学常是教师的弱项。

愚以为其原因可以概括为两个方面：学科特点与社会风气。作者说数学收敛，文科发散，其实不完全是发散不发散的问题。数理化本身也都是发散的，几乎有无限的发展空间，只不过它们的"围墙"比较明显。数理化有自己的知识体系，有自己的专用名词，甚至在某种程度上有自己特殊的思维方式。其知识体系是"独立于日常生活之外"的，其用语也不是日常语言，而是专业术语。比如，数学中的"线"，物理中的"热"，化学中的"水"，其含义与生活中的线、热、水完全是两码事，教师必须重新解释，而且解释时还要排除日常用语的干扰。当然，我们生活中处处都有数理化，但这种联系如果没有专业人员加以解释，我们常常是感觉不到的。因为数理化有这样的特点，所以在进行这些学科的教学时，就只好多用讲解的方法，以便把学生带入门，这就很容易走向灌输式教学。反之，文科、社会科学，它们与生活的"兼容"程度就要高得多。比如语文，课本上的用语基本上都是日常用语，无须教师特别解释，于是教师也就可以抽出更多时间来"发散"了。你会发现学生不管喜不喜欢数理化，学起来都比较认真，不敢缺课，而语文课，即使是好学生，少学几篇课文他也不在乎。记得有人说过，理科知识是树状结构，文科知识是水状结构，有道理。树状结构的知识确实适合按部就班来讲，而水状知识，就可以变着花样进入了。这就是文科教学常五彩缤纷，理科教学常相对沉闷的原因，哪国都有这个问题。

这么说，岂不注定了理科灌输式教学的命运吗？倒也不是。其实数理化与我们的生活关系是非常密切的，教师完全可以结合生活中的实例把数理化教得风生水起。但是这对教师素质的要求非常高，他必须是科普高手，而且是复合型人才，因为生活中的具体问题往往不是一个学科就能解释得了的。记得中央电视台播过一个节目，说南方某地有个"喊泉"。只要有德的人向它喊几声，它就会冒出泉水。后来科学家去考察了一下，原来这是间歇泉，每6分钟冒一次，与喊不喊没什么关系，其原理则是初中物理的虹吸现象。物理课引进这样的案例，不是很生动吗？问题在于，物理的知识体系很大很完整，光搞一个"喊泉"是不行的，所以理科面对整个知识体系，可能还是灌输的办法效率较高。其实世界上并没有绝对先进的教学方式，只看什么时候用什么方法合适，用在什么地方合适，用到什么程度合适。即使文科，有时灌输也是必要的，甚至死记硬背也不可缺。

再谈社会风气。美国社会比较重文轻理，律师等职业是最受欢迎的，就业也容易（美国人爱打官司）。人们从小就轻视理科，长大了当了老师，理科也好不到哪里去，当然容易向强项文科去发挥，于是就造成了作者万玮老师看到的这种偏科瘸腿的局面。但是这并未妨碍美国出理科的尖子人才，我想这主要是因为那些天才学生没有受到压抑。"千军易得，一将难求"，我国教育比较善于大面积培养中级、初级人才，不大善于培养尖端人才，尤其不善于培养大师（真大师）级人才，这个问题值得我们注意。

2013.8.30

"项目"教学的一个例子

项目教学以学生活动为中心展开，课程计划由教师与学生共同设计。学生在课程中有相当大的自主权，课程满足学生的兴趣、需要，重视与现实生活的联系，重视学生经验的累积。

利维（波士顿一位普通的小学教师，下面的案例选自其著作《从零开始》——王晓春注）在书中给出了数个四年级课堂项目教学的例子，以下试举一例。

一天，某学生带到班级一些印有棒球明星相的卡片，这些卡片的市场价值在一些体育杂志上有报道。这名学生手中有一张卡片价值130美元，另一张则只值5分钱。

教师因势利导地问了一个问题：为什么看起来相同的卡片，价格相差那么大？

学生开始七嘴八舌地回答，有人认为跟年代有关，有人认为跟明星有关，有人认为跟流行程度有关。经过教师的引导，学生逐渐归纳出两个重要因素：卡片的数量以及多少人想拥有。经济学中决定价格的两个重要因素——"需求"与"供给"就这样被学生总结出来了。课程本来可以到此结束，不料有一名学生突然指着教室里的一张图片问：可是利维老师，那个织布机用木头和线做成，为什么要卖400美元一台？

利维立即敏锐地意识到，学生指向了另一个因素：劳动力成本。为了说明这个概念，他做了一个小实验，让全班同学把鞋子脱下来，现场统计是哪国制造的。

出乎意料的是，全班23人，只有3双鞋是美国制造的。大部分鞋的制造产地来自韩国、中国大陆、中国台湾和泰国等。而这些鞋都是美国品牌。为什么美国公司跑到地球上离他们最远的地方去做鞋，这个问题让学生困惑。

已经进入数学课的时间，利维打算结束这个话题。一名女生突然大声说，我敢打赌也就是我们班级凑巧这样，如果我们到其它班级去，一定会发现更多的鞋是美国制造。

你的意思是……? 利维问。

我们可以在全校做调查。女生回答。

利维当机立断做了一个决定，不上数学课，而和学生一起来解决这个令人感兴趣的问题，由此创造了一个极有价值的项目教学案例。

学生首先设计了一份关于鞋的问卷，在全校乃至家庭和社区进行调查，最后回收了 500 份表格。利维请了一位学生家长帮忙设计程序，学生把全部数据输入电脑进行统计。

根据调查结果，每一名学生选择了一家鞋业公司，写信给他们，告诉他们统计结果，询问他们为什么同样的品牌却在不同的国家如印度尼西亚、韩国、美国制造。

在等待回信的过程中，关于鞋的研究继续进行，学生自己组成小组确定课题。有小组研究世界上第一双鞋是如何诞生的，有小组研究这么多年来鞋的材料与款式变化的趋势，有小组研究曾经是世界鞋业中心的马萨诸塞州是如何风光不再的。利维也提出了一个问题，美国人在殖民地时期穿什么样的鞋? 有些学生选择了这个问题。还有学生研究制鞋的过程，还有学生对为什么是韩国、中国、泰国而不是印度、德国或者非洲生产美国的鞋感兴趣。最后一个小组研究了文学中的鞋，他们收集了一些鞋在其中产生重要作用的文学作品进行研究。

每个小组都完成了研究报告并在全班进行交流。

鞋业公司的回信也纷纷寄来，一些公司甚至还寄来一些纪念品。只有一家公司态度不好，结果学生们决定联合抵制这家公司的鞋。一家叫做托姆·麦克安的鞋业公司副总裁亲自写信给学生，信中盛赞学生们的调查和他们公司花钱聘请的公司一样出色。

最后，利维把所有小组的报告做成了一本书，并且把相关图片、表格、信件、文章以及手工制品制成了一个展览。社区里的人听说之后还贡献了一些与鞋有关的材料，甚至有人拿来刚刚退役的全美职业篮球联赛（NBA）波士顿凯尔特人队的巨星比尔·沃顿（Bill Walton）的特大号鞋。这个展览不仅对全校而且对社区开放。

利维自己设计了一份评估方案对每一名参与的学生进行评价。

五年以后，当利维在做一期电视节目时又让全班同学脱鞋。这次，他发现大部分鞋的产地变成了中国大陆。利维决定在下一年的班级里，他要再跟学生一起研究这一问题。

（万玮:《向美国学教育》，福建教育出版社，2013 年 4 月第 1 版，第 181—183 页）

○ 点评

这种教学方式，其实就是探究式学习，也就是师生一起进行课题研究。人们说美国人把孩子从小就当研究生来培养，当科学家来培养，这就是一个例子（小学四年级）。其实中国的小孩子也完全具备这种聪明才智，不必等到上了大学再教他们研究。事实到那时就已经晚了，他们多半已经形成了"非研究型"思维习惯了。所以我见过很多研究生，完全没有研究思维，只会复制。我们教育的路子，似乎是把孩子从小就当成"文人墨客"来培养的，果然他们长大了多有小生之风。

探究式教学有几个特点：

1. 没有标准答案。教师事先也不知道答案，大家都只知道研究什么问题。

2. 这里研究的问题不是从书本里来的，而是从实际生活中来的，而且其研究的成果完全可以用到实际生活中去，它是"有用"的，是实战而不是演习。学生好像提前"参加社会工作"了。

3. 所研究的问题往往是跨学科的。

4. 所研究的问题，并非绝对固定，可能从一个问题引出另一个问题，甚至可能一题开花，引出一大堆问题（相当于科研中的子课题）。用教育科学的术语来说，就是：虽然有预设，但更注重生成。

5. 研究的主体不是教师，而是学生。教师起的是指导和点拨的作用，还有管理作用。

进行这种教学，需要给教师一定的自主权，以便他灵活安排。但更重要的是，需要教师有研究的习惯和能力，有比较广阔的知识背景，有捕捉与学科知识相关的实际生活问题的能力，有融会贯通、随机应变的能力。当然，你不可能把所有的课都上成这种课型，也不必要那样。我想一位教师每个学期搞一两次这种课题就很不错了。教师自主权的问题，解决起来相对好办一点，比如课改提出的"校本课程""班本课程"，就可以由学校和班级自主安排。真正麻烦的是教师自己的专业能力，比如教研部门设计出一些"探究课"让教师照着做（很多老师以为教改就应该这样），那对于学生或许能有点效果，但对于教师来说，就已经变味了，这样的话，教师不过是一个"搬运工"而已。

2013. 9. 3

美国式的过度保护

斯卡斯代尔高中是公立学校，只要住在社区里，都能来读书，因此学生间差距很大。有些学生程度很低，格雷格指指脑袋说，智商有问题。怎么办呢？他们的家长就去医院，找一个医生，给学生做一个测试，给出一个学生有医疗障碍的证明，例如，注意力缺失啊，记忆力有缺陷啊，等等。

那又怎么样呢？我说，中国也有这样的事情，不过是教师主动做，教师会让那些成绩很差的学生家长带着孩子去医院做智商测试，证明是弱智，这样就可以不影响班级平均分了。美国家长怎么会主动做这事？

不一样。格雷格说，持有医疗证明，学生就可以特殊化。比如，不做作业啊，考试时间延长啊，等等。人家 SAT 做两个小时，他可以做十个小时。给我十个小时，我也可以考高分。

啊？！这样啊！我很惊讶。

当然了。而且，家长都是给医生好处的。格雷格肯定地说。

我想起我在数学组听课，有一天和其中一位教师交流，她的观点有些类似：在美国，由于所有的孩子都可以上大学，而实际上，一部分孩子无法达到大学水准，那么，唯一可做的就是降低标准，让标准来适应孩子。

我的一个朋友，给一个孩子做网球教练，他很直率，对家长说，这孩子再练十年，也打不好网球。结果马上就被炒了，格雷格说，美国现在的问题是，我们总是鼓励孩子，家长总是鼓励孩子，要求学校和教师也鼓励孩子。你行的，就算这里不行，那里一定行；就算现在不行，以后一定行。

孩子自己信吗？他们对自己应该了解啊！我说。

怎么不信？说多了，就信了。格雷格说。

我想起大拇指和食指的说法。西式教育是大拇指，中式教育是食指。在中国，听到的全是对大拇指的推崇；在美国，听到的却是对竖大拇指的担忧。

我说，在中国，我们面临的是另外的问题，孩子从小就被贴标签，从小就遭受打击，因此很快就丧失信心，丧失热情。这是另一个极端。

格雷格表示同意。

……

……据我所知，的确有很多中国学校在学生成绩上造假。

美国也有。格雷格皱皱眉说，申请大学，填报不真实的内容，这事也时有发生。好的大学竞争激烈，有人会这么做。不过，我们这里，教师不能随便说一个学生作弊，否则家长会跟你没完没了。

有证据也不行吗？

那也很麻烦，你要婉转，要保护学生。

在波士顿英语学院，我在教材里读过一篇文章，说，美国加州是一个很奇怪的地方，有一些很奇怪的规定。例如，教师不能在课堂里提到爸爸、妈妈这些词，原因是很多学生是单亲，这些词会产生刺激作用。

我真的很茫然。……

（万玮：《向美国学教育》，福建教育出版社，2013年4月第1版，第88—90页）

○ 点评

可以看出，这是美国式的对孩子的过度保护，够严重的。美国教育若这样发展下去，早晚也会尝到苦果。这就告诉我们，世界上不但没有绝对先进的教学方法，也没有绝对正确的教育理念。跨越真理一步就会走向谬误，而跨越者往往并未意识到自己已经走向了谬误，他很可能是出于一片好心，甚至以为自己在为真理而斗争。我们应记住这类教训。

我国有些专家学者，正是在无原则地主张学习这种过度保护。典型的例子是对于早恋的支持和张扬，他们常摆出一副不把成年人的自由恋爱推广到未成年人中就誓不罢休的样子。他们对"早恋"一词很反感，必欲灭之而后快，我想这和美国一些学校规定不准在课堂上提爸爸、妈妈等词是一个思路，都是绝对不准"刺激"学生。莫非孩子应该在"无刺激"的环境中长大？这可能吗？当然，我国的早恋支持者目前还只是拿高中生说事，估计下一步就会支持初中生、小学生的早恋行为了。其实即使在美国，在学生的恋爱行为方面也是有限制的。据万玮老师介绍，斯卡斯代尔高中就禁止男女生接吻，并没有人抗议说接吻是学生的"自由""天赋人权"。

爱很好，不能溺爱；尊重很好，不能姑息；宽容很好，不能放纵；照顾个性很好，不能无原则地降低标准；因材施教很好，不能完全否定"一刀切"，否则影响学生社会化；如此等等。总之我们不能忘记鲁迅先生的拿来主义，不能盲目地跟着西方跑。西方有先进的地方，我们当然要学习，但是他们明明走错的路，连他们自己都认识到错了的东西，我们不能重蹈覆辙。我们学习的目的不是为了跟随他们，而是为了最终超越他们。

2013. 8. 31

美国教师的工作量和待遇

美国教师的标准工作量是一天五节课，一周五天。

在斯卡斯代尔高中，数学组的老师通常要上五个班，大部分的班级一周四节数学课。这样一周二十节课，比美国标准课时要稍微少一点。这五个班可能是两个层次，也可能是三个层次。对于新老师来说，第一年的日子很难熬。一方面，教学经验不够丰富，得适应教材，适应学生，学会掌控课堂；另一方面，得从头准备各个层次的资料。不过，苦日子熬过去，后面的日子就会轻松了。

数学课总有家庭作业。教师处理家庭作业的方式很简单：上课对答案。如果时间充裕，教师会逐题讲解，自己讲或请学生讲，这取决于教师的教学风格，是老式教学法还是新式教学法。如果时间不充裕，教师会把答案列出，选择学生有困惑的题目讲解。或者，请学生把家庭作业放在桌上，教师巡视。有些严格的老师会一边巡视一边在计分册上打分，或每次一上课都随机叫一些学生上黑板写出作业的答案，以此来约束学生认真完成每一次作业。

美国教师可以这样做，我觉得有几个前提条件：

1. 班级规模通常都不大，我在斯卡斯代尔高中看到的班级人数通常在12至25之间。

2. 分层授课。同一班级学生程度大体相当，因此教学的难度和进度能够符合学生的需要，题目太难导致大面积完不成的概率不太大。

3. 学生最后的成绩和教师的考核并没有完全挂钩。因为本来就是分层教学，不可能有标准化的测试成绩来衡量教师的教学，也很难在不同班级的教师之间进行比较。

4. 教师本来工作量就很大，哪有时间把作业收集起来认真批改呢？

在中国，教师的课时不可能有美国教师这么多，但是这并不意味着教师的工作比美国轻松，因为中国教师得花大量时间批改学生作业，尤其是主科教师。语文教师批改学生作文，写批语；数学老师批改学生的几何证明题，尤其是那种很长的证明题，都极费时间。另一方面，中国教师的班级学生数都比较多。普通高中一个班级 40 个人已经算较少了。有些学校到现在为止一个班级人数都还在 60 以上。

斯卡斯代尔高中的教职员工与学生之比是 9：1，和中国相比差不了多少。在给学生提供尽可能多选择的教学理念指导下，分层小班几乎是必然的选择。由此造成学校的课时大增，于是，教师便不得不教更多的课程，以适应这样一种制度的需要。否则，学校财政压力会很大。

在这样一种高密度的工作状态下，美国教师很难举行教研活动。尽管可能一些中国教师认为自己学校的教研活动有近似于无，但是当我跟斯卡斯代尔高中的数学教研组长介绍我们的教研制度时，她非常羡慕。对他们来说，由于数学课是同时开设的，因此同一层次的教师相互听课根本不可能。年轻老师成长有点"挣扎"。

（万玮：《向美国学教育》，福建教育出版社，2013 年 4 月第 1 版，第 84—86 页）

在美国，中小学教师不算什么特殊的职业，所以待遇也很一般，在平均水平上下。美国人的平均年薪大约是 45000 美元。

当然，在不同地方做老师，待遇差别也很大。就好像在国内，你在一个经济不发达的地方做乡村老师，和在深圳的重点高中里教主科，待遇相差即使没有十倍，至少也有五倍。

美国的情况不一样，由于学校的经费来源是居民的房产税，因此教师收入多半和该地区的房价有关。如果房价高，房产税率也高的话，那么，学校就有钱，付给老师的薪酬就较高，学校就能招到好老师，教育质量就更高；同时，也直接推动该地区房价走高，同时吸引更多有钱人在该地区置业。有钱人通常都受过良好教育，对教育也会更重视。这几乎就是一个良性循环。

反过来，就是另外的情况。在美国的市中心地区，常常会有一些贫民区，房子不值钱，住的都是穷人。学校里的学生大部分是有色人种，教育质量不高，校园风气也不好。教师待遇低下，教师总体水平也一般。几年前，有调查说，美国教师工资最低的地方只有每年 25000 美元不到。

在美国挣这么点钱，当然是不够的。从物价水平来看，相当于在上海挣三四千元一个月，租房子都很困难。

……

美国的教师也有假期，不过假期没有收入。所以奥尼尔通常在假期还得打点工什么的，以贴补家用。

这个最新的节目给出的数据是，美国教师平均年收入为 43000 美元，和其它一些职业比起来，没有丝毫优势。例如，会计就比教师挣得多，而且越来越多。9 年前，会计平均工资比教师高 11%，如今，这个数字翻了一倍。

（万玮:《向美国学教育》，福建教育出版社，2013 年 4 月第 1 版，第 135—136 页）

○ 点评

如果作者提供的情况具有普遍性和典型性（看起来可能是这样），那么我们可以说，总体上看，美国中小学教师的社会地位、经济状况比中国老师好不到哪里去，而工作负担也是很重的。可能他们比我们强的地方是没有或者较少有我们这里这些没完没了的催命似的各种评比（分层教学的优点是难以搞"一刀切"的评比），心理压力或许小一些。

所以我认为：在我国，减轻教师负担（以便他们有更多时间进修），首先就要减少各项评比，其次是减少判作业的时间。我们有一种传统观念，认为只有把学生作业全批全改才是负责任的教师。家长也有这种看法，作业本上一旦看不到教师的红色笔迹，就以为教师忽略了他家孩子。这种观念应该改变。在很多情况下，作业的全批全改毫无必要。不少学生只看最后分数，根本不看具体批改的地方，白白浪费了教师大量精力。针对这种情况，有些教师试验过不批改（像美国那样只在课上订正），或每次抽取一部分修改，或选一部分典型学生的作业批改，或由学生批改等方法，我觉得都可以实验。学校领导千万注意，不要上来就给这种做法扣一个"偷懒"的帽子。动辄把教学方法上纲上线成师德问题来讨论，对教育科研很不利。据我所知，有的学校甚至提出过荒谬的口号："学生要减负，教师要加负。"我不是说绝对没有借教改而偷懒的老师，这种人总会有的，但我们不能为了害怕少数人偷懒，就迫使多数人陪着他们做无用功。

2013. 9. 1

第三部分
管理问题

　　对于教师而言，管理包括课堂管理与其他日常管理两个方面。教师的管理能力很重要。管理能力差的老师即使满肚子学问，也很难取得良好的教学效果。相反，有些老师学养并不高，但善于管理，教学效果就比较好，因为在班级授课的情境中，稳定的纪律很重要。但现在许多教师投入管理的精力过多，以致没有多少时间研讨教学问题，造成"管理压倒教育教学"的局面，这也是很普遍的问题。

初三才接班，面临中考，怎么办？

王老师：

我是初三才接的现在的班，说实话，心里总觉得自己是"后妈"。现在用了半年的时间，学生终于认同了我，可是6月就要中考了，学生的学习状态不佳：

1. 作业不按时完成。

2. 学习是为了老师。

3. 学习是为了家长。

4. 读书无用（大学毕业生都找不到工作）。

我想请王老师帮忙想对策。教育怎么转化为学生对自我的教育？（胡萝卜）

○ 点评

胡萝卜老师：

"学习是为了老师""学习是为了家长"是目前非常普遍的现象。为什么会这样？愚以为原因主要是两个。

一个是，家长和教师对学生的学习比学生本人还着急。孩子看你们那样急赤白脸，会很自然地把它认定是"你们的事情"（否则你们干吗急成那样？），这在逻辑上是很正确的。

另一个是，对相当多的学生来说，学习给他们带来的体验从来都是消极的、不快乐的。这种情况下，要求孩子把它当成自己的事情，太难了。这不符合人的本性——趋利避害、追求快乐。

所以，孩子给家长学习，给老师学习，这正是我们教育出的"伟大成绩"。没有多年的、严重的、家校配合的教育失误，是不会形成如此局面的。所以我认为，您个人没有办法在整体上改变这种心态。

接初三毕业班是挺麻烦，还没等您完全熟悉学生，考试就迫在眉睫了。我给您出两招试试：

1. 此时虽然不可随便放松，但也别把弦再往紧处绷了。心理学告诉我们，在压力过大的时候，人的智商会下降的。初三毕业生往往都神经兮兮的，再压，会出事的。最理想的学习状态应该是心理学家所说的"放松的警觉"状态。

2. 可以通过班会和个别谈心等形式，让学生都具体地想想自己的未来。少点浪漫主义，多点现实主义，要他们回答一个非常现实的问题：你将来靠什么职业吃饭？以我的经验，这种办法或可使一部分同学醒过来，得到学习动力。现在的孩子，大多生活在梦中，对自己非常不了解，完全没有自知之明，嘴里说大话，实际上一旦离开家长，一天都不能活。要把他们实际的生存状态告诉他们。

孩子变成这样的"空中飞人"，也是我们教育的"伟大成绩"。我们从来都是侧重于让孩子记住我们对他们的要求，却没有创造情境让他们"了解自我，了解社会"，是我们把他们送上云端的。

为什么孩子这样糊涂？因为他们的老师（我不是说您）和家长就不是明白人。

2005. 1. 7

"反正考不上高中","学了也没用"

我教初一英语。班上有两个男生，英语成绩应该是没什么问题的。如果用总分100分来计算，他们至少可以考70多分。问题在于他们一点也不想学。表现在：上课没精打采，呆头呆脑地坐着，哪怕几个词组的笔记也不想抄。自习时间也是没精神，什么事都不想做。短词几分钟能背过的，他们宁可被罚站也不想去背。我们之间的师生关系并不紧张。我问其中一个男生："为什么不想学？"他说："反正考不上高中。"我又问："那你以后想做什么？"他说："不知道。"这样看来，他们觉得学了也没用，倒不如现在就不学了。我要是强压，也只能好那么一阵子。他们对未来还是没想法的。我都不知如何激发他们的学习动机了，大家有什么主意？谢谢！（Coolcatcafe）

○ 点评

"反正考不上高中"，"学了也没用"。愚以为这两个男生说得很实在，这话在逻辑上也没有问题。如果上学只是为了升学，不能升学的学习自然没有什么意义。可是上学是不是只为了升学呢？当然不是。但在应试教育的氛围中，实际上各种管理措施、家长教师的所有努力、大家的言谈举止都只有一个目的，除了升学还是升学。因此学生认定学习就是为了升学，这正是我们教育的"成果"，或者干脆说这正是家长和教师的"期望"，而这种"期望"恰恰是"有毒"的。这种一切为了升学的思想一旦形成，当然也会成为学生的学习动力，但是请注意，它只对那些升学有望的学生是学习动力，对那些升学无望的学生，这种想法就不但不是学习的动力，反而成为他们"不学习"的"动力"了。除了大傻瓜和精神病人，谁会去干毫无希望的事情？这就必然造就相当比例的一些厌学者。我们老师们一谈到"读书无用论"，总会义愤填膺地指责社会和家长，痛批"不读书也能挣大钱"的现象，在这类老师的心目中，"读书无用论"完全是从校园外面输入的。事实并非如此。实际上应试教育本身就隐含了"读书无用论"。读书为了升学，低分生升学若无望，读书自然无用。高分生升学到了头，也会感觉失去前进动力，这是另一种读书无用，读够了再读就无用了，没有什么终身学习，除非你搞终身考试。可见，学校"自产自销"的"读书无用论"远比外部输入的要多。其实，读书不光为了升学，读书可以使人生活充实，读书可以增加幸福感，读书本身有超出功利的乐趣，升学只是读书的目的之一，绝非全部，如果孩子们从小受到这样的真心实意的教育，则厌学的学生肯定比现在少得多。可惜，这种教育无论在家庭还是学校里都很稀少，即使有，也往往不过是偶尔挂在嘴上而已。家长、教师的真实想法是功利的，各种评比都是朝这个方向引导的，孩子们已经把这一点看透了。所以，别怪学生，大家都是病人。

事已至此，怎么办呢？总得有个对策吧？高分生动力尚存，离失落还很远，当务之急是这些升学无望的学生。我想，跟他们谈什么"读书不光为了升学，读书可以使人生活充实，读书可以增加幸福感，读书本身有超出功利的乐趣"，可能没什么用处，他们会觉得教师这样说很虚伪：你甭哄我，你怎么不一开头就这么说？那就只好和他们讨论一下将来准备靠什么谋生，这个问题他们是躲不开的。因为任何行业总需要一定的知识，只要学生有点想法，就可以引导他们学一些。还有一个问题是：你不学习，又必须来学校耗着，这岂不很难受？想个什么办法能提高眼前的生活质量呢？和他们讨论一下。这样，即使他们仍然不学，起码也可以干点有意义的事情，不致因百无聊赖而生事端。这样做工作显得很无奈，但这是应试教育的必然产物，哪个学校生源差，哪个学校就必然经常干这种（对不起，我说句粗话）"给前期教育擦屁股"的工作。

2013. 4. 19

纪律为什么总出问题?

简单地说,班主任想多操心,就要把纪律当成问题,就要想尽各种办法打"出头鸟",这样就总能打到"出头鸟";想"杀鸡给猴看"就能捉到"鸡";想"杀猴给鸡看"就能捉到"猴"。

1.班主任抓纪律,无非刮风下雨、电闪雷鸣、"杀一儆百",学生在"白色恐怖"下,只有搞"地下活动",且乐此不疲。

2.班长或纪律委员抓纪律,容易被认为是班主任的"狗腿子",容易使学生干部与普通学生之间形成对立;"聪明"的班干部会只管"放哨",暗里却和"不法分子"同流合污。

3.值日班长抓纪律,因为是"兔子尾巴""秋后蚂蚱",他们不会有长远观点,"聪明"的借机做好人,"无能"的干瞪眼没办法,"耿直"的受嘲讽。

怎样做才不会使纪律成为"问题"?

我想应淡化纪律,不要就纪律谈纪律。纪律问题是重中之重,但不能"单打一"。它是结果,要找到原因制定具体措施——理想教育、惜时教育、目标教育、艰苦教育、集体教育、个别教育等;它是痛苦呻吟的病人,哪儿有病哪儿就需要做各种监测;它是一辆坏掉的汽车,出故障的原因很多。(shshnhzcg)

○ 点评

摘下有色的"纪律眼镜"

shshnhzcg 老师的基本观点是两条:很多纪律问题是人为制造的;纪律是结果,不只是原因。

据我看,shshnhzcg 老师的看法是相当有深度的。

教师会不会戴着有色的"纪律眼镜"看学生呢？不仅完全可能，而且这种情况很普遍。

许多教师经常因为纪律问题和学生较劲：一个原因是学校搞评比，扣纪律分，老师受不了；第二个原因是确实有些学生纪律太差，让人无法忍受；但是还有第三个原因，有些老师对纪律要求太高太碎，经常小题大做。

就纪律抓纪律是治标不治本，违反纪律问题背后的原因才是最重要的。比如我是一个学生，某科老师讲的课我听不懂，请问我如何能保证遵守纪律？只有变成木头人，别无他法。

我希望打破教师对纪律的迷信。纪律本身不是动力，纪律不能给人带来智慧，相反，纪律过严，还会压抑人的智慧。人类纪律最严的组织是军队，可是大家知道，真正的发明创造很少出现在行伍中，除非是在军事研究机构或军事院校。创造需要宽松的环境。不存在这样的公式：纪律最好的学生＝学习最好的学生。

教师迷信纪律，还有一个大家不愿承认的原因——教师专业水平不高。不信您观察一下，水平越高的老师在课堂上越敢于放手，他们有足够的本领吸引学生，就不必完全依赖纪律控制学生。只有那些专业水平不高，缺乏知识魅力和人格魅力的教师，才生怕学生不听讲，乞怜于苛酷的纪律。

所以，我赞成 shshnhzcg 老师"淡化纪律"的口号。我还主张实行"底线纪律"，即只规定最基本的要求。纪律简单一点为好，省得大家天天盯着纪律，耽误了更重要的事情。

但是，如果学校烦琐的纪律评分不取消，老师们很难办。所以当务之急是摘下校长先生们有色的"纪律眼镜"。

2005. 3. 12

"蝴蝶效应"

1979 年 12 月，洛伦兹在华盛顿的美国科学促进会的一次讲演中提出：一只蝴蝶在巴西扇动翅膀，有可能在美国的德克萨斯引起一场龙卷风。"蝴蝶效应"反映了混沌运动的一个重要特征：系统的长期行为对初始条件的敏感依赖性。混沌理论认为在混沌系统中，初始条件的十分微小的变化经过不断放大，对其未来状态会造成极其巨大的作用。

英国有一首民谣将"蝴蝶效应"说得很形象：丢失一个钉子，坏了一只蹄铁；坏了一只蹄铁，折了一匹战马；折了一匹战马，伤了一位骑士；伤了一位骑士，输了一场战斗；输了一场战斗，亡了一个帝国。（程善峰）

○ 点评

"校园无小事"的理论依据

上述"蝴蝶效应"和"马蹄铁效应"可能是如今流行在教育界的口号"校园无小事"的理论依据。

其实用不着老外来说这些话，我们老祖宗不早就说过"千里之堤，溃于蚁穴"吗？意思差不多的。但是这种说法在逻辑上毛病很大，千万不可将其绝对化。

"一只蝴蝶在巴西扇动翅膀，有可能在美国的德克萨斯引起一场龙卷风。"当然有这种可能，但是更大更多的可能性是，它扇了半天也白扇。一个初始条件的十分微小的变化要被不断放大，需经过一串长长的链条，而这个链条随时都可能在某个地方断开，于是放大就停止了。这种情况其实几率更高。同样道理，丢失一个钉子，亡了一个帝国，这种情况我不敢说没有，但其实是非常罕见的，至少现存的历史知识对这个说法难以提供强有力的支持。

所以，这类说法只是在提醒人们防患于未然这个意义上有一些积极的作用，千万不可将其当成普遍规律，否则害处是很大的。

我们知道，每个学生都有许多小缺点。按照"蝴蝶效应"的逻辑，每一个小缺点都可能把他送进监狱。老师怀着如此恐惧的心态，必然战战兢兢，神经过敏，严防死守，疲惫不堪。今日学校的过度管理就是这样来的。事实上不是这么一回事。大多数学生的多数缺点，即使你不管，也不会酿成大祸；有些缺点，学生一辈子也改不了，他也不会因此而犯罪。我们教师哪个没有缺点？不都尚在监狱外面吗？

我不是反对教育学生，我是反对"草木皆兵"。教育必须有重点，对学生的问题，必须区别对待。有的严管，有的宽管，有的不管，不管是为了更好地管。虽然科学家说"一只蝴蝶在巴西扇动翅膀，有可能在美国的德克萨斯引起一场龙卷风"，但是巴西有那么多蝴蝶在大扇特扇自己的翅膀，科学家为什么不去制止呢？我想他们心里一定有数。可见，我们的中小学教师比科学家要"一根筋"得多了。

对"校园无小事"这句话，如果做死心眼的理解，是非常有害的。正是这种观点导致如今的管理"眉毛胡子一把抓""捡了芝麻丢了西瓜"，正是这种观点导致教师成了"见错就管"的"事儿妈"，因而遭到学生的厌恶。哲学常识告诉我们，大事和小事是相比较而存在的，如果校园里没有小事，那岂不等于说校园里也没有大事了吗？

我们的学校管理现在问题很大，不光是体制问题。很多管理理念，从根子上就是片面的。不挖出这些根子，管理很难达到科学水平，所谓的"新创造"，难免是一些花拳绣腿之类的东西。

2005. 3. 12

教育者的魅力从"共同遭遇"开始

几个孩子正玩得不亦乐乎，一个小家伙突然摔倒在地上哇哇大哭起来。

如果一个大人处理这件事，会如何？

在我想来，有以下几种情况：赶快跑过去哄，给孩子拍着身上的泥，嘴里说着要孩子立即停止大哭的话，具体说些什么就看个人了；或者鼓励勇敢点，自己爬起来，别哭；再不就朝地出气，说这地真坏，"看我不打它"……效果呢？尽可以去猜，总之，根据生活经验，都不会出现什么奇效。

我们来看一个小女孩是怎么处理的。

她看到那跌倒的小家伙，愣了愣，接着，跑了过去，装着一下子也跌倒了，就跌在那小家伙的身旁，她跌倒了，还笑得咯咯响。那小家伙一看小姐姐，也笑了，抹抹泪，又玩起来。

小女孩大概并没有从深层次考虑她行动的方式和意义，但她确实是以一个共同遭遇者的身份去感染小家伙的，充满灵性。小女孩的行动自然而然，没有刻意雕琢，水到渠成，仿佛生命的自然状态，仿佛生命与生命之间本就该如此。

这个小女孩的做法能取得好的效果，是因为她在处理这件事情的过程中是以一个"共同遭遇者"的身份，而不是像成年人那样以一个高高在上者的身份出现在孩子面前。如果说现实中许多学校管理者的管理效果还存在诸多不理想的状况，那么，改变不理想状况的关键就在于向小女孩学习，在今后的学校管理活动中，努力以"共同遭遇者"的形象出现在被管理者面前，很多问题就会迎刃而解。（程善峰）

○ 点评

绿色的心灵

这个小故事很精彩。

这个小女孩为什么能想出如此绝妙的好主意？

因为她的童心还没有被等级观念和权威主义污染，她具有天然朴素的平等意识；她的行动动机里没有功利成分，她不是在完成谁交给她的教育任务，没打算以此向领导汇报。

她有绿色的心灵。

都说教育是一项神圣的事业。神圣的事业就要求主持者有神圣的动机，至少也要有相对纯洁的动机；神圣的事业还要求教师的心灵较少被污染，少一点眼前利益的考虑，少一点封建等级观念。

许多论者都强调教师不是圣人，教师也食人间烟火。从维护教师权益的角度，我完全赞成这种说法，借"君子固穷"来拒绝改善教师物质生活条件，那是欺负人。但是教师毕竟是教师，他还需要一定的精神生活环境。教师的精神境界如果不能高于社会的平均水平，则我们民族的未来是很危险的。那样的话，哪个家长还敢把孩子送去学校？去学习"食人间烟火"吗？学那些东西是不必去学校的。在学校必须学一些高于社会平均值的东西（甚至是某种"脱离实际"的东西），才能使未来的社会比现在更文明。如此，教师就应该不断绿化自己的心灵。绿化的办法就是反思。

小女孩的办法证明，处于同样境遇的人之间是最容易沟通的。我们成年人也可以用类似的办法对待孩子——只要你能放下"教育者"的架子。

我的孩子小时候有一次对我说："我考试紧张，心直跳。"我回答说："是吗？我小时候考试恐怕比你紧张多了。常常得好几分钟，心跳才能平稳。"我发现孩子立刻就放松了许多。我没想"教育"他，只想告诉他我的感觉。

你摔跟头我也摔，你考试紧张我也紧张。这不是很正常吗？

可惜的是，有大批的校长和老师每日端着架子活着。累得浑身骨头痛，仍不肯把架子放下来。他们不是以人为本，而是以架子（脸面）为本，为一张脸而活着，失去了真实，失去了和学生平等沟通的渠道。

人与人可以沟通，人与架子是无法沟通的。

2005. 3. 6

宰鸡儆猴猴不怕

——"教育经典"失效了（1）

　　记得 20 世纪 80 年代中期，我从师范学院刚毕业的时候，在学生管理方面曾遇到不少难题。有一些老教师根据几十年丰富的教育经验，传授给我一些经典的教育方法。这些经典教育方法帮助我解决了不少教育中的困惑。但随着时间的推移，尤其是进入 21 世纪以后，我感到那些"教育经典"似乎已经失去了它原有的效果。

　　以前，学生在学习或其他方面出现了什么错误，我只要选准一个对象，当着全班学生的面罗列这个学生的错误之处，并进行严厉的批评，其他学生就会引以为戒，在今后的日子里避免类似情况的发生。可现在，这个方法渐渐失灵了。那次测验以后，我发现好多学生或许因为近阶段学校活动频繁，学习上表现得有些浮躁。有几个不该错的地方很多学生都错了。评讲试卷的时候，我让一个错得比较典型的学生上台，让他把错误之处告诉大家。当他说出自己错误的时候，有好几个学生竟然还嘻嘻笑着。我板着面孔批评了嬉笑的学生，然后把矛头指向讲台边的那个学生，一直把他批评得眼泪汪汪。总以为其他学生会战战兢兢，联想到类似的错误并告诫自己以后不能再犯。可我看到绝大部分学生都是一副满不在乎的样子。

　　"宰鸡儆猴"为什么渐渐失去了它的作用呢？从教师来看，新课程改革背景下的教师正渐渐和学生建立平等、民主的师生关系，可有些老师对于"平等、民主"领会得不够到位，一味与学生平等，该严格管理的时候也不严格。久而久之，学生真正把教师看成了"老好人"一样的朋友。这样，教师该"发威"的时候，也不能起什么作用了。你想一下子拿出自己的威严，学生当然就不把你当回事了。再从学生来看，如今的学生见多识广，教师批评他们的同伴，他们并不会像以前的学生那样惧怕教师了，这一点，作为教师也应该有足够的思想准备，想靠一次"发威"制服学生已经不太现实了。另外，平时教师如果不注重对学生情感的培养，你批评他们的同伴，他们根本不会把同伴的情感迁移到自己身上。你"杀鸡"与我这"猴子"有什么干系呢？所以，我们在平时的教育中注重对学生情感的培养也是至关重要的，绝不容忽视。（柳永忠）

○ 点评

杀鸡儆猴为什么不起作用？

柳老师这番言论，发人思考。柳老师感叹杀鸡儆猴的策略在教育中不起作用了。柳老师归结的原因是：老师平时威严不够，以致学生不怕老师了；学生见多识广，唬不住了；教师平日缺乏"情感迁移"的教育，所以学生无动于衷。

这三条原因，愚以为都总结得不中肯。

大家都知道一个口号：减负。这是由最高层提出的，不可谓不权威。也曾经杀过几只"鸡"，用来吓唬"猴子"们——教师。可是显然"猴子"们并没有害怕，如今仍然加负成风，甚至变本加厉。我们能说这是因为行政部门过于民主，教师眼界大开，上级唬不住，教师缺乏感情迁移能力造成的吗？

教师们恐怕会说，现在的民主还很不够，教师的眼界还远不够宽阔，而我们的感情迁移能力，起码不比官员们差。

由此可见，柳老师总结的原因，有很明显的教师中心色彩，拿到学生那里，他们是不会认可的，就好像把减负不成的责任推给教师，教师不会认可一样。

杀鸡儆猴能不能起作用，关键在客观现实。如果客观现实中有一种难以抗拒的力量在推动人们走向"加负"，你就是再多杀几只"鸡"，减负也减不下来。要真想减负，眼睛不能光盯着"猴子"，否则"猴子"就成了替罪羊。

同样道理，如果客观现实中有一种难以抗拒的力量在推动多数学生厌学，教师自己也在"助纣为虐"，那你想靠杀几只"鸡"解决厌学问题，是根本不可能的。要真想使学生不厌学，即使就一个班的范围来说，也决不能从"杀鸡"入手。这不是个简单的教师威风不威风的问题，而是一个整体氛围问题。

你可以用高压手段迫使孩子写作业，这很威风，但是你没有办法迫使孩子爱学习；你可以镇压"罢工"，但是你没有办法防止"消极怠工"。柳老师遇到的学生不认真对待讲评试卷的问题，我感觉就属于普遍的倦怠，是消极怠工。想用杀鸡儆猴的"硬办法"对付这样"软性的抵抗"，愚以为是开错了药方，并不是杀鸡儆猴的办法失灵了。

2005.2.4

取消考试资格无所谓

——"教育经典"失效了（2）

记得师范刚毕业的时候，第一次和学生一起迎接期末考试，有几个学生复习时总是调皮捣蛋，我向老教导请教该怎么处理。他教了我一个方法，可以警告几位学生，再不认真复习就取消他们的考试资格。我就这样和几位调皮蛋说了，他们听说将取消考试资格，一个个都乖乖地进行复习了。可现在，我又多次试过这一方法，效果却一次比一次差。今年期末，有一个学生在临近考试的一个双休日，家庭作业一字没写。我严肃地将他找来，一本正经地对他说："老师取消你的考试资格，你回家去吧。"那学生顿了一下，拎了书包就朝学校大门大踏步走去。我只得把他叫回来，用另外的方法对他进行教育，这让我很被动。（柳永忠）

○ 点评

老子曰："民不畏死，奈何以死惧之？"

老子的这句话说的是物极必反的道理。即使人们面对自己最害怕的东西，怕到了极致，也就不怕了。

所以，你若想要利用一个人的恐惧心理控制他的言行达到你的目的，就一定要注意分寸。当年秦始皇就因为没有适当的分寸感，逼出了陈胜吴广起义，把辛辛苦苦建立起来的秦王朝给葬送了。可见秦始皇的心理学没有学好，他太迷信威吓了。

在我们的教育中，游荡着嬴政先生的阴魂。我们的教育也在相当程度上是靠恐惧来支撑的。教师们、家长们，几乎每天都在制造恐怖：你的名次又退步了，你会留级，考不上大学，失业，做人下人，捡破烂，扫大街……你看学校门口的黑板，上面赫然写着："离中考（高考）还有××天。"给你一步一步走向断头台的感觉……

恕我直言，虽然教育也难免需要利用某些恐惧因素，但是把教育大厦建立在"恐惧"心理的基础上，实在是教育者的耻辱！学生因为恐惧而不得不学习，这是最低级的学习心态；单靠这种恐惧来使学生不得不拼命做练习册，则是最没有水平的教师，哪怕他得过一大摞"优秀教师"的奖状。

然而，滔滔者天下皆是也，教师作为个人，如何抗拒汹涌的应试洪流？他们也未能免俗，作出一些用考试吓唬学生的事情，这也是可以理解的。但若以此为常规武器，不知分寸地挥舞考试大棒，那就太不堪了。

只有在以下两种情况下，考试作为老师的"法宝"才能发挥某些威力：一是学生对考试还抱着某种希望，二是他们对考试的厌恶还没有到极点。如果连这点前提都没有，则考试对学生来说，就是"于我如浮云"了。

现在许多学生已经被折腾得清醒到了麻木的程度，连校门都根本不想进了，甚至连活着都没有趣味了，他们还能怕"取消考试资格"吗？

事已至此，愚以为当前教师的第一要务是尽量少用"恐怖"手段，在帮助学生喜欢学习本身方面下点功夫，这才是正确方向，这才是真正的专业水平。第二，如果迫不得已使用"恐怖"手段，也应该知道它的局限性，掌握分寸，莫学秦始皇。

2005. 2. 4

说起父母不再流泪

——"教育经典"失效了（3）

　　还在师范读书的时候，有个同乡的师兄回母校看望我们，和我们谈起了教书的体会，有一点我记忆特别深刻。他说，要教育好孩子，必须得让他流泪，而要让孩子流泪，当其他方法都无效的时候，只要说起他的父母为了他如何如何辛苦，孩子的眼泪马上会掉下来。这时，再继续对孩子进行教育，效果往往很不错。后来我自己做了老师，这个方法果真屡试不爽。可现在，这个方法几乎已不起什么作用了。有时，学生犯了什么错误或学习成绩退步很大，我将学生找来，教育了一番见没什么效果，我就尝试运用那师兄所教的提起父母这个"撒手锏"。只见学生本来还有些想改悔的意思，一听我提起父母，却更加不以为然了。

　　学生变化的原因何在？父母有责任啊。如今的学生都是独生子，好多父母给孩子无微不至的关爱，却只知道给孩子吃好、穿好、玩好，认为这就是对孩子最好的关爱；也有家长把关心孩子的考试成绩作为父母之爱的表现。他们忽视了对孩子如何做人的教育。有的学生还对我说："别提我的父母，我一天到晚都没法看见他们。我出门上学的时候，他们还没有起床；我放学回家的时候，他们还在工作。""我父母不关心我的，他们正在闹离婚呢。我恨死他们了。"……现在的社会变化了，父母的观念也在变化，可好多变化都严重阻碍了孩子的健康成长。（柳永忠）

○ 点评

为什么孩子说起父母不再流泪？

　　柳老师归结为两个原因，一个是家长"忽视了对孩子做人的教育"，一个是有些家长不关心孩子。

愚以为这两个结论都不够中肯。

从逻辑上说，你要证明现在的孩子是因为父母忽视了对他做人的教育而对父母感情冷漠，你就得证明过去的家长比现在更重视对孩子做人的教育，所以孩子对父母感情深厚。目前我们所知道的事实不足以支持这样的说法。事实上过去的家长忙于生存，普遍很少"教育"孩子，甚至可以说，他们并没有时间和精力重视这个，轻视那个。

说现在的家长不关心孩子，恐怕证据也不足。我手头没有统计数字，但是据我的观察，因为工作、婚姻等原因放弃孩子不管的家长占比是很小的，绝大部分家长把孩子的事情看得比什么都重。说家长"不关心孩子"，家长肯定会大呼"冤枉"。那么为什么现在许多孩子亲情淡漠呢？

这是一个非常重要的题目，值得认真细致研究。我这里先说点初步想法，供大家参考。

愚以为产生这种现象的基本原因是家长本身的"角色畸变"和"角色分裂"。

改革开放以来，社会转型加上人口压力剧增，致使就业竞争空前激烈，到了白热化的程度。家长虑及独生子女的前途和个人的晚年生活，对孩子教育投入了史无前例的精力和财力。怎么做呢？通常的办法是，想尽一切办法满足孩子的一切物质要求，以期换取孩子的学习积极性；为孩子提供无微不至的生活服务，以期给他腾出更多的时间来学习；对孩子的学习进行全程全方位的监督、检查、威逼、恐吓，以期提高他的学习成绩。

这些做法显然都是很不明智的，即使单纯为了应试，这样做也最终南辕北辙，缘木求鱼。但是多数家长也就只能想出这样的办法了。他们脑子里没有贮存过社会转型时期怎样抓孩子学习成绩的信息。他们只能随大流，跟潮流。于是很多家长（比例相当大）的角色就在不知不觉间发生了畸变和分裂。

满足孩子的一切物质要求，为孩子提供无微不至的生活服务，这两条把家长变成了孩子的"奴隶"和"使唤丫头"。家长处处讨好孩子，失去了家长的基本权威，以致孩子瞧不起家长了。孩子对家长的亲情关键是一个"敬"字。古人云："谁言寸草心，报得三春晖。"孩子对家长应该有感恩的心态。可是当你给孩子当奴隶的时候（尤其是父母都如此的时候），孩子的感恩心态肯定要发生畸变，因为主人对使唤丫头一般是没有感恩之心的。

对孩子的学习进行全程全方位的监督、检查、威逼、恐吓，后果更严重，那就是造成了孩子对家长的反感、怨恨甚至仇恨，因为这时候亲子关系已经变成了工头和打工仔的关系。你向打工仔说起工头来，他会"流泪"吗？

竞争的压力使家长的教育人格发生了畸变和分裂，向右，变成了"奴隶"，向左，变成了"暴君"。孩子搞不清家长为什么会忽然对自己那样百依百顺，忽然又对自己那样冷酷无情。家长的人格分裂导致了孩子人格的分裂。最典型的表现是，孩子们既讨厌家长，又离不开家长。家长对孩子又依赖（期望式依赖），又专横；孩子对家长又依赖（寄生式依赖），又冷漠。神经兮兮的家长培养出了神经兮兮的孩子。二者完全对称，很平衡。

解决这个问题是很难的。当前作为教师，我们能做的事情首先不是埋怨学生，而是指导家长，孩子是受害者。

家长只要不当"家奴"，孩子是不会蔑视他们的；家长只要不当"工头"，孩子是不会仇恨他们的。而教师只要不抱住老"经典"不放，办法总会有的，效果也会有的。

2005. 2. 5

要学生发言，还是要学生思考？

前几天，在 K12 班主任之家 QQ 群里，有位老师说道，班里学生学习很认真，就是不怎么爱发言，特别是几个成绩好的，根本就很少发言。他说他就希望所有的学生都能积极举手发言。另一个老师马上说，这也是他的梦想。

看到他们在网上说得激情四射，我忍不住给他们泼了一盆冷水：只怕你这个愿望一生都实现不了。

其实学生上课不发言并不代表他有没有思考。有些学生发言倒挺积极，可是你稍微看看就明白，他们发言，要么根本就没深入思考，只说一些极为肤浅的看法，要么就是图个表现。这样的发言，根本没有多大价值可言。有些学生，你别看他们平时对老师的提问不举手，可实际上他们在认真思考，甚至思考得很深入。这些学生，有的天生性格内倾，不喜欢张扬，有的可能在别的同学举手时，他们正思考得很投入。虽然这些学生没其他人发言积极，但他们学习效率却不知比那些爱发言的学生高多少倍。

我在跟那几个老师交流的时候问：我们到底是要学生积极发言，还是积极思考？其实更主要的是要想办法让学生学会思考。只有学会深入思考，才能真有收获。那个老师说他们班成绩好的，的确都是不爱发言。我班几个成绩好的，大部分也不爱发言，这可能是个普遍现象。由此可见，我们有些老师，把大部分精力放在发动学生积极举手发言上，倒不如把精力放在如何调动学生思考上，思考与发言，别本末倒置了。

当然如果又肯积极思考，又肯积极发言，那就十分完美了。但是，学生总是存在表现差异的，何必强求人人表现一致呢？我们要的不是热闹——公开课除外。(冰山 7091)

○ 点评

重要的不是学生发言了没有，而是他思考了没有。可是你怎么知道他思考没思考？可以看表情，可以看成绩，而看发言也是一个途径。据我的经验，一个真正爱思考的学生，在肤浅的问题上发言少，而当遇到确实有点深度的问题时，他可能会发言很积极，甚至要争论。所以发言不在数量而在质量。轻易不说话的人开口石破天惊，这种人可能是很厉害的。我们一些老师鼓励学生积极发言，可能是出于顺利推进教学过程的考虑，以学生的发言判断学生听懂了没有，好往下讲，另外就是出于活跃课堂气氛的考虑，还有不少老师认为"你发言了，起码证明你注意听讲了"。这些都有道理，但是不要太极端了。所有学生都积极举手发言，很难实现，果真实现了，反而不"低碳"了，因为那肯定会有许多同学屡屡举手却得不到发言的机会，于是课堂就变成誓师大会了。我个人主张教师在每个班确定（私下确定，自己知道就行了）几个"标志性人物"（高分生、中等生、低分生都要有），通过他们的答问，检查学生听懂了没有，作为下一步教学的参考。教师应该有本领通过不同层次的提问，把不同层次学生的积极性尽可能调动起来。问题提得好，学生自然想说。如果教师没有这本事，问题提得没意思，就不要埋怨学生不发言。

2013. 3. 25

这是抓住课堂发言的本质来说的，但课堂上的发言还有其他的功能，比如引发更多的学生更多地思考。还有，制造一种热烈发言的氛围，引发更多人到这个"场"里来。还有些高明的老师并不在意学生发言的深度，他们可以通过学生的一些发言，制造更多的思考，这时候的学生发言对老师而言，只是起一个引发话题的作用，还有时只是为了锻炼一下某个学生的表达技巧或者胆量……因此课堂的发言功能有其特殊的地方。（海蓝蓝 2895）

关于课堂发言，我几年前曾经在班里（小学五年级）做过一个小调查，调查结果如下：

什么原因使你不举手回答问题？

A. 不会。（29%）　　　　　B. 不敢肯定答案是正确的。（39%）

C. 怕老师笑话。（9%）　　　D. 怕同学笑话。（12%）

E. 没兴趣。（4%）　　　　　F. 别人不说，我也不说。（8%）

从这些数据可以看出，课堂的社会性（他人的影响、气氛）方面的原因就占30%之多，这是不能忽视的。王老师在《课堂管理，会者不难》中谈到"创建有安全感的课堂"，指向的就是这类问题。如果学生当众发言时，心中有种种顾虑，担心老师同学的反应，担心自己的面子，如何能畅所欲言呢？

佐藤学在《静悄悄的革命》中提到的"润泽的课堂"——师生都充满耐心地倾听，毫无拘束地参与讨论，大概就是一种理想的课堂气氛。

思维的问题更加重要。学生不发言的一个重要原因是不懂、不会，不知道如何思考，思考了也似是而非，貌似懂了，但实际模糊不清。这里面确实有不积极、不主动的因素，但这不是全部原因，不能用一个"懒"完全概括，不能把思维的问题都归结到学习态度上，会不会思维，思维的方式方法也非常重要。

课堂是教与学的交汇处，如果单方面指责学生，老师是不是有逃避责任之嫌呢？学生的不爱动脑、不会动脑，可能在很大程度和老师有关吧。

如何启发学生的思维，在提供材料、给予学生帮助方面，老师其实有更多需要反思的地方呢。（泥潭）

我提出"要学生发言，还是要学生思考"这个话题，有两点原因：一、所有学生都积极发言，这有点不现实，日常教学中很难实现，公开课偶尔能看到这种现象，但大部分是作秀。二、那个QQ群里的几个老师还说到把这作为奋斗的梦想，我觉得把很难做到的事作为梦想去奋斗，会让人不断失望，不如适当降低预期。他们这种积极奋斗的精神当然值得肯定。但对待问题，应更客观实际一点。当大部分同学都能积极发言时（一般老师能做到这样也很难得了），再来提高学生发言质量，让学生学会更深入思考，教学效果才会更好。我的本意并不反对课堂上老师积极发动学生发言，只是我没有把我的观点阐明透彻。

至于发言的作用及重要性，正如各位老师所说，非常之大、之多。所以总的来说，学生发言当然是越积极、越有质量越好。发言，说到底，我觉得应该是查看、促进学生思考的一个重要手段。让学生学会思考应该是其根本目的。当然表达也很重要，不过如果两者不能兼得，能思考也已经不错了，就不要再奢求学生积极发言了。

老师如何引导学生积极发言本身也是一项极重要的本领。在有些老师的课堂上，之所以学生发言不积极，跟老师这项本领不强有直接关系。

三位老师的看法，让我对发言的作用及其重要性，理解得更加深入。谢谢大家。（冰山7091）

课堂发言的功能，如海蓝蓝老师所说，是很多的。这些功能有大有小，各功能之间可能互相促进，也可能互相掣肘。教师对学生发言的作用如何认识，是一件很重要的事情。我感觉目前许多教师对这个问题的认识比较窄，而且以自我为中心。所以此题目大有研究的必要，甚至应该专门写一本书。希望有人来脚踏实地地做这种"小"事情。这里还要对家长说几句：如果老师表扬您的孩子上课发言积极，您不必太高兴；如果老师反映您的孩子上课不爱发言，你也不要急于批评孩子，一定要分析一下具体情况，再和孩子一起商量以后怎么做。发言就是优点，不发言就是缺点，这种简单化的二分法是很害人的。

2013.3.26

"发言就是优点，不发言就是缺点，这种简单化的二分法是很害人的。"这句话，恐怕会颠覆很多老师对学生发言的看法。估计绝大部分老师都会以为学生发言积极就是优点，不积极就是缺点。可见，还是要具体情况具体分析，不可笼统地作出非对即错的结论。（冰山7091）

根据我的经验，课堂生成多数是学生发言引发的，学生的回答可能把讨论的话题引向歧路或引向深入，也可能超出教师的预设范围，这对师生教学相长有好处。我发现自己的课后反思，内容大都和学生的发言或疑惑有关，很明显是学生激发了我的思考。当然有不少学生也有课后反思的习惯，课堂上的发言，特别是讨论式的或辩论式的发言比老师直接讲解更能给学生留下永久的记忆。但我比较反对让学生此起彼伏地大喊答案。我对喊课很厌恶，因为曾听过这么一节课：一次高中物理课上，学生的回答全都是：是、不是，对、不对，好、不好——全班学生不停地跟着教师喊了一节课。看似很好，但我认为这种发言几乎没什么价值。所以设置合理恰当的问题是我备课的核心任务之一，找不出可供讨论的巧妙问题会让我很郁闷。我甚至认为，一堂课好不好就看教师能不能提出值得学生讨论的好问题，好的问题才能带出好的发言，从而达成好的教学效果。（一阵风990）

学生课上的发言可以分为两类，一类是"解答式"的，一类是"质疑式"的。"解答式"的发言相当于口试，老师出题，学生答对了，于是教师接着往下讲。这种发言的主要作用是便于教师了解学生掌握知识的情况，学生是被动的。"质疑式"

的发言价值更大一些，因为这是学生自主发出的疑问，对教师不但有启发性，有时还有挑战性。在央视《百家讲坛》讲故事的那位纪连海，是一位中学历史教师。有一次我在一个出版社的组稿会上遇到他，问他怎么知道这么多，他就告诉我："学生逼的。"他说他的学生（北京师大二附中）素质高，经常提一些他想不到的问题，迫使他不得不钻进图书馆查找各种资料。日积月累，学问就大了。我国中小学课堂最大的问题并不是学生发言不踊跃，而是学生的发言答多问少，"含金量"低。如果有一天我们学生的发言问多于答，教师答多于问，那就好了，就说明学生真正开始主动学习了，就有点素质教育的意思了。老师按书提问，学生按书回答，回答最好符合标准答案，这是典型的应试主义模式。在这种模式下，学生发言无论多么踊跃，也没有多大意思。个别优秀生对此毫无兴趣，反而可能是他会有出息的征兆。总之，对学生的课上发言，问也好，答也好，关键是看其"含金量"，有独立思考的发言就是好的，缺乏独立思考的发言就用处不大。而经验告诉我们，能提出新颖问题（从新的角度提出问题）的发言"含金量"较高，其实网上发言和这是一个道理。你会发现网上有许多跟帖都是表态性质的，只有看法没有证据，这种帖子就没什么"含金量"，顶多有点"民调"价值，我们更希望见到的，是海蓝蓝2895、泥潭、冰山7091、一阵风990老师这样有理有据的发言。

2013.3.28

"一刀切"的好处

王老师：

您好！下面的文字是我参观一个学校后的想法，烦请您点评一下。

昨天下午，我校九年级 16 人来到我区一处位置偏远但二模成绩较好的农村中学参观学习，其中晚读课（18:00—18:45）给我们留下了深刻的印象。七、八、九年级第一节全部是晚读课，要么读语文，要么读英语。整个学校人声鼎沸，书声琅琅，热闹非凡。走进教室，学生全部站着读书，有的双手捧着书，有的单手拿着书，读得很投入，声音都很响亮。有的摇头晃脑，有的走来走去，甚至有的到走廊里读。大部分老师认为这样做较好，起码学生不瞌睡，学习积极性高，充满朝气。而且晚饭后在运动中读书，在读书中运动，既利于学习，又助于消化。我认为，大声朗读背诵符合语文、英语这两门学科的学习规律。但我班有的学生就不爱大声读，而喜欢小声读背，记忆效果也很好，成绩也不错。有的适合边读边写，有的爱大声朗读，背诵效果都不错。我给学生讲了王老师《发现孩子的潜能：辨才与因材施教》中的"认知方式评估"，告诉学生不同的人有不同的认知方式，不同的人有不同的学习方法，适合自己的才是最好的。所以这个学校晚读课要求学生全部站起来大声读书，并不一定适合每一个学生。学习不能光看表面，比如读书声音越大、越卖力就认为越好，这不一定。脑力劳动不同于体力劳动，要问问学生的感觉，要看看效果如何。我觉得不能盲目学习别人，我们应该研究如何调动学生学习的积极性，帮助学生找到适合自己的学习方法，进而提高学习效率。（Yanghaijian）

○ 点评

我向来反对"一刀切"，强调具体问题具体分析，为什么这里要谈"一刀切"的好处呢？因为世界上的事情是很复杂的，通常的判断往往只反映了大致的情况，没有办法做到完全符合实际。

"一刀切"弊端很多，却也不是完全没有优点。"一刀切"能营造气氛。这个学校，全体同学都在大声朗读，形成了一个气场，这对每个学生都会有感染力的。要搞群众性的活动，要造声势，没有"一刀切"是不行的。你看看球赛场上、歌星演唱会上人们的疯狂，就能发现"一刀切"的神力。学习这件事主要是个体劳动，一般不需要搞群众运动，但有时来点这种场面，也能煽起学生的积极性，毕竟青少年是群居动物。

还有，"一刀切"节约资源。分层教学也好，个别辅导也好，都很费时间的。美国分层教学远比我国普遍，一个重要原因是班级人数很少，我们这里一个班动辄四五十人，这么大的班，"一刀切"最经济。所以，我们的教学活动"一刀切"较多，事出无奈，并非大家都糊涂。"一刀切"便于管理。如果你分层教学、个别教学，你就难搞统一考试了，因为你一开始对每个学生的要求就不同。可见，当领导的喜欢"一刀切"，很合逻辑——他省事。

"一刀切"另有一个好处是目前我们还体会不到的。据到美国考察的万玮老师说，那里常见这样的现象：学生学习有困难，家长就主动跑到医院去给孩子开一个智商较低的证明，这么一来，学校就要处处照顾，降低标准，让学生照样毕业。这显然是迁就学生、培养懒汉的做法。幸亏中国的家长对此很排斥，不然我们的孩子会"向下看齐"的。一般人只知道大锅饭损害人的积极性，看来小锅饭也照样有此作用。这么看，"一刀切"（对某些学生）还有防止其懒惰的作用。

"一刀切"也有合理性，因为不同人的学习方法之间也会有共通之处或者相似之处，比如这个班大家都念书，都会有效果。人与人有差异的一面，也有共同的地方，"一刀切"的理论基础就是学习有共通的规律。

然而这样说下去，岂不成了"一刀切"有理，"一刀切"有功，"一刀切"万岁了吗？这就告诉我们，即使你的思路一开始是正确的，如果你不加反思、不换角度地"一条道走到黑"，也肯定会走向谬误。想事情得来回去想，朝这边想完了朝那边想，横着想完了竖着想，才能想出比较接近事实的道理来。"一刀切"的教学方式，可以用，但应尽量少用，用的时候要有意识地屏蔽它抹杀个性差异的毛病，像上面这个朗读的例子，虽是大声朗读，但允许学生有不同的姿势，还可以走动，这就比较好，若有人声音不大，我主张也不要责备他。少搞点"一刀切"，确实需要切的时候，允许大同小异，我想这样比较好。而且要随时准备着，有条件就尽可能多搞点分层教学和个别指导，不过那对教师的素质，要求会更高。

2013. 6. 1

第一次遭遇投诉

从教近 11 年来，我一直都担任班主任职务，自以为还算得上兢兢业业，尽职尽责，毫无职业倦怠之心。我所带过的班级虽没有取得过多么卓越的成就，但在我的管理之下，也算是井井有条，从未出过什么乱子。可是，就在我还没来得及觉得自己"对学校、家长和学生都有一个交代"的时候，横空出现的一个投诉电话把我打了个措手不及！事情还得从我实行小组合作竞争机制开始。

长期的大组合作竞争机制已经让学生失去了新鲜感和进取心，对学生的激励作用越来越小。为了给班级管理注入新鲜血液，重新激发起学生的斗志和学习积极性，也为了方便学生的合作学习，我决定实施新的班级管理和学习模式——小组合作竞争机制。

我费尽心思，按照学生的各科成绩、性格特点、平时表现等把全班 47 名学生编成了 12 个小组，每个小组组长的安排也是考虑了许多因素，如：成绩优异，活泼开朗，有集体荣誉感，有进取心，有管理能力，等等。然后，我又精心制定了奖惩制度、扣分规则等，并一一跟学生明示。万事俱备，只欠东风——实践检验效果了。我心里充满了期待，也充满了信心，我相信学生一定会积极表现自己，发扬优点，改正不足，努力为小组加分，让自己的小组能在每周的评比中名列前茅，红旗飘飘的！

第一周的前两天，不知学生是对新的班级管理方法不适应，还是以为班主任又只是在搞"噱头"，个个无动于衷，班风、学风都没什么变化。后来，也许是渐渐感觉到了自己小组的分数危机，各组才开始逐渐积极进取起来。到了周五，我忽地心生一计——何不让各个小组的组长通过家校通的形式，把自己和组员的表现汇报给家长？一来可以让家长及时详细地了解到自己子女在校的表现；二来可以让学生明白自己的表现家长会知道，从而督促他们表现得更好；三来也可以锻炼组长们的表达能力、沟通能力、写作能力……何乐而不为呢？于是，每个小组长写完小组总结由我检查过关后，就发给了家长。根据评分结果，我对前五名的小组进行了一定的奖励。其实，所谓的奖励只是少写了一项作业而已，可孩子们已经兴奋地足以把房顶给掀翻了！

第二周，也许是尝到了甜头或苦头，学生们的表现更积极了：课室更加安静了，课堂发言热烈了，作业字体工整了，不交作业的人少了，就算不交，也会很快补回来使小组免于被扣分……我看在眼里，喜在心里——孩子毕竟还是孩子啊，心灵依然纯洁得像颗水晶。我似乎看到了那一颗颗蓬勃跳跃着的上进心！

可是，就在这周五，因为一时忙碌，没有对组长们的汇报总结进行把关，就让他们直接发送给了家长。谁知道，一名小组长因不满自己小组从上周排名第一跌到了本周第七，把情绪发泄到了两位成绩和表现都相对落后的男生身上，在汇报中对两位男生使用了很不恰当地字眼——"极品"进行评价，伤害了学生和学生家长的自尊。而碰巧，其中一位男生的自理能力、学习能力和人际交往能力一向都比较低，家长怕孩子在学校受欺负和歧视，对孩子的同学常常充满敌意和戒备，对老师则既希望老师特别照顾其孩子，又怀疑老师嫌孩子拖了班级后腿而歧视孩子。现在我的学生"明目张胆"地歧视、侮辱其儿子，这还了得？于是，极度气愤之下的家长把电话打到了校长那里投诉我！在接到校长的电话和看到校长转发过来的那条短信后，我一下子傻眼了！因为我事先真的不知道组长会发出这样的汇报内容！看着短信的内容，"极品"两个字像针一样不断地刺进我的心里。我一方面为学生的胡言乱语气愤不已，一方面也为自己工作的失职追悔莫及。从下午六点接到校长的电话一直到晚上八点半，我都在想尽一切办法弥补我的过失：仔细询问发信息辱骂组员的小组长事情的缘由，跟家长沟通解释，安慰家长……直到那位家长说没事了，我的一颗悬着的心才放回肚子里。

在后来的日子里，为了避免小组之间的恶性竞争和组内成员之间相互抱怨，我不断地对全班同学进行思想教育，使他们明确小组合作的目的和意义，教育他们学会合作而不是只会竞争，教他们对同学少一些指责，多一些宽容和帮助。同时，我又对小组长们进行了培训，教他们如何管理与对待小组内性格和成绩各异的组员。我还通过家校通跟家长及时汇报他们孩子的表现，跟他们分享学生的点滴进步，争取他们的配合与帮助……这所有的一切，就是希望自己的小组合作管理模式能顺利地进行下去，因为，我毕竟从中看到了孩子们的普遍进步。

（《班主任之友》杂志）

○ 点评

这是某教育杂志发来的案例，希望我作个点评。本案例是小学的，但我觉得比较典型，中学也是这个道理，而且小学时的评比直接涉及学生到中学后的道德水平和行为水平。

案例中的教师很有敬业精神，工作很努力，但太依赖评比了，这正是目前我国中小学教育最突出的问题之一。评比本质上是靠外部压力迫使被管理者达到管理者的管理标准。评比调动起来的积极性，与其说是积极性，不如说是"消极性"，是害怕落后不得不往前走的积极性，并不是真正的主动性。也就是说，如果一个人习惯于在评比中生活，他实际上是在"活给别人看"。他努力学习，是为了"给小组争光"；他遵守纪律，是为了"不让小组扣分"。一切都是"他律"，而不是"自律"。这种人难以养成真正的自觉性，一旦没有评比，无人监督，他就可能乱来。于是你就明白我们的管理为什么只能一天比一天严格了，因为谁放松谁倒霉。从德育角度说，不断强化评比，实际上是刻意让学生的道德水平停留在"他律"阶段，阻止它向更高的"自律"水平发展，这样做，负面作用大于正面作用。为什么孩子到了中学越来越难管？原因之一就是小学阶段把这类所谓的"激励"手段用到头了。结果是中学的孩子一方面对这类评比已经麻木，靠外部压力推不动了，另一方面他自己内部又没什么动力（小学没有着重培育内部动力，劲都使在外部了），于是各种毛病就都爆发了。所以恕我直言，小学实行过分严格精细的评比管理，实际是在给中学埋定时炸弹。

把大组变小组，让学生组长直接联系家长，为什么？说穿了是学生对大组评比已经产生了"抗药性"，教师不考虑调整药方，却采取了"加大剂量"的措施。结果出状况了。家长投诉，看起来是偶然的，其实有必然性，你螺丝越拧越紧，总有一天会断的。小孩子判断力不够，说话又口无遮拦，即使有教师把关，也难免出问题，即使不出问题，那种评价也会是非常表面的。当然，这不能全怪教师，学校管理教师，管理各个班级，不也主要靠评比施加压力吗？教师不过是认真落实了这种管理模式而已。我们应该有另一种理念：班级管理，主要不应该靠评比，而应该靠吸引，靠生动的教学活动来吸引学生。至于纪律，还是宽松一点为好。宽松当然没有严格"好看"，但是只有在宽松的氛围中，允许学生犯错，经过他自己正反两方面的体验，加上教师的引导指点，才能培养出自主的品格。我的行为不是做给别人看的，目的也不是"为集体争光"，而是因为"我觉得我本来就应该这么做"，这才是可靠的道德、自律的道德，而这种道德，在充满评比的环境中是"不需要"的，也是培养不出来的。教育，本质上与评比没有多大关系，评比只能助长表演，所以评比还是少点好。没听说孔子搞过评比，莫非他不懂得"激励"学生？当然，鉴于现在班级制的实际，评比也可以有一点。

2013. 7. 9

小组评比好不好？

王老师：

　　您好！

　　下个学期，我将接手一个三年级班级，于是这两天在琢磨班级建设。我一贯的做法都是在班级管理上尽量简单，好操作，不搞太复杂的评比。前几年一直教高年级，感觉还可以，但是，对于学生年龄比较小的班级还是需要一些更具体的办法。

　　我目前看到的是一些比较通行的评比办法，比如，把每个孩子的名字都贴在表格里，设立一些项目，像卫生、早读、作业、纪律等，每周或每天评比，贴个小红旗什么的，然后再看谁的红旗多就给谁发点小奖品。这类方法，我个人觉得操作上还是复杂了些，每天花费的时间比较多，另外对于比较落后的孩子来说没有太多的意义，好孩子永远都排在前面。还有的同事搞小组评比，培养孩子的团队意识，同样设立一些评比项目，只是评比后以小组为单位来发奖。但是这种办法又造成了有差生的小组几乎永远都得不到任何奖励。再有就是设立一个表扬榜，谁受到了表扬，就把谁的名字写在榜里。

　　以上这些方法，在我看来，都有一些不够完善的地方，不知道王老师对这类班级评比持什么态度？有什么好的建议吗？

　　我在美国交流的时候，也特意留心观察了一下，没有看到这类相关的任何评比，但是他们的班级人都很少——20个人左右，所以这种管理对于小班似乎不是很重要。但是我们的班级基本都是40人以上，如果没有相应的奖惩制度，管理起来还是有一些难度的。希望能听听您和大家的意见，有什么好的建议也希望交流一下。谢谢！（花蜜）

○ **点评**

以小组活动取代小组评比

花蜜老师：

您好！您的思考有深度，而且脚踏实地。如今很多校长和老师都以为评比是管理班级必不可少的，大家太习惯这么做了。其实这本是公司的管理模式，不适合教育。我上小学、中学时都没有班级评比，老师照样教得不错，而且那也是大班，每班至少40人。可见我们不必迷信目前流行的评比模式。班级之间是否评比，这是由学校决定的，所以我建议您在小组这个层面上做个试验，一个学期搞通常的评比，另一个学期不搞，比较一下效果和利弊。其实这就是一种很实在的教育科研。

班额较大，不搞评比，管理上就确有难处，事实上很多事（学生力所能及的事）还是通过小组解决比较好，所以小组管理还是必要的。分小组，安排小组长，让小组长做一些服务工作，这都有必要，只要不搞评比排队就行了。比如某个小组有两个同学常常不交作业，请小组长做适当的提醒、催促，这完全可以。另一个小组有个同学上课爱说话，请小组长劝劝他，也是完全可以的。哪个小组有什么问题，我们解决什么问题就是了。这种小组长，相当于小组里威信较高的志愿者。总之，不搞小组评比，照样可以搞小组管理，管理未必非要通过评比排队这种施加压力的方式进行。

没有评比，如何增加小组的凝聚力？最好的办法是搞活动。共同的活动是凝聚人心最好的办法，比评比强多了。评比在凝聚人心的同时也在撕裂它。小组活动有游戏型的，有学习型的，优点是没有行政色彩，不是为了完成某种行政任务。即使有时也要分胜负、比高低（多数活动不必分输赢），但那是临时的。今天你们小组在唱歌上赢了，明天我们小组就可能在下棋活动中赢；今天你们小组在语文课上出了风头，明天我们小组就可能在数学课上领先一步。总之这种办法不会把各小组分成三六九等。评比的一个弊端是固化，一旦固化，发展就没有动力了；评比的另一个弊端是它太注重结果，以评优为唯一目的，小组活动则更注重过程，像游戏，输赢固然重要，但更重要的是在游戏过程中可以得到快乐。我想，如果小组活动搞得丰富多彩，"卫生、早读、作业、纪律"这些事情，恐怕无须评比也能得到解决，甚至会解决得更好。您可以试试。

2013. 8. 18

暑期家访

王老师：

您好！

今年暑假，我区新建的实验中学（只有七年级，300多人）校长要求班主任必须对每位学生家访，否则会受到批评惩罚。学校为什么对家访这么重视呢？我想可能有以下几种原因：

1. 落实上级政策。我区近两年来推行"民主管理，立体教育"的教育管理模式，要求教师围绕学生快乐学习开展活动，其中一条就是进行家访。实验中学这样做可能就是为了应对上级的检查或迎合领导。

2. 感化学生及家长。据一位班主任讲："烈日炎炎，当老师汗流浃背地来到学生家时，这一行为本身对学生及家长来说是一种震撼。老师不辞劳苦，关心孩子，学生家长难道不感动吗？这为今后教育学生增加了筹码，学生会不听话吗？家长会不支持学校吗？"

3. 了解学生，感受学生成长的环境。家长是孩子的第一任老师，家庭是孩子成长的第一摇篮，了解家长的文化修养、家庭的经济状况、家庭的人文气氛、孩子的成长史等，将有助于因材施教。

4. 对外宣传学校，树立形象，获得家长支持、社会认可。

5. 指导家庭教育。

现在老师家访的确实不多，从教13年，我几乎没家访过。实验中学要求班主任家访每位学生，班主任不辞劳苦，牺牲了自己的闲暇时间，其精神可嘉，但其中也有许多无奈。我想：有没有必要全部家访呢？如果没必要，对哪些学生有必要家访，对哪些学生不必家访呢？家访时老师该同家长交流什么，了解孩子什么呢？

（Yanghaijian）

○ 点评

这种通过行政命令催生的"一刀切"式的家访,有些别扭,但是咱们的国情就是这样,号召大家自觉去,可能就没有什么人去,真下命令,也就行了。大家都太习惯被人推着走了,整个体制就是这样从小训练人的,教师推着学生走,教师自己同时被领导推着走,这是比较可悲的一件事。但是既然领导有这样的安排,你不能不去,反正也要费时间,那就最好把它变成一个提高自身专业素质的机会。

这种家访,应了解什么?应注意什么?

基本原则是少说多听,千万不要发议论,不要乘机告状,也不要违心地夸奖孩子,更不可教训家长,或给家长布置任务;正相反,要多问问家长和孩子对学校有什么要求,他们有什么困难,有什么特别需要照顾的地方。这种家访的中心任务不是宣讲,而是调查。

应注意家庭的结构、经济情况、家长职业、婚姻状况,孩子从小跟谁长大的、小学和幼儿园表现如何、在家如何谈论学校生活,以及家长对孩子的期望值。注意家庭的道德氛围、知识氛围和心理氛围。教师与家长谈话时,要不要孩子参与,应由他们自己决定。如果孩子也在场,要特别注意他们的表情互动,可以看出很多问题。注意孩子有没有自己的房间,如果有,看看里面,对了解孩子性格爱好会有用处。

不要以为所有家长都会欢迎教师,要做好不受欢迎的心理准备。事先电话联系一下,以免扑空,浪费时间。

我赞成家访,这实际上是一种社会调查,对开阔教师眼界很有好处,只是不要搞得太累了,时间上不要安排得太紧。

建议家访者做记录,如果能联络几位有心人做记录,在此过程中经常互相切磋,实际上这就是一个相当好的研究课题,参与者会有很大收获。

您参考。

2013.8.4

对于家访,大部分家长还是欢迎的,但也有一些家长不欢迎。我也没仔细问过这里面的原因,有的可能担心老师告状,有的可能担心和老师交流不习惯,还有的担心老师提出让他们管教孩子,不过大部分家长看到老师来家访都很热情,有的听说老师要去家访,特意从几十里之外赶回来接待老师。那些不接待的只是小部分,老师应该把更多的精力放在愿意接待你的那一部分家长身上。

老师家访一般不会告状，但让人尴尬的是：父母，尤其是母亲，经常在学生在场的时候告学生在家的种种不良表现的状，有的说着说着都要哭出来，这让老师很尴尬且需花去大量的时间来安慰。对这部分家长，我们要有一定的心理准备。（海蓝蓝2895）

我们学校也要求教师家访，但老师们基本都是作假。最后每名老师填个表格，报销10元费用就算了。如果你认真去家访，就会得罪一大批同事……（Chenwenchuan）

家访也是一门学问，很多人应该对此进行专题研究，可惜现在真正认真对"小题目"进行细致研究的人很少，大家都在那里说一些流行的大话空话，说来说去脑子里还是空荡荡的。

海蓝蓝2895老师说的"逆向告状"（家长向教师告学生的状）很有趣。是不是这种家长已经失去了对孩子的控制，指望学校帮他一把？我主张，遇到这种情况，教师当时不要表态，听着就是了。回到学校，询问一下学生，家长说的是否属实，如果基本属实，那就劝一劝孩子：在家里面也要注意自己的表现。注意，劝劝而已，不要给孩子造成教师和家长结成联合阵线"整"他的感觉，再说教师也不可以太多干预人家家庭内部的事情。

Chenwenchuan老师提供的情况更有趣了，看来即使上级"一刀切"，教师也有对策。我想，这些对家访作假的老师平日一定是喜欢埋怨家长不配合学校工作的，他们也一定喜欢责备学生厌学、偷懒。这是官僚主义的典型症状——责人严、待己宽。我不知道这种情况现在是否普遍，总之，这样下去，教师自我欺骗的本领会越来越强，家校关系只能越来越紧张。世风如此，我就劝真想干教育的老师不要理睬周围人怎么做，你自己诚心诚意干点实事就是了。别人搞假家访，我搞真的，但是我也不宣扬，我也不想出风头，我悄悄研究，切实提高自身的专业素质。这就行了。现在"聪明人"有很多，然而干事业需要的却是"傻子"。

昨天我问一个刚给中小学教师讲完茶道课的青年："你给教师讲课，感觉如何？"他沉吟不语。我知道这是照顾我的面子（我也是教师呀），不好意思说老师的坏话。我就自曝家丑："你是不是觉得老师比其他阶层的人物显得'木'？"他点点头："是。和其他职业的人比，差异比较明显。"因为他常常接触各种职业的人，我想他的看法应该有一定道理吧。教师生活很封闭，因此对社会的复杂性和变化了解很少，常脱离实际，这正是工作做不好的重要原因。而家访，其主要作用并不是立竿见影地解决自己班级的管理问题，而是让教师了解社会，这是一种社会调查。"磨刀不误砍柴工"，而很多教师却以为这是额外负担，可见其心态的封闭和目光短浅已经到了何种地步。难怪他们只会上下左右地埋怨。我说过，如果你不能跳出教育看教育，你永远也不明白教育究竟是怎么回事。我寄希望于不甘心欺骗自我的老师们，但愿这种老师的数量逐渐增加。

2013. 8. 6

案例 *56*

我把"皮球"踢给学生

明天上午考语文，下午考数学。我在布置回家作业时对学生说："今天放学后大家可以把主要精力放在语文复习上，数学可以先让一让路。因为明天考完语文后仍然按原来的作息时间上课，我们还可以利用这段时间复习数学。"学生们纷纷向我叫起苦来："数学老师布置了很多作业呢，他要求我们把最近做的15张试卷上错误的内容都必须订正一遍。不完成任务，就要罚抄的。"看着学生们一脸痛苦的样子，我矛盾了。我想，我可以去与数学老师协商一下，减免数学作业。说老实话，这个班基础较差，我很怕班级平均分搞个最后一名。

但我要不要这样做呢？学生或许会觉得我自私，会感到老师对分数斤斤计较。平时，我一直告诉学生，只要大家努力了，分数的高低我是不会太注重的。

我决定把"皮球"踢给学生。我说："我的任务肯定要完成的，数学老师的任务也不能不完成。大家来讨论一下，这件事情究竟应该怎么办呢？"

有的学生说："我们可以去和数学老师商量一下，看能不能改变一下刚才的主意。"有好些学生都同意这位学生的意见。可也有同学反对："我觉得语文我们已经复习得很不错了，用不着把数学挤到一边。"几位平时语文成绩优秀的学生都同意这个意见。我说："大家可以根据自己的现状选择处理的方法。"

放学后，我看到一部分学生轻松地回家去了，而另一部分学生很自信地朝数学老师的办公室走去。我暗自庆幸，这件事情没有我来做主。（柳永忠）

○ 点评

这个"皮球"应该首先踢给领导

柳老师在"火烧到眉毛"的时候没有像有些老师那样只顾本科的考试成绩，迫使学生优先复习自己这一科，而是既体谅了数学老师，又体谅了学生，最后让学生自己做主，如此尊重学生主体性，如此的灵活性和退让精神令人感动。

如果每个教师都不顾一切地坚持自己的安排，学生就被"五马分尸"了，不但苦不堪言，而且诉苦无门。

大家知道，学生们大都有一个毛病，哪个老师厉害，就先完成哪个老师留的作业。这是可以理解的，趋利避害是人之本能。有些老师正是利用了学生这个特点，抢夺他们的时间。学生的时间是个常数，蛋糕只有这么大，要多吃，只有抢一块大的，这是不少老师的想法和策略。

于是，谁越"心狠手辣"，谁就越能抢到学生更多的时间，谁就越能提高本科学生的考试成绩，谁就越能受领导表扬，谁就越是"优秀"教师。

所以你就会发现，不少所谓的"优秀教师"只有在向别人介绍经验、大谈师爱的时候，会稍有可爱之处，回去一见到学生，他们甚至连起码的同情心都没有了。

所以你就会发现，有些刚刚走上教师岗位的大学毕业生，本来还挺淑女的，表情也很讨人喜欢。工作一两年之后，连面部肌肉都死板了，一脸的旧社会——生存的需要扭曲了她们美丽的面孔。呜呼！

出现如此恶性竞争，靠教师中忠厚者的退让是无法解决问题的。柳老师退了一步，其他老师很可能会往前进一步。我多年前做中学教师的时候，为了让学生喘口气，从不留家庭作业。结果腾出来的时间哪里去了？都被别的老师抢走了。这样下去，谁老实谁吃亏，结果只能使大家都变得越来越不老实，个个成为凶神恶煞，而且教师之间的关系也会日趋紧张。

出现这样不正常的教育氛围，主要责任当然不在教师，而在领导。

领导平时应该限制各科作业量，应该禁止罚抄。临近考试的一周或两周里，应该禁止任何教师布置作业，教师只可提复习建议，学生自主复习。不应该表扬那些靠恶性竞争取得"成绩"的教师，即使他们每天早来晚走，判作业到深夜，揣着病假条上班，也不要称赞他们（但是要关心他们），不应该单纯看考试分数。

目光短浅的教师基本上是由目光短浅的领导带出来的。

所以，学生面临考试负担过重、"掰不开镊子"等问题时，这个"皮球"，应该首先踢给领导。

2005. 1. 26

分班风波

薇薇安："夏老师，你知道要分班了吗？"

我笑了："不会吧？怎么学校没有通知我呢？"

薇薇安很认真地说："真的啊！他们都这样说的！还说我们班也要调整！"

我半开玩笑地说："我这个当班主任的都不知道，你怎么知道啊？"

薇薇安有些着急了："人家说我们班人太少，要加些同学过来！还说要凑足35个呢！"

几个孩子也在旁边附和，这时候我突然发现薇薇安的眼里竟然噙着泪水！我感觉事情有些严重了，于是把她叫出教室单独谈：

"你听谁说的？"

"玛丽说的，其他班的同学听老师说的！"

我故意说："如果学校要调整，我认为一定有学校的理由，虽然我不赞成调整，但是来几个新的同学不是更好吗？"

薇薇安更着急了："大家都觉得现在我们班就是最好的！我们不想有其他的人进来！而且你不知道，有些同学真的很不好的，会'一只老鼠坏了一锅汤'的！"

我看薇薇安再说下去没准要哭出来了，于是安慰她："我到现在为止没有接到学校的任何通知，但是如果真的是这样的话，我会向学校转达你们的意见的。"

上课之后我在想：假如学校真的要调整，我希望的是我们班的孩子不要离开这个温暖的集体，因为我知道，如果因为成绩差而离开，有些孩子会被毁了的，这个打击也许是致命的。于是下课以后，我找到了校长，终于了解了真实情况。在周四的读报课上，我在班上讲了这件事情：

"前天，有同学告诉我说要分班了……"

孩子们一下都十分紧张，我突然有一种恶作剧的想法：

"而且说，我们班的同学要凑足35个人，这样的话，就有其他班的同学被分到我们班上……"

孩子们更紧张了。

"今天，我去找了杨校长和黄校长。"

教室要是有酒的话我恨不得先喝两瓶之后再慢慢地说，让他们急死……

"他们告诉我……"

孩子们的耳朵几乎都竖起来了。

"此事纯属……谣传。"

孩子们全部"哦……"的一声，长出一口气，仰躺到椅背上。

我接着说："我很为大家对集体的关心而感动，更为大家对集体的珍爱而感动。但是我也在想：我们在两个月的时间里面就拥有了这样一个让人舍不得离开的集体，那么这个集体也就不是那么容易被破坏的。即使有其他同学来，我觉得我们应该表现出的是大度的欢迎，而不是担心甚至恐惧。两个月来，我真的为大家而骄傲，因为我们一起用自己的双手建立起了这个让人羡慕的集体。对于我个人来说，我舍不得我们班的任何一位同学，所以我今天对校长说：如果以后学校决定要调整的话，我希望不要把我们班的任何一位同学调整出去。……因为，你们要害就害我一个人好了，别到另外的班去害别的老师和同学。"

孩子们笑了。

"但是，假如说这消息是真的，我也能理解学校的意图：无非是想分层教学，或者给一些成绩暂时不是太好的同学以激励。因此……"

我看了看孩子们："我相信，惩罚是一种动力，激励也是一种动力！前几天有位同学的家长在周记里面善意地提醒我：是否应该少提三班是最好的班，而应该多看看我们现在的不足？我很感谢这位家长，但是我也觉得，我们如果真的认为自己的班是最好的集体，那么就应该真正以最好的班级的标准来要求自己！我希望，我们全班同学能够用自己的实际行动，使我这个班主任当得更有自信，更有底气，使我们全部都无愧于三班这个名字！"（摩西）

○ 点评

开放的"爱班主义"

对于一个优秀班集体来说，重新分班是个考验。既考验它的凝聚力，也考验它的胸襟。

我见过有的优秀班集体，突然遭遇分班，学生失魂，教师失色，乃至师生抱头痛哭。情景虽然感人，但未免显得有些小气，缺乏"无为在歧路，儿女共沾巾"的阳刚之气，缺乏开放的心态。

我把这种心态称为"狭隘的爱班主义"。

当然，如果大家对分班并不在意，并不珍惜师生之间和同学之间的友谊与缘分，那也不好，那是"一盘散沙"了。

一个优秀班集体的班主任，面对分班的消息，既要保护同学们的集体荣誉感，又不能助长"狭隘的爱班主义"；既要尊重学生的感情，又要引导学生保持理智的开放心态。这个分寸是不大好掌握的。摩西老师拿捏得相当准确。这叫作"开放的爱班主义"。

摩西老师的工作，给人一种"谈笑间，樯橹灰飞烟灭"的感觉。

做班主任做成这样，才有点意思。

每天脸色铁青着和学生较劲，岂非"斗牛"乎?

2004. 12. 22

案例 *58*

新年晚会的节目

新年晚会是学生们期待已久的，11月还没过完，孩子们就在摩拳擦掌了。据说外面称我们高二（3）班为"艺术实验班"，因为我班藏龙卧虎，有古筝高手、钢琴美女，还有小提琴大师，最近又来了一位足以冒充吉他高手的班主任，可谓"物以类聚，人以群分"。俺班里的孩子们下定决心：不让全校师生惊掉眼镜誓不罢休。

昨晚晚自习刚下，班长婕西和几个孩子就找到我："夏老师，我们决定新年晚会的节目是唱歌，合唱。"

我心里暗暗叫好：我们班艺术人才众多，所以我不想把出节目搞成几个同学的专利，合唱虽然很普通，但是最大的好处就是参加的人多，甚至可以保证全班每一位同学都能参加，看来，孩子们的想法跟我是一样的。于是我问："那你们表演的曲目选好了没有？"

孩子们给我一张纸，我一看：老天！这么多啊！老鹰乐队的《加州旅馆》都榜上有名，我急忙申明："这歌我可不会弹，而且一把吉他也不够。"孩子们说："这是初选的歌曲，经过我们大家讨论，决定唱两首歌。"

我问："哪两首？"

孩子们说："《那些花儿》和《萍聚》。"

我一听头就大了："老天，你们高寿啊？我感觉《那些花儿》起码是30岁以上的人经过三次失恋两次离婚，最后回首往事痛不欲生的时候唱的啊，至于《萍聚》，感觉就是初恋得惊天动地，然后却嫁给了一个自己不爱的老头子的人才唱的歌曲。不妥！不妥！"

孩子们觉得有些好笑，于是问我："那你觉得唱什么好呢？"

我思索了一会儿："我觉得咱们班女生多，唱《送别》再好不过了，我可以用吉他伴奏，感觉很清纯的样子；另外一首嘛，要不就《明天会更好》，你们看如何？这歌可以安排几个人领唱，然后大家合唱。"

孩子们同意了，然后就是商量什么时候去买 VCD 伴奏碟，什么时候排练。

我以为这事就这么定了，谁知道今天又有了变化。课间操结束之后，薇薇安等几个孩子找到我，吞吞吐吐地说：

"夏老师，同学们觉得那两首歌是大家选出来的，全部换了不太好吧？"

我心里想：难道俺跟孩子们真的有代沟了？于是问："你们想怎么办？"

孩子说："其实《那些花儿》合唱效果很棒的！好听极了！"

我明白了，原来孩子们还是不愿意忍痛割爱啊！

中午上读报课的时候，我对全班同学说了这件事，然后提出了一个折中的方案：

《明天会更好》保留不变，将《送别》撤下，改成《那些花儿》，至于《萍聚》，我坚持我的观点。

实际上，我总觉得《萍聚》这歌风尘气太重，实在不愿意我们班纯洁善良的孩子们唱这首歌。

于是，终于在民主的幌子下玩了一把"集中"，看来，任何时候，退让和妥协都是必要的，呵呵！（摩西）

○ 点评

教师的民主

摩西老师认为让学生自己拿出新年晚会方案属于"民主"，而教师加以适当调整属于"集中"。按照国人的说话习惯，这未尝不可。

不过愚以为，教师参与，适当调整学生提出的方案，其实也是民主。倘若什么事情都全听学生的，那岂不是"学生专制"了？非民主也。

而且摩西老师并不是把自己的意见强加于学生，而是做了说服工作。摩西老师的做法，与其称之为"集中"，不如说是"整合"。

教师与学生的关系，不是简单的少数服从多数的关系。教师是学生的指导者和引导者，这是国家授权的。只要他不做违法之事，不做违规之事，不做违反教育原则之事，他的言行就不能轻易地称为"不民主"。否则警察纠正行人违反交通规则也可以说成"不民主"了。

当然，教师不是警察。教师纠正学生的不当言行绝不能与警察工作的方式相同，教师应该用自己的专业方法而不是警察的专业方法工作。摩西老师的做法就有专业水平。

我想说的是，教师与学生应该相互尊重。当意见不一致的时候，应该协商，教师必须像摩西老师这样，随时准备作出不失原则的让步。但是，在确实需要教师拍板的时候，教师就应该拍板。这未必属于不民主。

2004.12.22

没收学生"财产"问题

对于没收的同学们的"财产",我是这样处理的。

1. 我曾经说过"不会还了"的东西,如果比较"不值钱",那我就用"礼尚往来"这一招;

2. 如果是比较贵重的,和我没有讲过"不还"之类的话的东西呢,我就弄了个"申请"制度,具体步骤如下:首先,自己报告老师,有什么东西在老师这里,也要承认一下错误。其次,就是用他们自己认为最好的表现来证明自己进步了。然后,向班主任,也就是我申请,用自己的表现来换回自己的东西。最后,就是表决。班里的同学对他们都是很熟悉的,对他们平时的表现也是最清楚的,于是就让大家举手表决,来决定被收物品的"去"和"留"。(荷魂听雨)

○ 点评

我对没收学生物品问题有以下想法,说出来供荷魂听雨老师与网友参考。

1. 没收的手段应该尽量少用,不得已时再用。经验告诉我们,没有这一条做限制,有些老师就会滥用权力,导致师生关系紧张。

2. 教师没有权力说"不还",不能因为学生违反纪律就侵犯其财产权,这是没有法律依据的。学生上课看小说,教师把它没收,这本小说的主人还是那个学生,而不是老师。老师充其量不过是暂时替他保存而已。严格地说,保存多长时间都应该征求学生本人,教师没有权力想什么时候还就什么时候还,更不能不还。这侵犯了人家的财产权,比学生违反纪律的错误严重多了。我们不能用一个更大的错误去制止学生的一个小错误。

3. 学生如果带了法律禁止的物品,如枪支、炸弹、黄色小说,没收了以后那当然是不能还给他的。但这不是"我不还你",而是"我要上缴公安机关",性质是另一样。

4. 要求学生"用他们自己认为最好的表现来证明自己进步了"，以换回自己的物品，愚以为十分不妥。这就等于拿学生的东西作抵押，迫使学生付出更多的代价，达到教师的要求。这不公平，也不光明正大。我主张该说什么就说什么，不搞"扩大化"。比如学生上课玩一个玩具，经屡次提醒不听，老师不得已把玩具没收了，这个玩具是学生心爱的东西，追着老师要，这下老师可把学生拿住了，不但要求学生上课守纪律，而且想趁机把学生不完成作业的问题也一并解决。这种"扩大化"合适吗？不合适。强制和要挟并不能真正提高学生的认识水平。对这样的老师，学生恐怕不会佩服的。

5. "让大家举手表决，来决定被收物品的'去'和'留'"就更不合适了，双重的不合适：侵犯了当事者的权利，训练了其他同学的"不讲理"行为。我的物品，凭什么要全班同学决定它属于谁，或者何时归还？越想越没道理。

在没收学生物品这个问题上，我们一定要小心，避免滥用权力和实行人治，我们在这两方面都是有不良传统的。

2005. 1. 17

我尊重学生，但有时换来的却是得寸进尺

我一向尊重我的学生，但有时换来的却是学生的得寸进尺、得尺进丈。有的学生，不会听老师心平气和的话语，似乎故意想让老师显露发火时大吼大叫的怪状，似乎唯此才能一饱眼福与耳福，似乎才能口服——心是不会服的。

今晚这几个，就是这样。

我听到宿舍传来的声音——居然有学生在唱歌！可是已经熄灯了呀！我提醒了几次，但她们"油盐不进"，歌儿依旧在隐约地回荡……最后，我把整个宿舍的人都请了出来，请她们站到了旗杆脚下。我心里愤愤地想：你们就乖乖地给我站着吧！我则拾掇了凳子，拿来了书本……

约二十分钟后。

罗和吴二人完全没有受惩罚的状态，嘻嘻哈哈一如既往。我让刚才认真立正的同学回宿舍，留下她俩镇守这孤零零的旗杆。然而，她们嘻哈如故。

我气不过却也拿她们没法，只好增加立正的时间，我反复地追问想不想睡觉，她俩，居然仍没有惭愧、悔改之状……真气人！好吧，你们就再站着吧！

时间不早了，我让她们回了宿舍。

今晚，这种"油盐不进"的学生，真让我窝火！

我走上了管理岗位之后，对学生"更狠"了：无论是在训话的语气语调，还是在惩罚学生的方法方式上，原先那个平和的班主任，已逐步转变成一个严厉的教导主任。必须这样，民主、妥协、过分忠于"学生主体"的做法在管理上似乎无用，学生可能以为我好欺负，如果我和蔼如故，学生定会"屡欺不爽"；这不，刚才罚站旗杆脚的事儿还没完，又让我犯怒了！

我听到伙房那边传来锅的声响，我蹑手蹑脚地过去……哦，明白了：有人在做夜宵。又是她俩：刚才的罗吴二人！……气我。这种学生如何调教？如何引导？

网络里曾有一个帖子，似乎是说，新教师成长是否以摧残学生为代价？这个帖

子曾引起我的关注，因为我也是新教师。对于这样的学生，类似今晚的批评，是在摧残学生吗？（books）

○ 点评

首先是在摧残自己

books老师认为：我说话学生不听，是因为我太"心平气和"了，太"民主"了，学生因此"欺负"我，所以我只有变得"更狠"一点，别无他法。

您"心平气和"地说话，学生就必须"心服口服"吗？

莫非"心平气和"是对学生的恩赐？

"心平气和"只能说明您的态度比较正确，并不能保证您说的话正确，更不能保证一定能解决问题。

我们平日里听"心平气和"的话太多了，但让人"心服口服"的却很少，此乃社会之常态也。

教师"心平气和"地对学生说话，学生还是不听。为什么？至少有三种可能：第一种是学生不可理喻，第二种是学生吃硬不吃软，第三种是教师的工作没有做到点子上。

经验告诉我们：第一种可能性最小，第二种可能性较小，第三种可能性最大。

第一种情况：学生不可理喻。许多差生都给教师不可理喻的感觉，用教师的话说，是"软硬不吃""刀枪不入""油盐不进"。我不敢说这种孩子一个没有，但我敢说十分少见。一般教师所说的不可理喻的学生都只是在他面前不可理喻，换一个环境，换一个对象，往往还是可理喻的，这就证明毛病不光出在学生身上。学生在我面前犯浑，为什么在别人面前不犯浑？总该有些缘故吧？

所以，愚以为教师最好不要轻易说学生不可理喻，因为这样一来您就把自己的路堵死了。既然学生是"浑球"，教育也无用，教师还何必劳神提高自身专业水平？

不知老师们细想过没有，当您声称学生不可理喻的时候，您同时也就否定了自己的教师身份。

第二种情况：学生吃硬不吃软。这种情况很常见，你对学生严厉一点、狠一点，往往可以迫使他就范，正是这种常见现象助长了教师对软、硬暴力的迷信。其实这种策略的作用是相当有限的：用来吓唬过去的孩子管用，对现在的孩子就不一定管用了；用来吓唬小学生管用，对中学生就不一定管用了；用来吓唬女生管用，对男生就不一定管用了；用来吓唬山沟里的孩子管用，对城里的孩子就不一定管用了；用来吓唬"初出茅庐"的孩子管用，对"久经考验"的孩子就不一定管用了。我估计，books老师遇到的这几位"油盐不进"的学生，就是身经百战者，想来她们过去的老师一定对她们用过更狠的办法，所以books老师的罚站，对她们来说就是"小菜一碟"了。books老师要想沿着这条思路使她们顺从，非用更狠的招数不可，于是这些孩子到了中学，老师就更没法管了，除非发给老师电棒和手枪。

我并不是反对惩罚，甚至对某些体罚也持宽容的态度，但是我非常遗憾地发现，那些主张严厉、赞成体罚的老师，几乎都是软、硬暴力的崇尚者，他们不是把适当的惩罚当作补充的教育手段，而是作为"主牌"来使用的。这不是正路。

你会发现，那些总是扬言"给学生来点硬的"的老师，对提高自身的教育艺术水平兴趣不大。道理很简单，罚站是不需要教师有多少教育艺术的。恕我直言，books老师对这几个学生采取的措施极其简单，是任何一个成人都能做到的（不是教师都行），只要给他权力。所以严格地说，books老师并不是在教育学生，而只是在运用手中的权力管束学生。我们看不出其中有多少"科技含量"。

第三种情况：教师的工作没有做到点子上。学生不听话，最大的原因其实正是这一种，可是很少有教师这样分析问题，多数人甚至连想都不往这方面想，books老师也是如此。为什么多年来教师素质和校长素质提高得如此缓慢？这是重要原因之一。books老师如果想到了这种可能性，起码就要向学生询问一下，她们为什么要在宿舍唱歌，为什么坚持自己做夜宵。要知道，这可能有多种原因，搞清原因才能对症下药，才能引导。books老师完全没有研究问题的欲望，他只想让学生"照我说的做"，我们把这种老师称为"单纯管理者"，严格地说，作为"教育者"，这是名不副实的。

最后我们再来谈谈"生气"和"摧残"问题。有一句名言说："发怒，是用别人的错误来惩罚自己。"只要一个人缺乏反思自我的习惯和能力，他就走上了不断生气的不归路。许多老师都是这样，不想改变自己，却幻想一拨一拨的学生都顺自己的心，结果迎面而来的只能是一连串的失败、吃惊、愤怒、沮丧、寒心、委屈，甚至绝望。

books老师问："是在摧残学生吗？"我想这个问题可以先不讨论，我要说的是，books老师首先是在摧残自己。

2004.2.13

我被学生"开除"了!

当学校里其他班主任都在为自己的班级忙得晕头转向、焦头烂额的时候,我却因为被学生"开除"的缘故而显得格外清闲。时常有同事带着艳羡的口气向我询问:"农老师,你到底有什么秘籍?"

"秘籍?那可是祖传秘方哟!"我微笑着说。其实,我哪有什么秘籍呢?

"农老师,上周是你班值周的吧?"星期一的早上,我在校道上正匆忙地往办公室赶的时候,校长在半路上截住我问到。"值周?"我一愣。上周全县英语优质课比赛在我们学校举行,我应邀担任评委,一连几天忙不可开交,我倒没注意到是不是我们班值周。莫非出了什么乱子?我心里暗想。不过为了不让校长看出我在这件事上的漫不经心,我含糊地答道:"可能是吧!"

校长的大手用力地拍着我的肩膀,笑眯眯地接着说:"各项任务完成得真不错,来听课的其他学校的领导、老师都赞叹不已啊!"

原来如此!我松了一口气。这帮家伙,那么大的事,竟然不和我打声招呼,万一出了什么乱子……

敷衍几句后,我借故逃之夭夭,直奔教室。

"上周是我们班值周,在值周班长和劳动委员的领导下,经过全体同学的共同努力,圆满完成各项任务,上周的量化评比没有被扣分。不过,还是存在一些问题……"

这是值日班长在作晨会发言。我站在教室的走廊里,侧耳倾听。当他发言结束后从讲坛上走下来时,发现了我,喊了一声:"老班!"经他这么一喊,全班几十双眼睛都被我吸引过来了。我走进了教室,满脸的"乌云":"上周我们值周,这么大的事情,你们都不和我说一声,你们呀你们……"

没等我说完,马上招来一片抗议声:"都印在工作安排表上,是你马大哈。""没娘的孩子早当家啊!""你常说我们能够做的事你不做。"

我被将了一军，但我满怀欣喜。准备早读了，文娱委员提醒道："请大家拿出歌词本……"

"课前一支歌"的时间，我可不敢占用，这是他们固定的节目。我又被他们"开除"了，只好慢慢地朝办公室走去，身后飘来他们悠扬的歌声："我们走在大路上……"

还有一次学校要举行广播体操比赛了，各班都在利用课余时间紧张地准备着，我本想过问一下，但想到当初定下的"学生能够做的事情，老师不做"的规矩，我只好欲言又止。之后的训练，他们都是提着台录音机，在学校后山山脚下的一块草坪上进行。为了保密，训练时不仅禁止别班同学去观看，连我这个堂堂的班主任也不得去看，还说要给我个惊喜。我只好放下了那颗好奇的心，做其他事去了。比赛的日子终于到了，我们班出场的次序比较靠后。排在前面的二班的表演很精彩，94分的得分暂时排在了第一位。轮到我们班出场了，我的心提到了嗓子眼上。裁判亮出了分数：97分！全场最高分！我们又赢了！

其实被学生"开除"的何止是这些事？班规他们自己定，纪律自己管，学习有人督促，卫生有人检查……不过，也别太担心，我也有很多不被"开除"的时候。

下午5点，课外活动的时间。"老班，打球去！"下课了，我正在办公室里改手头上最后几本作业，班里的篮球队长来拽着我的手，我这个校队的主力替补就成了他们的球友。我随他们在球场上东奔西跑，还不到30岁的人，竟也累得气喘吁吁，追不上他们了，不由得感叹：廉颇老矣！

晚读下课，是我打开信箱看是否有"情况"的固定时间。"老班，今晚是否有空？若有，老地方见。"

署名是小云、阿娇。这两个小家伙，心里不知又有什么事情。好吧，老地方就老地方，于是校园里龙眼树底下的那个乘凉台就变成了师生谈心的好地方。这样的预约一周里少说也有一两次。久而久之，那里竟成了我们班人所共知的"老地方"！

我喜欢这样被学生"开除"！要说我管理班级有什么秘籍，我想不外乎是：该出手时就出手，该放手时就放手。我只不过给了他们一份信任，一个舞台，必要的时候拉他们一把，扶他们一下。因为，雄鹰，终究属于蓝天！如果你也是班主任，希望你也和我一样经常被学生"开除"！（明志）

○ 点评

高科技含量的工作

满怀喜悦向网友推荐明志老师的这篇好文章。

这才是高科技含量的工作。

这才是名副其实的班主任，而不是"班官""班妈""帮主""班奴""警察""监工""救火队员"……

这才是真正的"负责任"——担负起培养学生独立性的责任。

有所不为才能有所为，节约精力才能把钢使在刀刃上。明志老师抓的都是学生自己确实解决不了的问题，这才是"及时雨"。我们现在许多唠唠叨叨的"事儿妈"式的老师，则更像"淫雨霏霏，连月不开"的恼人天气，难怪招学生厌烦，吃力不讨好。

在武侠小说里，凡是徒弟能打赢的对手，师傅是不出手的，只在旁边助威或指点，徒弟们都败下阵来，师傅该上阵了，战则必胜。为什么这么做？因为他相信徒弟的能耐，而且自己有真本事。所以我就怀疑那些事必躬亲，每天忙得要死，因而怨气冲天的"班妈"们，至少有两个问题：第一，不相信学生；第二，对自己也缺乏信心，做不了高科技含量的谋划，只好忙忙叨叨多干点具体活，来证明自己的价值。满身"匠气"，而非"帅才"。

班主任理应是"帅才"。放手让学生"自治"，这才是教育管理的正确方向，也是校长、教师脱离苦海的"方舟"。对魏书生老师的教育教学经验，我持异议处甚多，但是这位先生能整月整月外出开会而班级照常运转（这样好不好，是另一回事），我还是很钦佩的。这是真本事。

当然，这种"自治"要考虑到学生年龄不同、素质不同，人文环境不同，班风不同，小干部水准不同，教师素养不同等因素。实行的步骤和程度恐怕都不能"一刀切"。明志老师被学生"开除"，乐陶陶。我达不到此种境界，偶尔"停职"总可以吧？

松一条绳索，教师得一份自由，学生得一次锻炼。

2005. 3. 2

一次"集体会诊"

周×是课代表，但有时自己的作业都做不好，还要抄人家的。有些学生早有微词：让他"下岗算了"。然而，另一方面，他聪明活泼、思维活跃，成绩名列班级上游，只是有些不良习惯，如做事马虎，得过且过，自制力差，所以在班上威信不高。不少学生尤其是优等生经常嘲笑他，拿他做笑料，再加上老师不恰当的批评，使他的工作热情渐渐消靡，工作很不实在。我认为可以采用集体影响法来对其进行矫治。

我组织了一次辩论会，然后就周×同学能否留任课代表来一个"全民公决"，一方人数超过2/3就算结果有效。

我刚宣布完，周×就愣了，同学更是一片哗然。经过一番议论，学生之间很快就形成了"正、反"两大阵营。

反方一辩：我认为周×同学不可以留任。他缺乏责任心。你们看，昨天的作业本还堆在讲台上呢。（有人偷偷地笑，周×一下子羞红了脸。）

正方一辩：我认为他可以留任。从总体上说，他的工作还是做了的，再说，没有功劳也有苦劳啊。

反方二辩：作为语文课代表，他并没有特别的优势。请问，他能代表什么呢？

正方二辩：为了及时抄好作业，他有时就不回去吃饭；每天收发作业，也用去不少时间，有一次为我们几个拖拉作业的交本，一上午跑了三趟办公室。从这点看，周×还是有奉献精神的。况且他在语文方面也并非一无是处，例如书法不错，语文测验也考过第一。

反方三辩：我觉得他太让老师失望了。老师三番五次、苦口婆心地教导，可他改观不大，我们都替老师着急。

正方三辩：细心的同学会发现，他能虚心接受批评，能坐在教室里真诚地听取各位的意见。这种胸怀，这种勇气，你有吗？

反方四辩：我们需要的是"与时俱进"的班干部，是"庸者下、平者让、能者上"的管理体制。总之，我们认为应当另请高明。

正方四辩：看一个人应当全面地、发展地看。我们正方相信，明天的周×定然是全新的周×，是我们所信赖、喜欢的课代表！

我说：好，论辩结束，下面开始表决！请组长计票。

不好！全班49人，有32人同意，离2/3还差1票。怎么办？这时同学们都盯着我——我缓慢而又坚定地举起了手，教室里顿时响起了热烈的掌声。周×也终于抬起了头，眼里流露出激动、自信和感激。

说实话，举手以后，我还真有些后悔。可第二天一看，作业本早就整整齐齐地在桌上等我了！（yehang）

○ 点评

慎用集体舆论压力

我感觉这个案例的情况大体是：小干部工作业绩不佳，教师通过个别工作不能解决问题，于是调动全班的舆论，一打一拉，终于使这个孩子的工作有了改观。

这种办法好吗？值得商榷。

这实际上是一次公开的评议会。据我个人的理解，召开这样的评议会是必须征得本人同意和大家同意的。可是好像老师并没有这样做，所以当班会开始之时，被评议者"当时就愣了"，而其他同学则"一片哗然"。整个安排给人一种"突然袭击"的感觉，不像是真正的民主。

再有，这样的评议是每个干部都必须经历的吗？是轮流着经历吗？为什么周×要接受群众评议而其他班干部就不需要？如果说班干部需要鼓励，其他班干部就不需要鼓励吗？如果说班干部的缺点需要批评，其他班干部就不需要批评吗？周×现在需要"全民公决"以决定去留，为什么其他干部就不需要？是有人弹劾他了，还是教师的主观决定？2/3的比例是谁决定的？什么时候决定的？只对周×有效，还是对所有干部都有效？总之，这种"公决"的做法是一种事先制定的大家认可的常规制度，还是教师心血来潮而进行的？如果是前者，那是法治；如果是后者，那就是人治。

再说，本来这位周×就威信不高，"不少学生尤其是优等生经常嘲笑他，拿他做笑料"。如此当着全班的面对他品头论足，他其实是很难堪的，万一投票不能通过，恐怕对他心灵的伤害是很大的。教师能随便这样冒险吗？

所谓"通过集体，在集体中进行教育"，愚以为主要是通过集体环境和集体氛围影响学生。教师应把集体看成一种人文环境，而不是看成一个可以拿来使用的工具。

2005.3.3

如此"安全教育"

最近某中学学生中流行一句口头禅："对不起，我不知道。"多方打听才知道，原来学生是受到校门口的"温馨提示"的影响。"温馨提示"一般是对他人起提示教育作用的。该校的"温馨提示"粘贴在校门里外，显得十分醒目，不时吸引学生和来访人员驻足观看。其中第二条是：不要轻信陌生人，不要和陌生人搭讪。遇有陌生人询问，应简短礼貌回答："对不起，我不知道。"

不要轻信陌生人，还说得过去；不要和陌生人搭讪，这就比较保守了。搭讪可以帮助人提高交际能力和拓展交际圈。素质教育的今天，教育工作者更应该在常规教学工作中落实新的教学理念，培养学生沟通交流的能力。当前农村相对比较闭塞，农村初中生大多为留守儿童，社交圈子本来就相对较窄，如果学生局限于熟人之间的交流，这无疑是禁锢了学生的思想，学校也可能成为生产冷漠学生的"工厂"。久而久之，会令学生产生孤僻消极的心理，不利于学生的健康成长。这句提示中的"礼貌"其实就是一种不礼貌。比如问路、了解情况、社会调查……如果得到的结果都是"对不起，我不知道"，这会让人感受到社会的冷漠，令人心寒。这与"学雷锋，树新风""拒绝冷漠，传递爱心"的精神背道而驰。

学校是育人的主要场所，学校教育很大程度上决定了学生的性格和学生的将来。校园文化以学校为载体，指引着学生的成长。若校园文化只停留在"保护学生自身"阶段，而忽略了德育和学生能力的培养，势必得不偿失。"小悦悦事件"就为社会敲响了警钟。

王老师，希望能得到您的指导。（生不如死）

○ 点评

生不如死（这个网名有点吓人，何出此名？）老师：

您说得有道理。人生总会接触很多陌生人，这是谁都躲不开的，学校如果片面进行"不要和陌生人搭讪"的所谓"安全教育"，等于给孩子未来的发展设置屏障，安全教育也就退化成了"玻璃罩教育"和"退缩教育"。在小学，这么教育还说得过去，中学生了，还往壳里缩，什么时候才能走出去？所以我说，要同时进行两种教育：一种是"不要轻易单独接触陌生人"，另一种是"如果确实需要和陌生人接触，如何防范危险"。这才是比较完整的安全教育。我们的社会风气，现在太邪乎了。学校里一出点事故，媒体就大呼小叫，个别家长就不依不饶，教师则魂飞魄散，结果弄得学校连春游都不敢组织了。我还见过有的老师连下课十分钟都不让学生动，除了上厕所的，大家都在那儿坐着，活像一群小兵马俑。我问老师："你是不是疯了？"答曰："万一哪个学生玩耍时摔个跟头，家长得整死我！"这可倒好，安全第一，快变成安全"唯一"了。如果一切为了安全，孩子根本甭上学，每天在家里养膘，岂不更好？凡生存必有风险，要发展风险就更多，人生谁没个七灾八难？你怎么能为了活着而活着、为了安全而安全呢？由此可见，如今在这个方面的整个社会风气都已呈病态。在这种形势下，学校制定了很多举措也是出于无奈。不过我想，作为教育者，我们还是应该为多数孩子的一生着想，不要把他们都弄成未来的"宅男""宅女"。要知道，学校这么搞，只是眼前弄个"平安无事"，最终受害的还是家长，因为孩子如果窝窝囊囊，见人怕三分，长大了不会砸在学校，他还是要砸在家长手里，相信大多数家长能明白这个道理。

2013.4.3

　　我几乎是每年都要私自带学生出去游玩，我做了很详细的组织工作，在人员角色安排、前期路线现场勘察、药品方面都作准备。但万一有事，责任还是都得自己担当，还可能连累学校领导，真是难过。雷锋做好事，不会也难在这些地方吧？不过还是有些老师愿意和我一起去，真感谢这些人。说零风险是睁着眼睛说瞎话，教育应该对风险划等级，有些等级的风险应该国家承担，而不是教师、学校。

2013.4.6

女老师对领导大吼

我去发学期结束工作安排表的时候，教导主任让我顺便把他的期末考试阅卷安排表发一下。来到办公室，一个年轻的女教师对着我大吼起来："怎么，又要叫我批外语？而且批卷的人又那么少。上学期我们都批到了天黑，这次我不批了。"她拍桌子又瞪眼，还动作幅度很大地将我发的纸在办公桌上乱挥舞，恨不得将它扔到我的身上。

我想到了该女教师的特别之处：对什么都不在乎，属于胆汁质类型的人物。有次校长跟她说不能经常迟到，她非但不接受，反而揭校长夫人的"老底"。

我不便与她当面冲突，于是说："请你不要这样发怒，先冷静下来。这不是我的安排，是教导处的决定。你有什么意见，可以和教导主任进行沟通。"她更疯狂了，使劲地拍打着桌子，声嘶力竭地吼叫着，连脏话都出口了。

我想，此时我再去与她解释什么，已经纯属多余。批卷那天她真的不来，学校的规章制度自会产生作用的。我继续把没有发完的表格发完。周围办公室的老师都探着头看。也难怪，中国人就是这样的，喜欢围观，看"好戏"。

中午吃饭的时候，我听到很多老师都在议论着刚才那女教师对我发怒的事情。看到我走过他们的饭桌，他们都很神秘地停止了议论。后来有人告诉了我教师们议论的内容。他们议论的主题是：我推卸责任，我没有胆量，我被那女教师吓晕了。似乎在教师的心目中，那女教师是胜利者，而我是个完全的失败者。

我感到不快和纳闷的是，广大教师为什么会完全站在与我对立的一面？我向老领导请教其中的原因，老领导一语中的："教师与领导历来是矛盾的两个方面。当领导与教师发生矛盾的时候，你不要天真地指望教师能站在领导这一边。"（woxinjifo）

○ 点评

为什么会对立？

领导安排阅卷工作，一位女老师激烈地提出抗议。我们来看看这位领导的思路和应对方式：

1. 他首先注意的是这位女老师的恶劣态度（态度确实不好）。

2. 然后就联想到，此人的气质属于爱发脾气类型的，而且一贯如此，不便与她冲突。

3. 然后就对这位女老师说："请你不要这样发怒，先冷静下来。这不是我的安排，是教导处的决定。你有什么意见，可以和教导主任进行沟通。"

请特别注意这个回答，完全文不对题。

女老师问的是"为什么又要我批外语"，这位领导回答的却是"谁决定的让你批外语"，问的是原因，答的是责任者。

恕我直言，这是典型的官僚主义语言——踢皮球。

请这位领导想一想，如果贵校运动队参加全市运动会的接力比赛，每次都被安排在第 6 跑道，因而吃亏，您气愤不过，跑去质问："为什么总安排我们在第 6 跑道？"得到的回答是："请您不要这样发怒，先冷静下来。这不是我的安排，是总裁判组的决定。您有什么意见，可以和总裁判组进行沟通。"您生气不生气？

如果他再加一句，会把您气炸的："您身为领导，要注意影响，不要失态。"

用强调对方态度不好来回避人家提出的具体问题，是中国人的绝招。

很多老师跟学生发生冲突的时候，都是咬住学生没有礼貌不放，于是学生是否有道理，就被放在第二位了，连论题都变了。

看来教师是跟领导学的。

这位女老师提出的问题其实并不难解决。如果总让她批外语卷子确实不公平，给人家换换就是了；如果安排上确有具体困难，那可以向她详细解释原因，求得她的谅解，或者用什么方式给予补偿；如果她是拈轻怕重，那可以摆事实证明别人的工作量不比她的小，或者干脆给她换一个工作让她尝尝滋味。

总而言之，这个问题完全可以透明化，透明了就好解决了。

4. 这位领导的非透明语言激怒了女教师，她发了更大的脾气。于是这位领导想，如果"批卷那天她真的不来，学校的规章制度自会产生作用的"。这显然是打算用制度压人。

5. 听到老师们的议论，这位领导想的是自己是不是个"失败者"。

6. 他还很委屈：广大教师为什么会完全站在与我对立的一面？

从头到尾，我们没有看到这位领导有一点反思自我的意思，他完全没有能力做换位思考，而且一开始就拒绝讨论女教师提出的具体问题，一直坚持到最后。

从头到尾，这位领导自我中心的思维方式没有丝毫改变。一切想法都是从自我出发：我的责任，我的面子，我的群众关系，我的成功与失败。至于女教师的工作负担问题，他完全没有考虑。

最有趣的是那位"老领导"的经验之谈："教师与领导历来是矛盾的两个方面。当领导与教师发生矛盾的时候，你不要天真地指望教师能站在领导这一边。"

是的。如果作为领导永远用这种官僚主义的态度对待群众，群众确实永远不会站在领导这一边。

2005. 1. 25

第四部分
师生关系问题

　　一般说来，在师生关系中，教师是主导方，所以师生间一旦出现矛盾，教师还是多自我反思为好。但这不等于说学生是上帝，学生永远是对的。我主张谁的问题就是谁的问题，实事求是。

你会喜欢每一位学生吗?

"傻帽儿"老师在网上提出了一个问题:"你会喜欢每一位学生吗?"对此,网友们回答如下:

1. 我不一定对每位学生都喜欢,但我一定对每位学生都平等。(大本本)

2. 其实大家认真地去观察的话,每个同学都有他的可爱之处,不要只盯着他们的缺点,慢慢地你就会喜欢每一个学生!(金耳东)

3. 品行好的学生我一定喜欢,不一定成绩好!(吾爱吾笛)

4. 偶也是的!品行差的学生,真头痛!!!(法子)

5. 对学生的态度只要对得起天地良心即可!换位思考一下,如果你是家长,你希望老师怎样对待自己的孩子?试着和每位学生沟通,试着去寻找每个学生身上的可爱之处,你会发现每个孩子其实都是挺棒的。(K12教育教学论坛)

○ 点评

区分职业的爱与私人的爱

"你会喜欢每一位学生吗?"这个问题提得非常好。

"爱"这个词已经弄得几乎所有人都很头痛了。

家长和教师的许多"爱",孩子实在是不敢享受;而校长们天天挂在嘴边的"师爱",也已经变成了悬在教师头上的一把宝剑了。

为什么你教不好学生?因为你对学生爱得不够,爱的浓度和剂量不够;只要你的爱达到最高的温度,石头也能融化——这几乎成了教育广告词了。

于是就闹成了这样:只要身为教师,谁都不敢说自己不爱学生,特别是在写总结的时候。然而到底爱不爱,爱到什么程度,爱的覆盖面有多大,那就只有他自己知道了。

愚以为，笼统地歌颂"爱"虽然不能算错误，但是也没多大意思。教师岂止应该爱每一个学生，难道他不应该爱每一个人吗？"博爱"嘛！还有，动物是人类的朋友，你也得爱动物呀！更不用说爱你的家人了，还有事业，还有祖国。

可见，每一个人"爱的负担"都是很重的。你心中至少需要储备一万吨的"爱"，才凑合着够用。

所以，如果我们不打算说假话，我们恐怕就得承认，任何一个人爱的付出，都是有选择、有重点的，否则他很快就被爱累死了。

所以，我们不能要求教师对每个学生都给予温度极高的爱。如果校长这样要求我，我就会满怀爱心、满脸微笑地请求他："麻烦您爱一下我看看！"

教师对学生的爱，应该主要是职业的爱，而不是私人的爱。

教师的爱是一种关心，一种关切，一种理解，一种宽容，一种帮助，教师是可以一视同仁地把这样的爱献给学生的。

比爱更重要的是尊重。我早就说过，我要是学生，对教师是否爱我，不会太在意，但我希望他们都尊重我。

至于私人感情，我们就不能也无法要求教师对每一个学生都喜欢，那是不合情理的。

职业的爱是必须做到的，私人感情是无法强求的。

现在许多老师一提起"师爱"头就大。如果他们发现自己无论如何无法爱上一个说谎成性的学生，就会怀疑自己师德不够高尚，就很焦虑。我想这顾虑完全是多余的。如果您竟然喜欢一个说谎成性的人，我看您就有问题了。学生说谎，我当然会反感，但是这并不妨碍我关心他和帮助他——像帮助一个病人一样。这就是师爱。师爱不是私人的爱。

至于教师与学生的私人关系，那属于另一个问题，应该和工作分开。

2005.1.24

我的一个梦想

我一直有一个梦想：能成为学生的知心朋友。在平常的工作中，我也尽力做到站在学生的立场上来考虑问题。这几天，我遇到了一个让我困惑的问题，想向各位老师请教，请多多指点！（略）（方竹）

○ 点评

知心朋友可遇不可求

方竹老师的梦既美好又善良，但恐怕是无法实现的。

朋友有很多类型、很多层次。我们通常都是和某类朋友谈某一类话题，跟另一类朋友谈别的话题；跟有些朋友谈得深，而跟另一些朋友谈得浅。这不是虚伪，而是人之常态。

至于知心朋友，那是无法预知，无法"定购"，甚至无法追求的。因为"知心"中包含着很强烈的感情因素，而感情，谁都知道，那是求也求不来的，强迫更没戏。

假如我遇到一个人，见面就声称要做我的知心朋友，我虽然很感激，但也会有一种被侵犯的感觉——我为什么要做你的知心朋友？我可能对你评价非常高，但未必愿做你的知心朋友；我可能对某人评价并不高，但我有心里话会对他说。人就是这样奇怪。

努力去做一些注定要失败的事情（如做每个学生的知心朋友），只能造成焦虑，造成不必要的自责，甚至可能造成"善意的虚伪"，这对教育工作没有好处。

我们尊重学生，尽量理解他们（完全理解是不可能的，而且理解得过分，也是一种侵犯），努力爱他们，这就够了。至于他们把我们看成是恩师，还是知心朋友，还是普通朋友，还是熟人，甚至是路人，那都是他们自己的事，应该让孩子自己去选择。

在师生感情问题上，也要保持平常心。

2004. 12. 6

迟到与爱心教育

武汉有一个初中生，从小学开始，每天早上到校都迟到，经老师、家长教育多次都没有改观。后来该生到了特级教师叶老师手上，叶老师就想了一个办法，每天早上六点打电话叫这个学生，学生听到电话响后，压下电话，回拨给叶老师，这时候叶老师再提醒他，叫他起床。就这样，坚持了两年，这个学生早上赖床迟到的毛病最终彻底解决了。这个事还在网络上、报纸上被报道过，普遍认为学生的改变都归因于老师的师德。后来有一次叶老师给我们作讲座，也引用了这个例子，也是说，对学生要用爱心去教育。

这个学生问题的解决，老师坚持不懈的付出当然起到了作用，师爱的作用自然不容忽视。但是不是还有别的因素起了作用呢？我想，这个学生对老师的敬意、老师的权威、长久的电话联系对行为的矫正应该都起了作用吧。恐怕不是师爱的单一作用。那些报道以及叶老师本人对这个学生赖床迟到的原因其实并未进行过分析，如果她在学生心目中没有什么权威，要解决问题，是不是会更困难一些呢？其实再想想，这个孩子在小学时，如果老师和家长一起分析学生赖床迟到的原因，做些有针对性的工作，可能早就解决了这个问题，也犯不着叶老师那么辛苦了吧。

前年寒假，我也学习借鉴了一下叶老师的这个做法。有一个七年级学生不做寒假作业（他平时在学校也爱拖作业，而且速度比较慢），家长说过多次也没用，就请我帮忙教育。我也每天早上打电话给他，然后这个学生再打电话过来。我就叮嘱他每天做一点，大约十来天，他的寒假作业终于做完了。我在想，我对这个学生并未付出太多的爱，我只是想办法解决问题而已。这个学生之所以能听我的话做作业，大概也不是因为被我的爱感动了，而是出于我在学生心中的权威。不过，这点我没问他，只是猜测而已。（冰山7091）

○ 点评

向叶老师和冰山 7091 老师致敬！这样耐心细致的工作，只要学生不逆反，肯定会见效的。这基本上就是行为主义的训练，坚持的时间长了，学生就改变了原来的习惯，重建了新习惯。但我们不能要求每个老师都付出这样的辛苦劳动，他们也未必有这个精力，而这种事情不付出辛苦劳动，不长期坚持，要有所改变基本上没有可能。所以我就提醒各位教师和家长，如果您不打算或者没有精力、没有毅力付出这样的艰苦努力，您的期望值就不要太高，孩子能有点进步就好。凡属习惯，都是很难改变的，这也就是学校里行为习惯型"问题生"最让教师头疼的原因。

而且这种训练有一个前提——孩子必须听你的。孩子为什么会听从你的安排呢？现在比较时髦的说法是因为他被你的爱感动了，传媒特别热衷于炒作这种理念。我想，有这种可能，但未必全都如此。冰山 7091 老师通过亲身处理的一个案例对此提出了质疑，我认为很有价值。这里面教师的权威起的作用很大，而权威不光是感情因素在起作用。以我自己的经验，可能有些孩子自己早想改正某些坏习惯了，但是他没有毅力，正好这时候老师来帮忙，老师又很有毅力也很有权威，他就会配合，于是事情就成功了，并非都是"爱"的神力。

希望各位不要误会，我不是看见"爱"字就生气。我是说，片面地、过分地把教师的成绩都算在"爱"的账上，会给很多教师造成情感压力——多少爱的存量也是不够用的，需要爱的学生太多了。爱是没边的，而任何人的情感都是有限的，他还要分出很多情感去爱配偶、爱孩子、爱国家、爱民族等等，再说他脑袋里也不能光装感情，他还要思考。我见到不少老师都对我说：我可做不到像某某名师那样爱学生！这是实话，不能因此就说他师德有问题。其实很多事并不需要那么多爱，正如冰山 7091 老师所说，"我只是想办法解决问题而已"，这就好操作多了。夸张式的爱的宣扬实际上是在用爱吓唬老师，这种爱可望而不可即，反而减少了他们工作的信心和勇气。爱是一种很普通的东西，把它弄上莲花座，吹得神乎其神，会捧杀它的。我认为，有不少教育家和名师都犯了这种错误，虽然他们可能是好心。然而我这么一说，就会有人认为我冷冰冰，说我主张"不爱学生"。这种人倒是蛮可爱的，我愿分出一小份爱给他们。

2013. 3. 31

感激式教育

我以前是一名小学教师，两年前调入中学任教。对于班主任工作，我一直在努力，但总觉得效果不佳。我基本上是在贯彻和执行教育方针，心里也充满了对孩子的爱，关心他们，照顾他们，从不体罚犯错的孩子，孩子们也对我挺好，但有几个孩子却让我十分头疼。其中有一个男生、一个女生，他们都很聪明，但没把聪明用在正道上，任我如何教育他们，如何对他们好（比如那个女生因把同学打伤需付几十元的医疗费，不敢回家要，都是我给付的。我跟她说只要能乖一点就行了），可他们还是喜欢上自习的时候说话，上某些课的时候不听课，甚至跟老师对着干（特别是那个男生，好几次顶撞英语老师）。我也跟他们的家长联系过，男生的父母在外打工，爷爷奶奶根本拿他没有办法。女生的父亲特别暴躁，所谓管孩子就是一顿拳打脚踢，孩子的逆反心理特别严重。我说这么多，只想请问一下如何能让这样的孩子遵守纪律，不违反学校的规章制度，请王老师不吝赐教。在此先谢！（弋梦）

○ 点评

弋梦老师：

感谢您的信任。

因为您介绍的情况十分简略，我很难判断这两个孩子问题的性质，也就没有办法给您出具体的主意。我想对您说的是：

解决学生的问题，光有关爱是绝对不够的，还要有科学的研究和对症下药。您想，医生能光靠爱心给病人治病吗？不体罚是对的，但是不能不惩罚。

再有，很多学生问题的根源都在家庭，因此，教师不学会具体地指导家长（给家长出具体的主意），也解决不了问题。要出主意，您就得先搞清家庭教育的失误在哪里，这又得调查和研究。

我总的感觉是您很辛苦，但是动脑筋研究不够。搞不清产生问题的具体原因，您的教育就容易流于一般的关爱和管理。这种办法不是对每一个学生都管用的。

另外，个别学生的问题的产生不是一日之寒，因此学生不大可能飞速进步。这时候如果教师急躁，就可能看不到学生的微小进步，老觉得自己失败了。其实不一定，也许您已经很有成绩了，但这得看原来的基础。

教育并没有包治百病的药方，全靠您自己思考和试验。别人的作用，无非是引发您思考而已，我的建议也是如此。

2005. 3. 17

王老师，谢谢你百忙之中还关心着我的事，你的见解让我作了一番深刻的反省。在工作中，我总是高举着"爱心"这面旗帜，但我并没有真正走进他们的心里，工作也只停留在表面，为的是让工作尽量简单化。比如，在学生生病的时候，即使是寒冬腊月的深夜，我也会带他上医院，陪着他输液。我想学生会因为感激我而不违反纪律，但如果事实不是这样我就会因失望而觉得工作辛苦，特别没有成就感。而对于学生的调查研究工作我做得更不到位。我提到的那个女生，在初一进校的时候，就曾经在深夜生过一次重病，我陪她到晚上两点多钟，第二天早上还有早自习，我觉得体力严重透支（我以前在小学，从没有上过早晚自习，刚开始，特别不适应），但我仍在尽着自己的责任。在上学期，我了解到她早恋了，思想特别不稳定，我也通过做思想工作让她自愿结束了与那个男生的交往。这学期开学，她不愿读书，觉得自己反正将来会去读中专学校的，还不如在家先休息休息，落得个轻松自由。我又打电话联系她的父亲，让她重返校园。刚开学没几天，有同学就反映她上自习课纪律特别差，老爱笑，我把她叫到办公室了解情况，她还是一个劲儿地笑。我跟她说："一个人开朗乐观是好事，可要分清场合，不能置学校和班级的纪律于不顾。"她也频频点头，可总是会旧"病"复发。我也总在想，我一定还没有拿住她的"七寸"，但我就是没有那种探究的精神，不想花太多的时间去研究，而且工作时有点得过且过，如果没有事情发生，我就放松监管，一旦出了事情，我才会走形式地拿来快刀斩乱麻地解决。王老师，请问对于这样的女生，你会怎么做？（戈梦）

您很生动地描绘出了现在很多老师的工作状态，这是一种非研究型的工作状态。

确实，很多老师都是这样，想用"关爱"换来学生的"感激"。教师一厢情愿地以为，学生一感激，就会改正缺点。可是现在的孩子由于家庭的溺爱，感恩的意识越来越淡薄。您想，您的关爱再多，能超过家长吗？家长关爱了那么长时间，那么大的力度，都没能使孩子听话，您的爱怎么就那么灵呢？

　　教师当然应该爱学生，但是他教育学生主要应靠自己的教育专业本领而不是爱。关爱本身不属于专业本领，谁都会的，只要有一颗善良的心。

　　再说，即使教师的关爱确实感动了学生，他决心改正自己的缺点来报答老师，他也未必能做到。这是需要意志的，这是需要能力的。他很可能缺乏必需的意志品质，或者他的能力实际上达不到教师的期望，他也无奈。可是这时教师却会误以为学生忘恩负义、不可理喻、欺骗老师，因而非常愤怒，进而对学生发火。学生无路可走，只好翻脸，索性和老师对着干。这是我们在学校经常能见到的情况。

　　教师太主观了，没有搞清学生到底怎么回事，不清楚学生的想法、学生的真实能力。教师竟然幻想投入半斤关爱就一定能换来八两回报，天下有这样简单的事情吗？您说得非常对，这是想"让工作尽量简单化"。可是教育工作不是简单劳动，不动脑筋琢磨是绝对不行的。谁想把它简单化，谁就会发现问题最终变成一团乱麻，反而越来越不简单。

　　现在您问我对这个女孩子该怎么办。您提供的材料全都是零散的见闻，看来您并没有对这个孩子的表现进行逻辑的思考。我现在也搞不清她怎么回事。我只提醒您，遇事不要急于"教育"学生，要先搞清学生为什么会这样，她这样做的个人理由是什么。比如她"一个劲儿地笑"，必有她的个人原因。您对原因问都不问，上来就批评她违反纪律。恕我直言，这是浪费语言。因为她肯定知道这是违反纪律，还用您说吗？您应该研究的问题是"究竟是什么原因使她……"，搞清原因，才能找到解决的办法。这才是研究型的工作。

　　愚以为，您的当务之急并不是教育学生，而是转变自己的思维方式。否则您以后还会做大量的无用功，吃力不讨好，情绪会越来越低落的。

2005. 3. 18

"我一直强调打造互相信任的集体"

从小宇翻墙至今，我的心里一直都很纠结——学生犯错，我有没有责任？

开学之初，我就一直强调：要打造师生、生生互相信任的集体。出现这个事件之前，我虽然对班级的信任状况不大满意，但从来没有像此刻这样，对自己的工作充满怀疑。

开学之初，一下接手两个班级，并没觉得手忙脚乱，工作开展得井井有条。我想，我觉得轻松，是因为对自己工作能力的自信。因为对我一直带着的二班自律、自理能力的信任，我需要全力以赴的仅仅是今年刚接手的一班。

一班学生刚和我接触，我这个"后娘"首先要安抚学生的心理。我每天尽最大努力，对学生笑脸相迎，融洽和学生之间的关系，消除他们对我的敌意。那段时间，虽然我对他们要求也严，但我觉得孩子们对我还是很接受的。但不知从什么时候开始，我慢慢觉得我的工作不对劲起来，觉得师生关系不大融洽起来。

是从班级管理不断步入正轨时开始的吗？班级管理步入正轨后，我觉得孩子们（一班的老生、两班的新生）对我的对立情绪已经消除，也是为了工作的简便化，对于班级的管理，我就开始不那么细腻了。面对学生违纪，有些时候便不是去帮学生细致地分析、疏导，而可能是怒目相向，大声呵斥。也许就是从那时开始，孩子们不再信任我这个老师了。

这种不信任可能还因为我的"驭心术"。它曾是我引以为荣的东西。在以前的班级管理中，我的思想工作一直做得很"扎实"。从人生讲到社会，从理想讲到现实，从大事讲到小节，从如何面对父母讲到如何面对老师，目的只有一个——让学生听话。此刻想来，我无疑给学生带上了一个个的紧箍咒，绑架了学生的思想。这还不算，学生还送给了我一个绰号——"笑面虎"（学生这样当我面说时并无恶意——是说我的脸色变化快，一是说我好多时候一笑便没有好事）。我曾经写过《老师你别生气》一文，主要讲的便是我很少大发雷霆地批评学生。但是，现在想来，我的这些表现，会不会让学生觉得我变化莫测，从而不信任我，畏惧我？会不会让违纪的、也在气头上的同学找不到发泄的突破口而只能满腹牢骚？会不会让很少见我大发雷霆的同学们更加害怕我大发雷霆的那一刻？

我早该意识到这一点，但是，我一直没有觉察，我还一直以为自己相当的宽容，学生理应信任我。是的，有学生吸烟，我只是批评教育；有学生晚上在宿舍乱到很晚，我一样没有发飙；有学生屡教不改，我仍然耐心教诲。这一切，此刻想来，心里很不是滋味，好就是好，坏就是坏，是非功过在教育上怎能相抵？

小宇的翻墙，让我一下子懵了。怎么会有人翻墙？在这个我一心打造信任的班里怎么会有学生翻墙？信任我的孩子有什么事不能找我解决，而选择逃避？可笑的是，学生恰恰是因害怕我的处罚、觉得自己受了委屈而翻的墙！

小宇已经回到班级里来了，班里经此一事，更加风平浪静，但是，往后呢？往后的我该怎样开展自己的教育，比如我很在意的信任教育？（岚月）

全文都是教师在说自己的感受。其实应该到学生中去了解一下他们的感觉，然后再发议论。这个小宇翻墙究竟是不是因为失去了对老师的"信任"？目前无法做结论。岚月老师似乎认为只要学生"信任"老师，他们的表现就会让老师满意，或基本满意，这种想法不大合逻辑。"信任"没有这么大的威力，"信任"只能解决某些问题，不能解决一切问题。"信任是个纲"的想法，不妥。

2013.4.23

信任不是为了让老师满意，而是为了更好地暴露问题、解决问题。

我认为有了信任才有比如民主、自由、平等的教育基础，可是，在这方面我有些束手无策。王老师有什么教诲吗？或者推荐一些书目。（岚月）

"有了信任才有比如民主、自由、平等的教育基础"，这种说法值得商榷。信任未必是民主的基础，正相反，西方的三权分立体制，基础是对人性的不信任，因为不信任，才需要权力的限制和制衡。我完全可以不信任某人而对他采取民主的态度，我也完全可以很信任某人但对他一点也不民主。自由也是，自由意味着不受约束，它常有"只相信自己，不相信别人"的味道。所以，信任与民主和自由的关系非常复杂，您的理解太简单了。

其实信任只不过是说我相信对方在某些事上不会骗我，我可以放心地把某些事托付给他，但这并不意味着我认可他的一切行为。比如我信任某个商店，愿意到它那里去买东西，这一点也不意味着我肯定它的一切。同样的道理，学生信任老师，也不意味着他会处处让您满意，或者什么事都听您的。真是那样，就不是信任了，那是崇拜和迷信，而崇拜和迷信恰恰容易导致民主和自由的消失，导致控制和专制。

　　这些好像都是空话，但对于您却有实际的意义。实际上"信任、民主、自由"这些概念在您心目中都是模模糊糊的，"有了信任才有比如民主、自由、平等的教育基础"，对这种观点您也没有认真推敲，可是这些模模糊糊的想法（理念）却在指导着您的行动。所以学生出了问题，您就会往"信任"方面归因，您往这方面一想，都等于走上了某条思路，客观上却排除了其他想法，也就是说，您就不再调查研究事情本身的前因后果了。您的思路只会围着"信任"二字转，转不出来，你就束手无策了。我劝您换个思路，先不要考虑学生是否信任自己，而要先去了解情况，看看学生为什么违纪，然后再想对策。不要幻想学生一信任老师，天下就太平了，没有那么简单的事情。您是把教育的专业技术完全看成人际关系学了，事实不是这样的。

　　有大批的老师都这样想事情。他们总想用一个类似灵丹妙药的东西解决所有问题。比如有的老师迷信"严格要求"，一旦不灵，他就慌了；有的老师迷信"以身作则"，一旦不灵，他就迷惑了；有的老师迷信"爱"，一旦不灵，他就沮丧了；有的老师迷信"宽容"，一旦不灵，他就傻了；有的老师迷信"赏识"，一旦不灵，他就晕了。岚月老师迷信"信任"，对"信任"的期望值过高了。所有这些想法都不是没有道理的，问题在于，它们都只在一定范围内起作用。教师作为专业人员，手里一定要有多种武器，因时、因地、因人而异地使用，才能解决问题。

　　岚月老师参考。

2013. 4. 24

案例 70

如何克服"易发怒，易放弃"问题

冒昧请教王老师一个问题：

如何克服班级管理中的"易发怒，易放弃"这个问题？

举个例子，这几天，我校一直在筹办纪念"一二·九"运动的革命歌曲比赛活动，我在组织我班的学生合唱时，他们总是不出力，声音小得不像话。气得我恨不得弃权！

还有，每当看到班上的学生对自己班被扣了分而无动于衷的样子，我就气不打一处来，心里直想着他们简直"朽木不可雕也"，一怒之下，恨不得辞职不干。

你说，我该如何看待上面这类问题？又如何克服这"易怒"的毛病？（hwg）

○ 点评

你去探究，就不生气了

这是我当年做班主任时制怒的招数，效果不错。

比如我遇到您所说的唱歌声音小、扣分无动于衷的问题，我立刻就会在心里问自己：为什么会这样？奇怪！必有奥妙在其中。我得研究研究。

然后我就开始调查询问，分析思考，制定对策。

我还有工夫生气吗？没有了。

所以，保持好奇式的探究心态，是制怒的最好办法之一。

这也是提高自身素质的真正办法。

因为生气显然不能使人更聪明。

2004. 12. 8

再请教王老师，在遇到一些不顺心的事情时，人（也许只有我一个人）总是先去发怒，然后才会冷静。如何克服这一点呢？

而且，有些事情，原来本不是很大，但随着事情的处理，有时会"越处理，事情越大"，到最后，本来不大的事，还发了那么大的火。如何克服这个缺点呢？

如果说前者是瞬间发怒的话，后者就是自己将自己慢慢地引向了发怒的境地。

我都怀疑我的心理是不是有什么毛病！（hwg）

给你三条建议。

1. 查查自己怒气的来源。

使人发脾气的事件往往只是导火索，其实我们心里早就憋着一股火，那才是最重要的。比如家庭矛盾、同事矛盾、与领导的矛盾，都容易在处理学生问题时被引爆。古人称之为"迁怒"。如果您能找到令自己不愉快的根源，做些适当处理，则发火的问题就比较好解决。

2. 想办法进行"无害发泄"。

人肚子里有火就要发泄，这是很正常的事情，人人如此，区别只在于发泄的方式不同。有修养者非不发火也，他是用另一种方式在发泄。所以我建议您在对学生发火之前，找个没有人的地方，或者大喊大叫，或者奔跑跳跃，把火气发泄掉。这样，您面对学生，可能就没有那么大怒气了。

3. 如果还是控制不了自己，我建议您在发火前最后一刻转身走掉，过一会儿再来处理问题。

我不认为您心理有毛病。要算是有毛病，那我和您一样，也属病人。

2004. 12. 17

我骂学生是"人渣"

几年前，我接手了一个农村班，学生大都很淳朴，不多久就和我成了朋友，我真的很喜欢他们。不久，一个据说来头不小的孩子来到了这个班。最初一个星期还算正常，后来他就肆无忌惮了。下课不见人影，上课要么睡觉，要么就看课外书，或者给周围漂亮点的女孩子递纸条，有几次还在课堂上接手机。更气人的是，有一天，政治老师无意间发现他正在全神贯注地写着什么，于是把他正写着的东西给收了起来，揣到口袋里继续上课。下课回到办公室，他拿出那纸片，一看，完全的"少儿不宜"，全部是赤裸裸的黄色内容。

下午的第四节课是我的语文课。我进入教室的第一件事就是愤怒地叫那位同学站起来。我挥着纸片说：我不指望全班同学都考上清华北大，但希望每一个同学都自爱自强，有一个积极而成功的人生；我不希望哪一位同学以后是流氓，是人渣，是混账，是黑社会。不幸的是，在今天，在我们热爱的班级，居然提前"栽培"出一个"人渣"级别的人物，就是我们这学期转学来的C！全班的眼睛都朝向我手指的方向。他倔强地扬着头，眼睛狠狠地盯着我，突然把书桌上的东西一扫，桌子上的东西都掉在地上，最后，他一下子冲出了座位，冲出了教室。我没有再说一句话，在教室里转了一圈，学生们都埋下头去，干自己的事情。

C当天没来上晚自习，我没管。第二天上午他还没来。政治老师来找我，说还是给他的家里打个电话，万一出现什么情况也好应对。一直到十点多，我终于拨通了他家的电话，电话是他妈妈接的，她说，C一晚没回家，也不知道干什么去了。我问他以前也这样夜不归宿吗，他妈妈说，有时候是这样，多半又去网吧了。听着她平淡的声音，我的心放下来了，C不会怎么样，最多去通宵上网。我的心里充满了对C的鄙夷。

C是第二天下午回到教室的，他满身的疲惫，显然是没有休息好，头发乱糟糟的。这倒与平日关注自己外部造型、早晚都把自己弄得人模人样的他迥异。

不过，更大的惊奇还在后头。班干部来告诉我，C上课认真起来了，下课也开始摆弄政、史、地了，还问了班长一个幼稚的地理问题。我和其他老师也逐渐发现C的进步了，他变得不太爱说话，但明显换了一个人似的，守纪律了，爱学习了，各种公务安排到他头上，他就不声不响地去完成。甚至有同学发现，他和他的女朋友也分手了。

C后来告诉我，他冲出教室后，先是在操场上待了一阵，脑袋里充满了"人渣"一类的乱乱的声音。后来他出了学校，去了一家咖啡馆。他叫了一杯咖啡，一个人默默地呆坐。已经很长时间没人这样骂过他了，也没有人还在意他的所作所为。无论他做什么，无论他怎么做，都没有人理会计较。他和同学打架，父母为同学支付医药费，学校处理了其他的学生，对他的名字连提都不提。他上课故意看一本十分淫秽的烂武侠，老班看见了也不管。他去惹那些女孩子，老师只找那些女孩子谈话，根本不和他计较。他说，自己活着真的是行尸走肉了。有一次，他甚至听到他妈妈在打电话咨询工读学校。

他曾经是喜欢读书的，他曾经是有过理想的，有一次他还和同学争论是人大好还是复旦好。老师听见了，说："哪所学校都不好，黑社会最好，你们几个以后都可以参加黑社会。"气得他和那几位同学散学的时候把老师摩托的轮胎给"摧毁"了。当然，后果就是他和那几位同学都被学校勒令转学。还有一次做数学试卷，卷子少了一张，老师就过来拿他的。老师说："你做第一张的选择题就行了，其他的题反正你不会做，那还不如把试卷给别人用。"气得他把试卷撕得粉碎。他换过好几所学校了，父母都不再对他抱希望了。

咖啡馆午夜打烊，他在咖啡馆打烊后回到了大街上。他随便地由着自己的脚把自己往一条一条的街道和小巷上带，他"天马行空"般地胡思乱想。他不知不觉地还来到了学校外，在学校外待了好久，他想起老师曾经劝过一个调皮的同学：你可以不在乎你现在的所作所为，但你终有为人父的一天，以后你的孩子问到你中学时代的事情，你怎么给他讲？你好意思提到你的那些丑事？你对你的孩子怎么交代？C这时候想起来老师的话，竟觉得老师简直就是说给他听的。他做的那些事情，对任何人都无法交代啊。C整夜都没有睡意，整夜都在想，他好像终于想明白了，他应该换一个活法，应该好好地活给别人看，他不是人渣，不是混账，不是小流氓，不是黑社会。他是一个人，一个可以活得很健康、很阳光、很充实、很个性、很成功的人。

C的变化是我始料不及的。我很庆幸的是，我居然无意间就找到了一把钥匙，解开了一把"尘封"许久的生命之锁。C也确实是一个有悟性的孩子，如果是换了另外的一个人，可能作为教育者的我品尝到的不会是甜蜜的教育成果，而会是酸涩的教育后果了。（zmzyzkx）

○ 点评

zmzyzkx老师的"神骂"

zmzyzkx老师这个帖子是陆续写完的。刚看完第一部分，着实替他捏了一把汗，后来见到下文，知道这个学生竟然被老师"骂"好了，心里才放下一块石头。好险啊！

愚以为，像这样的教育案例是不可以用通常的"是非判断"来分析的，它很特殊。但是这个案例也不是不可分析的，它其中必然包含某种教育的逻辑，对我们会有一些启发。

从哪儿入手呢？

我见到这个案例的时候，脑子里首先想到的问题是：为什么老师骂人，学生会进步呢？在什么样的特殊情境中，教师的"骂"才能有这样的积极作用呢？

就从这里入手吧。

我想，这个孩子被老师"骂好了"，不是偶然的，可能需要具备以下几个条件。

1. 这位老师应该是平日和学生关系较好、很少发脾气、很少讽刺挖苦学生的老师。

经验告诉我们，越是脾气好的老师，偶尔发脾气给学生印象越深，震撼越大，效果越明显。要是平日教师就经常说难听的话，他骂人就不会有这样的功效了。

学生都明白，一个很少发脾气的老师居然大骂起来，一定是"真生气了"。这也是一种真诚。任何真诚的言行都有震撼力，即使它是错的，也是如此。

教师不是神仙，他是一个活人，活人必有七情六欲，当他愤怒的时候，他也会失控，而在这种失控中，折射着人性的光辉。所以，有时候失控的老师反而更像一个"活生生的人"，学生会有一种奇妙的"亲切感"。这是一种非常有趣的心理现象。

而且zmzyzkx老师的这种失控中有正义感、有道德义愤、有泰山压顶之势。毕竟邪不压正，它的冲击力是很大的。

2. 教师手里有真凭实据。

zmzyzkx 老师骂学生 C 是"人渣"，话过火了一点，但不是空穴来风，不是怀疑猜测，他掌握了证据。从这个意义上可以说，这不是"谩骂"，而只是用过火的言词说出了一件众所周知的"事实"。这一点很重要。如果老师没有掌握确切事实，或者事实不充分，他这样骂必然遭到学生的激烈抵抗。

还有，这个学生也确实太过分了，尤其是在这样一个农村班里。他的"出圈"的行为遭到老师"出圈"的批评，扯平了。"以毒攻毒"，有时候真是这样的。

3. 班集体稳定，"问题生"没什么支持者。

稳定的班集体是老师的根据地。老师如此莽撞地"出击"，居然没有打败仗，这是因为他有群众的支持，至少群众是中立的。这个班中如果有几个学生是 C 的"哥们儿"，在背后为他鸣不平，或者出谋划策，那就比较麻烦了。

4. 挨骂者本人具备转化条件。

这一点其实最重要。**zmzyzkx** 老师运气好，正碰上了一个"吃骂"的学生。

我们可以看出来，这个孩子其实是有自尊的。他发现自己已经被家长和老师放弃了，于是破罐破摔了。但是他并没有完全放弃自己。老师的"骂"，对于他，是一种特殊的"尊重"（我们是不会去骂我们不想理睬的人的，骂也是一种"重视"），这种"偏爱"比漠视更容易唤醒他的自尊。

正如 **zmzyzkx** 老师所说，这孩子其实是一个有悟性、肯反思的学生，他的下滑已经到了谷底，在正需要转折点的时候，老师恰好给他来了一个"当头棒喝"；当他需要醒来的时候，老师送来一声春雷。

不过，**zmzyzkx** 老师的做法是不可学习的。

我说不可学，不是因为它如何如何错误，而是因为这个案例并非一个"教育方法"，它只是一个"教育事件"。我相信这是 **zmzyzkx** 老师情绪的自然喷发，做是做不出来的。这种事情恐怕不能预谋，也无法预报，所以它不是正常的教育方法。外国教育家马卡连柯曾经一怒之下打过一个学生的嘴巴，结果这个学生洗心革面，成了新人。他自己也没想到自己会打人的，这时候出手，才具有"诗意"。

zmzyzkx 老师的"神骂"不可学，但是此事所包含的教育逻辑却很有趣味，值得探讨。

2004.9.26

老师，脱我"衣服"的时候轻一点！

刚开始给这个班上课的时候，感觉上课简直是一种折磨：按我平素的"微笑战术"走进教室，孩子们最多只能安静十分钟，之后则是说话声此起彼伏，于是几乎每节课都要拿出几分钟甚至十几分钟来约束纪律。我约束纪律，风格是比较刁的。因为我在当学生的时候很多时候就不是一个"好学生"，比如上次有个孩子上课故意接嘴出洋相，我就针对这事，专门进行了"洋相教育"，具体的语言已经忘了，但是说话肯定是比较尖刻的，此后，好多喜欢哗众取宠的学生就老实多了。

今天改五班的作文，翻开一本，却意外地发现了这样一篇文章。

我的自白书

敬爱的老师：

您好！很惊奇吗？不要吃惊，我只是借此抒发一下自己内心的感情。我也不知道我是哪类人，但至少不会是那种赤裸裸的，因为，自从人类知道羞耻之后，就懂得披上兽皮，就像一旦有利益的存在，人们就懂得了伪装。您比我大，比我经历得多，那么换句话说就是伪装得比我深。但亲爱的老师，您多次无情地剥去我那些遮羞的外衣，常常让我无地自容——因为我的外衣常常穿反。不过，还得谢谢您，正是因为您的作用，才让我感到穿着的重要性，才让我体会到什么叫羞耻。不过，话又说回来，我真的希望老师在脱我"衣服"时能轻一点，因为里面包着的毕竟是肉啊！

×　×

我的评语：感谢你的真诚，我也为我的尖刻而抱歉，接受你的批评！

合上作文本，我在想：我做得是否过分了？这是班上一个经常在上课的时候跟我开些无厘头玩笑而被我训斥多次的男生。在班上，他总是一副软硬不吃的样子，很多次我因为他大动肝火，而今天这篇文章，却让我认识到任何人都有柔软的一面。

我想我该找他谈谈。我会告诉他，每个人都有"衣服"被剥下，使自己另一面被暴露在大庭广众之下的时候，因为，每个人都需要知道羞耻。我会告诉他：如果我的语言伤害了你，我愿意道歉，但是我并不认为我当时做的是错的，因为重症必须下猛药，如果和风细雨不能使你明白，那么当头棒喝也许效果会更好，虽然头肯定会疼一阵子，但是相对于你获得的，这种痛苦实在太微不足道。我会告诉他：在你们身上，我看到了我过去的影子，我欣赏你的坦诚和直率，但是也要批评你的随意和散漫，我不是以成功者的姿态来教训你，而是以失败者的身份来警醒你。我还会告诉他：应"知耻而后勇"，我也曾经有过耻辱的时候，但是作为男子汉，应该勇敢地面对自己，面对耻辱。最后，我还会告诉他：恭喜你半期考试语文考了 100 分，恭喜你的进步！（摩西）

○ 点评

教师可不可以对学生说尖刻的话？

愚以为在以下两种情况下是可以的。

1. 学生特别善于狡辩，主动挑衅教师权威时。

2. 学生侮辱教师人格时。

这时候，尖刻的语言，寒光闪闪的词锋，一针见血的剖析，往往可以有效地遏制对方的挑衅。知道老师的厉害，以后他就会收敛。如果老师说不过他，按我的经验，以后这种人就会越来越狂，甚至会拿老师开涮。

有趣的是，对于这种孩子，你把他"打败"之后，他反而会更尊重你。像摩西老师收到的这份"自白书"，虽然还端着提意见的"冲锋"架势，其实已露出"投降"之态，语调近于哀求。摩西老师 1:0 获胜。

学生是敌人吗？不是。但是学生也生活在社会中，社会中的人与人之间是有矛盾和争斗的，每个人都必须学会自卫。个别学生受到了社会影响，有时就会拿出成年人唇枪舌剑那一套来对付老师，老师只好应战，"陪他玩玩"，不然他会以为老师是软柿子，可以随便捏。这种现象在初中就有，高中就更多一些。高中教师，尤其是私立学校和职业学校的教师，没有一点"嘴上功夫"恐怕是不行的。我甚至觉得辩驳能力是教师的基本功之一，应该进行专题培训，应该进行专门研究。我见过很多教师说不过学生，败下阵来，躲到一个角落里去哭，这是师范教育的失败。只要老师掌握了真理，哪有老师说不过学生的道理！

我不知摩西老师说的尖刻语言的具体内容，但我想那一定很精彩。以摩西老师的才华，对付这样的学生绰绰有余。但我看到摩西老师的态度并不是居高临下的，他的尖刻里包含尊重。摩西老师的自信和尊严感镇住了这个学生。堂堂人民教师，当如是也。

照我看来，这种尖刻语言，不能"出圈"。它最好符合以下几条标准：

1. 决不能侮辱学生人格，不能搞人身攻击。

2. 就事论事，不搞翻箱倒柜。

3. 在尖刻中，必须有智慧的闪光，要"聪明的尖刻"。

4. 教师不失身份，不失态。

检验标准是：如果你打掉了挑衅者的气焰，结果没有几个学生同情他，大家反而更亲近佩服你，那就证明你做对了；如果你"尖刻"之后，有更多的同学反而同情被批评者，那恐怕你就做过火了。

2004. 12. 2

"我为什么非得用透明的塑料袋?"

"我为什么非得用透明的塑料袋? 我感觉不如用不透明的文件袋好,你不要老把你的意志强加到我们身上!"学生王××这样说。

2004 年 5 月 7 日,为了让学生不丢失他们的准考证和考试通知单,我让他们准备一个白色透明的文件袋,便于自己随时检查自己的证件带齐了没有,也便于监考教师检查他们的证件。没想到王××却不这样想,提出了不同的意见。

我笑了笑,赶紧告诉他:毕竟这样做既能减少自己备考的烦琐,还能为监考教师提供便利。当然了,你也可以按照自己的想法去准备,只要不耽误毕业考试就可以了,老师真的不能把自己的意志强加到你身上!(王立华)

○ 点评

尊重学生·尊重自我·尊重纪律

我很赞成王立华先生在师生关系上的开放态度,尊重学生的选择,不把教师的意见强加于学生,这些都很好。

不过我有一点要补充。教师在尊重学生选择的同时,也应该有自己鲜明的态度——既然学生可以选择,教师也可以选择;学生有主体性,教师也应该有。只有在独立的人们之间,才会有真正平等的交流与合作。

王××同学自己更愿意用不透明的塑料袋,当然可以。但我要是班主任,我就会问问他:"你能说说不透明的塑料袋什么地方比透明塑料袋更优越吗?"

如果他说的的确有道理,我会放弃我的主张,建议(注意:是建议,不是命令)全班同学都采用他的办法;如果他拿不出有说服力的意见,那就证明用不透明塑料袋只是他个人的一种偏好,作为教师,可以允许,但是我还是要建议同学们采用透明的塑料袋。教师有权坚持自己认为正确的意见。

我们尊重每个学生的意见，不等于说各种意见就没有好坏优劣的区别了，更不是说教师就可以不表达自己的意见了。现在语文界就盛行"一千个读者眼中就会有一千个哈姆雷特"的说法，好像谁都可以任意解释文学作品，没有是非之分、深浅之分、文野之分了，这有走向相对主义的危险，是应该注意的倾向。

独生子女往往任性，我们要小心任性披着"有个性"的外衣大行其道。这种现象现在很普遍。教师不可误把迁就当宽容。

更要注意的是，在法律和明文规定的纪律面前，是不可以讲什么"个性"的。我说我有闯红灯的"个性"，行吗？所以老师的宽容，原则上只能用在法律和纪律之外的部分，也就是说，只能用在"建议"性质的事情上。

2004.9.6

学生骂我是"贱婊子"

A（初二，女）的妈妈跌伤，粉碎性骨折，A的爸爸又要上班又要做家务，估计心情烦躁，早上到我这里投诉女儿在家不孝顺父母，什么家务也不干，连内衣内裤还要老爸洗，小便还要老爸为她倒。早上不早一点起床，眼看要迟到了就向他要钱打车上学。A的妈妈一早就在家哭。A的爸爸越说越气，甚至说干脆不让她念书了。我就把A喊到办公室，三人面对面把话说清楚一些。A脸色难看，背对着爸爸，一句话也不说。哎！学生自己家里的矛盾实在让我这个班主任不知该怎么处理啊！A平常的表现也让我头疼。她反应敏捷，那张嘴会说得很。初一我要了班里一些学生的qq号，发现她常用手机上网。有时看一看她的微博，发现里面全是不堪入目的脏话，如劳资、2货、尼玛、操蛋。骂同学的多，骂老师的也有。更多的是韩国明星的新闻以及表达自己对明星爱意的语言。有一次，她居然在微博里说："和同学在家看《东京热》，看得好激动。"（我也是后来才知道《东京热》是黄片，开始我还以为是韩国偶像剧，汗颜！）我一气之下，喊来她妈妈。妈妈质问她，她说是别人用她的QQ上的网，她们并没看（可我总感觉从那个微博语言的表述方式来看确是她无疑）。于是我要求家长对其"专制"，停掉其手机，可好像无效果，A的妈妈说她坚持要手机，结果家长竟然无所作为。哎……（我越写越揪心）我在每日交流本上劝她以学习为重，可她有一次竟然写到她长大要去韩国，要和那个明星在一个国家，还说现在的学习都是为了那个明星。她初一进校时在我们班可是第一名，年级第十名啊，我这个班主任是不是太无能了？这么好的一个女孩到初二后降到年级一百名，数学都到不及格的地步了。渐渐地，她在微博中骂我，说我凭什么管她，说我不值得尊重。今天晚上看她微博，发现她在里面竟然骂我是"贱婊子"，而且发布的时间竟然是上午第四节课，她竟然在课堂上用手机和另一个女生在发微博！科任老师肯定没发现。以下是从那条微博中节选的几句：

小汪就是个贱婊！！国民贱婊！！！！我知道你一直在裱她，带我一个好伐？？！劳资要持枪杀婊！！！！！！！！！！

在清哥课上刷屏真艰难

贱婊真是连裱都觉得操蛋

你考得不错忧郁什么　反正卷子也撕了　婊我已经不想尊重她了　我觉得清哥真心好　真的　想想他对我的用心　狠感谢他真的

虽然我是老师，但依然火从心起，竟然被一个学生骂成这样。不管这是不是学生在发泄情绪，她恨我这个班主任已经是很明显的了。有时想一想她毕竟是学生，何必跟她一般见识呢？但我现在实在是气得抓狂，我都不知道明天我该怎么面对她，我脾气再好，也无法对一个骂我是"婊子"的学生依然淡定……我该怎么办呢？哎，初中班主任当的真揪心……

她把我的语文考卷给撕了，明天我准备让她重写一张。

担心9月份即将上初三的A，她会怎么样呢，会不会变得更糟？

办公室的老师平时也都知道这个女生，都说我跟她讲道理没用，我说一句她给自己辩十句，她就要狠狠地骂（像晴天霹雳的那种）。可我也是去年才当的班主任，以前也只是个温和的语文教师而已，在教育学生的过程中，有些"狠话"我实在骂不出口，发火的威力远不如一个年轻的班主任，我有些矛盾。（王娟）

○ 点评

您的处境令人同情，不过我想，如果您处理得当，事情本不至发展到这种程度的，我说点意见，您参考。

我觉得您有两点是做错了的：第一个，您想干预学生家庭内部的事情，您这就越界了，您把不是自己的活儿揽到自己身上来了，结果吃力不讨好。这个孩子如此不孝顺，如此懒惰，显然是家庭教育的长期失误造成的，是家长自作自受。家长把孩子弄得不像个孩子样，却幻想让学校老师"扭转乾坤"，这是家长想让别人解决只有自己才能解决的问题，完全不靠谱。您作为班主任，不指责家长，不给他增加痛苦，也就算够人道的了，怎么还可以"勇挑重担"？这是您挑得了的担子吗？她不小了，已经初二了，习惯成自然了。所以，您在学校召集父女对质，这是极不明智的一招棋，您实际上是把孩子的怒火转移到自己身上来了。孩子毕竟还不太敢对父亲过分无理，这股火就只能朝您发了。您是引火烧身。那么，您应该怎么办呢？

您应该对这位父亲说："孩子已经这样了，恕我直言，恐怕是你们惯的，不过我可以试着帮你们（注意：是'帮你们'，我是帮助者）劝一劝孩子。"把父亲送走之后，可以单独找孩子谈谈："你父母把你养这么大不容易，听说你家里出了事情，如果需要学校帮助，你可以提出。你自己呢，我建议你在家里多为父母分担一些事情，如果需要减轻一些学校的负担，我可以考虑。"这么处理，她还会在网上大骂您吗？我估计她就不会有这么大的气了。

再有一点，您早就应该能看出这个孩子"喝醉"了，她实际上已经被错误的价值观冲昏了头脑，五迷三道，很不理智了。她不理智，您应该理智呀！您的理智应该是"不和醉汉讲道理"，因为那是没有用的，只能浪费时间和感情。您早就应该看出家长对她已经失控，这种情况下您还要求家长对其"专制"，这不是徒然增加孩子对您的仇恨吗？您会发现，您和家长实际上是在互相指望，都想让别人替自己解决问题，结果双方都落了空，而您"中枪"更多，因为学生都知道老师比家长好欺负。您对这个孩子的教育，一直在失误，她没有公然当众骂您，您就算幸运了。我不是替孩子辩护，对牛弹琴牛不理，或者冲过来顶你，你能埋怨牛吗？它是牛啊！人若"醉"了，还不如牛！

那现在怎么办？我建议，既然她还没有当众骂您，您最好装作不知道，也不要生气，以后这种孩子会越来越多，下次长个心眼，不冒傻气就是了，这回得个教训，是件好事。我的初步印象是，这是一个品德型兼心理型的"问题生"，中度，需要进行个案诊疗，但是我看您似乎缺乏个案诊疗的经验。对于这种孩子，用通常的教育方式是不管用的，您用的恰好都是最一般的对策。既然如此，最好采用"维持"策略，既不硬干，也完全不必讨好她。如果她有公然的严重违纪行为，您只需掌握确凿的证据，报学校处理就是了。您一定要注意，态度始终保持平静自若，不必特别关注她。

以上意见，您参考。

2013. 6. 16

黑板上赫然写着："某老师王八蛋"

zjzl 先生给网友出了一个题目：如何面对学生的公然谩骂。

几年的教学后，自认为将学生教得不错。一天满怀信心走进语文课堂，却发现黑板上赫然写着："某老师王八蛋"。如果这样的事出现在你的课堂上，你将如何面对？

zjzl 先生自问自答：主张把骂人的话变成一个作文题目，用来教育全班同学。他的作文指导分六步：

1. 猜一猜，老师看到后会想些什么？

2. 你看到后想到什么？

3. 文明从"某老师王八蛋"开始？

4. 尊重别人才会得到别人的尊重。

5. 寻找失落的文明。

6. 感谢写"某老师王八蛋"的不署名的同学，他为我们提供了作文素材。让我们重温文明风尚教育。

○ 点评

教师如何维护自己的尊严

窃以为，这虽然不失为一种机智的应对策略，但尚有可商榷之处。

首先，这是某个学生的个人行为，拿来全班讨论（让学生作文是变相的全班讨论）未免有一人犯罪，全班承担的"连坐"味道，也有"发动群众"表态支持老师的味道，因为作文是无法匿名的，学生（包括始作俑者）都只好表态批评这个骂老师的同学，客观上就会形成"社会强迫"，统一舆论。即使这是正义的，如此做法也欠妥。

其次，这不是一般的师生意见不一致，而是学生对老师的人格进行了侵犯。在这样的问题面前，教师光"宽容"是不够的，他还必须保卫自己的尊严，他不但应该给学生作出胸怀宽阔的榜样，还应该给学生做出自尊的榜样。他当然不能气急败坏，但是也不能没有个人的严正反应，否则就等于助长歪风邪气，因为不管教师有什么缺点，学生骂人都是极错误的。

我若是这位老师，会怎么办呢？

面对写在黑板上的公然的谩骂，我当然会表示愤怒，因为我是一个有自尊心的普通人，不是圣徒；但是我又会克制自己不大发脾气，因为我是一个教师。教室里的空气会因为我眼中的怒火而紧张、凝重，那就让它紧张一会儿、凝重一会儿吧。然后我会努力控制自己，像没有这回事一样，开始讲课。我是要告诉同学们，在我的心目中，处理个人挨骂可以放在第二位，上课要紧；我还要告诉这位挑衅者，你不要打算激怒我让我干蠢事出丑，我不会让你看笑话。

我讲课，但是我不会擦黑板。我要让骂人的话一直留在那里，至少到下课。即使下了课，我可能也不会自己去擦它。讲课时如果需要板书，我就写在其他地方。总之，我的意思是说：黑板上这些字不是我的耻辱，而是书写者的耻辱，这是证据，要"保护现场"。

这堂课上我可以若无其事，谈笑风生，但是到下课的时候，我会正色道："请这位不懂得尊重他人人格的同学自己找我承认错误，否则因此而引起的严重后果要由他自己负完全责任。"

如果课下这位同学找我承认了错误，我当然可以原谅他，但是会要求他在全班公开赔礼道歉。如果没有人来承认，那我一定要想办法"破案"。破案之后，也还是要他公开道歉，道歉是必须的，这不是面子问题，而是尊严问题。在这过程中，如果我发现自己处理什么问题确实有不当之处而得罪了这个孩子，也可以向他道歉。我尊重自己，也尊重他人。

事情处理完毕，但事情刚刚开始。

经验告诉我们，出现学生如此公开谩骂老师的现象，除了极特殊的情况之外，都是由教师工作出现严重失误，师生关系长期紧张造成的。也就是说，黑板上的那几个字只是冰山一角，真正的"大头"还在水下面。不一定有多少学生在背后骂我呢！跳出来的只不过是最"苦大仇深"者，或者最"勇敢"者，或者最"缺心眼"

者而已。此次事件是一个报警信号。我一定犯了很多错误才导致这样情形。让学生道歉，其实只是治标，真正修正我的错误，搞好师生关系，才是治本。这需要更长时间和更艰苦的努力。

2004.9.5

网友为何给打学生的教师说情?

下文摘录自刘义忠老师的来信。

据《重庆晚报》2005 年 3 月 15 日报道,因 14 岁的儿子"在自己眼前被班主任连扇两耳光",邓女士夫妇气愤难平,多次要求班主任写致歉信,却遭到拒绝。该中学夏副校长接受采访时,证实家长讲述的情况基本属实,目前还在进一步协调解决中。夏称,谢老师将受到通报批评,同时月终和年终考核会受到影响。但他表示,老师这样做也是因为压力大,"只有负责任的老师才会犯这种错误"。

网友就此事进行了评论,现部分摘要如下:

*老谢,你真倒霉呀,为了别人的儿,不值哟!

*晚报的记者,请你们好好地为老师想一想,你总是报道教育的阴暗面,简直是瞎起哄,人家打了学生,关你什么事嘛!

*谢老,老谢,你真不值,干吗那么对学生负责?你真不值啊!现在的一些学生可以骑在家长头上拉屎,难道你能扭转现状?你最多伺候几年,让他娘去伺候他一辈子吧,你又付电话费,反而挨处分降工资,谁替你买单啊!你看看那些混一混的老师混得多好,没思想负担,又不挨打骂,工资照领,多好啊!

*老师呀,你为什么要那么负责呢?你不要那么冲动好不好?我也是教师,你就混混吧,混到老就可以了。不必给自己带来那么多麻烦事呀。现在的学生不好教哟。

笔者以为,无论怎么说,体罚或变相体罚学生都是错误的,甚至是违法的。但网友们给教师说情也有一定的道理。要改变这种状况,首先要从教育体制、机制以及评估体系的改革下手,只有真正实施素质教育,真正实行高考、中考只是招生而不是评估学校的考试模式,克服片面追求升学率,减轻学生和教师负担特别是心理

负担，才能使学校变成一个乐园。（刘义忠）

○ 点评

帮人要帮到点子上

这位副校长和几位网友的观点里问题不少，我这里只谈一个：只有负责任的老师才会打学生。

身为教育者说出这样的话，我们且不从法律角度评论，也不从师德角度评论，单从逻辑角度分析，就够令人吃惊的了。

打学生的老师都是"负责任"的老师吗？并没有充分的事实支持这个结论。太武断了。

负责任的行为是应该被提倡的。既然打学生属于负责任的举动，那也就是应该提倡的了？

而且，各位所说的"负责任"指的是对谁负责？对校长负责？对个人的工作业绩负责？对孩子负责？对家长负责？还是对国家和民族负责？

再说，若打学生属于负责任，那不打学生的老师岂不就有"不负责任"的嫌疑了吗？为了证明自己责任心强，是不是应"该出手时就出手"？

这位老师确实需要帮助。但是愚以为这位副校长和几位网友用这种方法帮助，把他的失误说成是"负责任"，实在是帮了倒忙。

一方面，这类说法流向社会，社会上的众人要嘲笑教师素质的。堂堂知识分子，发言却如此经不起推敲，实在有损教师形象。这种发言正好给人家对教师的批评提供了佐证，你确实水平不高嘛！

另一方面，这种说法让当事人听到，只能增加他的怨气和委屈，而无法切实提高他的工作能力。打人是不需要专业水平的，连培训都不需要。若打人就算负责任，那要做到"负责任"可太容易了，文盲也能胜任的，挥拳就是了。

愚以为遇到这种情况，作为学校领导，应大大方方承认这是教师工作的失误，是校领导工作做得不够，查清问题后一定做适当处理，给家长一个交代。何必辩解？越描越黑。

我并不主张对这样的老师处理过于严格。因为这多半由于学生的问题硬是解决不了，教师江郎才尽，愤怒之极，情绪失控，于是动手了。但是出现这样的失误，显然不是因为他"负责任",而是因为他专业能力不强,心理承受力欠佳。他的缺点导致了工作失误,不是他的优点(负责任)导致了失误。

"让我负责任,我就只会用这套办法,急了我就会打学生,你要不让我打,对不起,我就不管了,让他放任自流吧。"有些老师就是这样想事情的,走两个极端。您就没想到还有一种更负责任而又可以不打学生的办法吗?很多优秀老师都能做到这一点,您为何不学学?

愚以为,对打学生的老师,最重要的并不是三令五申反复强调"禁止体罚",而是帮他们找到"不用体罚也能解决问题"的思路和办法。这才是真正帮助他们。能和颜悦色解决问题,谁愿意剑拔弩张?不都是逼急了吗?体罚确实常常是教师无能的表现,但是禁止体罚并不能使他从"无能"变成"有能",禁止是"禁"不出能力来的,无原则地帮腔说好话也"夸"不出他的能力来。

提高能力要靠教育科学、靠研讨、靠培训。抓这些东西,才是真正帮到了点子上。

2005.3.23

学生叛逆问题

最近一直跟踪学习王老师的早恋分析文章，受益匪浅，能不能给我们讲点叛逆方面的，以解教育工作的困惑？（*海之雨*）

○ 点评

海之雨老师：

您提的这个问题很重要，应该进行专题研究，无奈我现在手头事情很多，来不及仔细研究这个问题，就只能先说点提纲性的意见供您参考。

据我观察，很多家长和教师的所谓"叛逆"，都是相当"自我中心"的一种说法，实际上只要孩子不听他的意见，无论他的意见对与错，都说孩子叛逆。我认为这是不公正的。据我看，如果家长和教师的言行有错误或者有可商榷之处，孩子对此表示抗拒，就不应笼统将之看作叛逆，因为这种反对其实有一定的正当性。要研究学生叛逆行为，首先要把这类情况排除在外，剩下的，才是名副其实的叛逆。

那么，学生为什么会叛逆呢？按我的初步归纳，有以下几种原因：

1. 认识问题。就是说孩子因为年龄小，认识不清某些问题可能会产生什么后果，他看不了那么远，不相信大人说的话，所以和你对着干。

2. 对成人的成见。孩子发现成年人总是站在大人的立场上看问题，从来不设身处地替孩子想想，于是他们就逐渐认定大人的话不可听。这属于"立场性质"的叛逆，有"逢大人必反"的味道。

3. 自我意识成长或自我膨胀。孩子要想证明自己已经长大了，有主见了，最廉价的办法就是叛逆。家长说的话他不听，教师说的话他也不听，以此显示自己的存在和分量。这是几乎每个孩子都有的经历，只不过表现出来有弱有强而已。从这个意义上可以说，教师和家长是孩子成长的必然"牺牲品"，孩子必须"打倒"家长和教师，才能站起来。

4. 叛逆文化。青少年中有叛逆文化，就是强调"我们"和大人不一样，"我们"有自己的圈子，有自己的价值观，大家互相助威，互相鼓劲。所以你会发现，那些对家长、教师十分叛逆的孩子，在同龄人组成的小群体中却往往十分顺从，一点不叛逆。其实这是群体性叛逆，真正的"自我"并没有成长起来。

5. 个性特殊。有些孩子并非有意和家长教师作对，而是由于他的个性与智力结构太特殊，或者创造性特别强，再加上他又拒绝改变自我，于是给人的感觉就是叛逆。这是一种类似"独狼"的孩子。

目前我就想到这些。叛逆原因不同，教师的应对之策也应不同，有的要等待，有的要让步，有的要公事公办，有的要诊疗，有的不去捅那个马蜂窝，有的则要回击，还有的——不知您赞成不赞成——应该采取欣赏的态度。

很粗略，您参考。其实您自己完全可以把这个问题展开来研究的。欢迎有兴趣的老师讨论叛逆问题。但不要蜻蜓点水，要深入进去，找很多案例，从各个角度研究。这样搞专题讨论（题目不要大，否则容易说空话），正是提高教师自身素质的好办法。

2013. 7. 28

案例 *78*

关于"走进学生的心灵"

我不知道国外的老师是不是也强调走进学生的心灵，我相信不是这样子的。其实师生之间本来就有许多难以填平的鸿沟，对于年轻的教师来说与学生也几乎是两代人，有时候彼此理解起来都有困难。而且一个班上那么多学生，每个人的想法都不一样，一个老师要花多少时间才可以走进每个人的心灵？大家都承认，现在的学生已经是越来越难教了，而且还会继续越来越难教！一位语文老师，水平挺高，他告诉了我他为什么要离开一线去教育局。他说他在很长一段时间里非常羡慕学校里看门的老头，他说自己要是能够做那样一份工作该多好啊，边看门边看书，不用担心上课，心里没有什么负担。我在与科任老师交谈的时候，有的老师也表示自己对教师这个职业极度厌倦，之所以不选择离开，是实在做不了其他工作了，老师做得越久，越不适合做其他工作……在全球都缩短工作时间的现在，中国老师的工作量在加大，工作时间在延长，私立学校还承受着比公立学校大得多的压力！而这种压力会带来什么，谁也难以想象。

所以我觉得比走进学生的心灵更重要的，是界定老师的工作边际，界定老师的责任与权利！在公立学校，老师的权利过于膨胀，结果许多学生被随意地侮辱。但在私立学校，学生以及家长的权利又过于膨胀，导致老师处于非常尴尬的境地。一出问题，老师首先必须自我检讨，甚至要承担或许不该他承担的责任。现在的老师，已经没有多少敢管学生的了！瞒与骗是经常的，"妈妈型"的老师盛行。这种"妈妈型"的老师培养了孩子什么？只助长了孩子的骄气，完全无助于增强孩子独立生活的能力。

所有老师在学生面前都笑容满面。初中部的几个老师看到我和陈××在一起，总会摸着他的头或者拍拍他的肩膀："这孩子很聪明！"转过身去却又骂："这个孩子一点教养都没有！"

其实许多老师与学生的沟通或许要多于和自己孩子的沟通。我打过孩子，现在虽然很少打了，但也经常会有一种暴力冲动。有一次孩子调皮后，我独自坐了很久，我想这时候如果直接去见孩子，一定会狠揍她一顿，等我控制好了，才回家。但是冷静下来后，我一想到在外面的时候心中涌起的种种诉诸暴力的念头，就觉得可怕。我是一个不愿意让别人，特别是学生受到一丁点心灵伤害的人，是一个特别柔和、特别没脾气的人，但内心深处居然也会潜藏着这样的暴力冲动！

师生之间真正意义上的走进对方心灵在我看来只是个案。有时候我想：我们有什么资格闯入别人的领地？每个人都是独立的，与其强调走进心灵，不如强调树立规则，明确职责，明确哪些是分内的，哪些可以不做，哪些是老师的责任，哪些是家长或者学生自己的责任。只可惜，在现在的私立学校，这些都还很难做到。

我想，一个在私立学校工作了很久的教师，一定会更为深刻地理解卡夫卡的作品，比如《变形记》。

另外，走进心灵还隐含着一个前提，就是老师的职业道德一定要比其他职业的更为高尚。但这是站不住脚的，也没有理由。每个老师都可能有这样或那样的人格缺陷，这无法避免，更无法在他进入这个职业的时候以此为标准进行挑选。我觉得，一个老师只要遵守职业道德，并有相应的专业水准就足够了，为了薪水而教书并不可耻。（铁皮鼓）

○ 点评

走进心灵去干什么？

铁皮鼓先生是研究型的教师。他不是一味傻干，而是伴随着思考，且不只是技巧性的思考，还有相当深刻的理论思考。铁皮鼓、摩西这样的班主任在中国是不多的。有如此网友，不亦乐乎！

上面案例中引用的这些话，是从铁皮鼓的教育札记中选来的，不到 1500 字，却包含了好几个重要问题，可谓信笔写来，火花四溅。这里我想先谈其中一个问题：走进孩子的心灵。

2000 年我也曾出过一本书，题目就是"走进孩子的心灵"，是对小学和幼儿园阶段的几十个教学案例的点评，是写给家长和教师看的。"走进孩子的心灵"不是科学语言而是文学语言，这我是知道的。

铁皮鼓说："我不知道国外的老师是不是也强调走进学生的心灵，我相信不是这样子的。其实师生之间本来就有许多难以填平的鸿沟，对于年轻的教师来说与学生也几乎是两代人，有时候彼此理解起来都有困难。""师生之间真正意义上的走进对方心灵在我看来只是个案。有时候我在想：我们有什么资格闯入别人的领地？"

这些话给我当头一棒！震撼之余，我不由得问自己：人们要走进孩子的心灵，进去干什么？

想来想去，大概有以下几个目的：

1. 了解他。

2. 理解他。

3. 影响他。

4. 控制他。

2、3条有明显的互动色彩，是双向的，而1和4则都有单向的味道，其中4还有压迫的含义。

我想，所谓"走进孩子的心灵"，其目的一般是指前三条。记得铁皮鼓在另外一个地方说希特勒亦是走进人们心灵的高手，这确实值得思考。如果走进一个人的心灵只是为了控制他，那是不人道的。

但是身为教师，"教"字是躲不开的，又不能搞单纯的"控制"，那怎么办呢？就靠"影响"。"影响"者，设计情境让学生自己教育自己也。

了解学生，理解学生，都是为了更准确、更有效地影响学生。

严格地说，"了解"并不算走进孩子的心灵，那只是在心灵门口张望；"理解"才是走进去。但是没有"了解"做基础，"理解"是谈不到的。

现在比较普遍的问题是教师连"了解"都懒得认真去做，却在那里大谈"理解"，这就相当于站在街上（连院子都没进）喊"我进屋子了！"这是比较幽默的。

麻烦的是，"影响"和"控制"之间并没有一条清晰的界限。强有力的影响、特别温柔的影响，都会形成控制，即使施动者主观上并无控制意图。再说，完全取消任何控制，教育部门就该解散了。教育总有控制的成分，问题的关键是掌握火候。

还有一个有趣的问题是：走进孩子的心灵，要不要"敲门"？恐怕还是要"敲门"。硬闯不成"审问"或者"偷窥"了？

所以我赞成铁皮鼓的说法，我们无权不经允许就走进孩子的心灵。

从来没患过牙痛的牙科医生，绝对不能完全理解牙痛的苦楚，也就是说，在这一点上，他从来没有走进过病人的心灵，但是这并不妨碍他治疗病人，使病人摆脱痛苦。反过来说，我已经有十年的牙痛史，对其他牙痛病人一百个理解，随时都能走进他们的"牙痛心灵"，然而我很可能还是一点也帮不了他们的忙。

理解也好，走进心灵也好，都不是灵丹妙药，我们都不可迷信。

2004. 12. 6

图书馆里的故事

　　每周都有一节阅读课，这在我以前的学校中是没有的。阅读课要求到图书馆上，由于不清楚状况，第一次阅读课我就"闯祸"了。

　　首先学生的纪律非常糟糕。在教室里"困"了很久的孩子们，到图书馆上课无异于"放风"，加上其他班的同学，喧嚣吵嚷不绝于耳，我和几个老师东奔西走，但仍然收效甚微。更有甚者，还没到下课时间，就蠢蠢欲动，几欲先走。几天之后的一次会议上，领导不点明地批评了"个别"语文老师的阅读课纪律极其糟糕。刁民（摩西老师对自己的戏称——笔者注）再刁，脸皮倒还不算太厚，挨此批评当然无地自容。

　　后来，我在班会上向学生们提到了这件事情，另外又告诉了他们一件事："大学的时候，我和你们师母谈恋爱（学生暗自窃笑），为了比翼双飞，我们经常在图书馆看书，有时候要说些什么事情，我们都不是用嘴，而是……用笔。"

　　孩子们很聪明，懂得了我的意思，于是，在以后的阅读课上，我们班的纪律好得出奇。

　　而更让我感动的是这周的阅读课。

　　经过那一次教育之后，我们班的阅读课纪律已经很好了，孩子们都坐在座位上静静地看书，我也找了本书静静地坐下读。

　　这时候，一个很不和谐的声音响了起来："喂！喂！喂！我在……"

　　学生和我一起抬头，原来是一个在图书馆看书的保安正在接电话。许多孩子脸上露出了不满的神色，几个学生用不太大的声音说："要打到外面去打嘛！"

　　我站起身来，向保安走去，不知道是他听到了同学们的话还是什么原因，保安的声音低下去了。我回过身，向我的孩子们竖了个大拇指，又回到我的座位上继续看书。谁知道我刚坐下，保安的声音又大起来了。孩子们几乎有些愤怒了，图书馆里面响起了孩子们不满的嘈杂声。我正想去干涉，我们的班长何××从容站起，轻轻走到那个保安面前，用不高但是大家都能听清楚的声音说：

"你声音能小一些吗？谢谢！"

保安如梦初醒，站起身来，走出图书馆接电话去了。

第二天的自习课上，我对孩子们说：

"如果不是因为在图书馆，我真想为你们鼓掌！同学们一致的反应证明了我们班的同学拥有正确的是非观，这就是一种正气！就是我们的班风！而更让我感动的是：我们的班长何××同学在这里当仁不让，担负起了作为集体领头人的责任。这虽然只是一件小事，但是我从这件事中看到了我们班全体成员的素质，还有我们班委同学强烈的责任心！我为你们而骄傲！"（摩西）

○ 点评

有时候人只需要一个提醒

阅读课纪律糟糕，班主任通常的做法是什么？

说教。比如，讲阅读的伟大意义呀，阅读时安静环境的重要性呀，等等。

批评。包括个别训斥和集体训导。

赏罚。制定赏罚制度，指定监督人，各小组评比，排队。

搞活动。例如搞一个"我爱阅读"的班会，安排几段声情并茂的朗诵，唱几首有关无关的歌曲，讲几个名人故事，节目最后都要点题——遵守纪律。

总之，要给学生这样的感觉：阅读课纪律不好这件事特重大，特沉重，关系到每个人的未来（千里之堤，溃于蚁穴），所有人都必须提高警惕，严防死守。

我们很多班主任就是这样工作的，每天都在制造紧张气氛，终于把孩子们的神经弄麻木了——你爱说什么说什么，给你个耳朵就是了。

摩西老师采用的办法却完全不同。

"大学的时候，我和你们师母谈恋爱（学生暗自窃笑），为了比翼双飞，我们经常在图书馆看书，有时候要说些什么事情，我们都不是用嘴，而是……用笔。"

就这般像聊天一样，轻轻一点，一个提醒，问题就初步解决了。

别的老师举轻若重，摩西老师举重若轻。

请不要小看这几句"闲聊"。话不多，含金量却很高。这是一个很优秀的教育情境设计。

第一，这个情境突破了所有常见的抓纪律的思路，给学生新鲜感。新鲜的东西总是吸引人的。

第二，教师把学生当大人，平等地谈自己的经历。这样说话，学生爱听。

第三，教师向学生透漏个人的恋爱镜头，青春期的孩子，肯定会支着耳朵听，句句流入心田，一句顶一百句。而且你要知道，青年男女们都喜欢在异性面前"装文明，玩深沉"。摩西老师把自己当年文明礼貌、比翼双飞的画面一描述，谁还好意思在班里当着异性同学的面喧哗？

第四，摩西老师语言简练，不枝不蔓。没等学生听烦，他已经说完了。

这才叫高效率，高"科技含量"。

如此，当班主任才有点趣味。

最有趣的是当那个保安破坏安静的时候班长的做法。她像老师一样从容，她像老师一样举重若轻，她像老师一样只是给了一个提醒。

有时候人只需要一个提醒。

我估计摩西老师做的时候一定没有想这样多，他可能只是灵机一动。

但是你要知道，具备这灵机一动的智慧可不是一年两年的功夫。

此之谓素质。

2004. 11. 26

我的学生被骗，向我借钱

"王老师，有件事情想请您帮我出出主意！这件事情真的让我有些为难了。"

昨天，以前教过的一个很内向的女生打电话给我，说想与我见见面，说是想我这个老师了。见面后她先夸了我一通，说我是她读书中碰到的最好的老师，是最值得她信任的，接着她就向我借钱，600元整，说是过年后用压岁钱来还我。

我有些吃惊，细问之下才知道原因：她现在在一个不怎么样的职高上学，说是上网时认识了一帮人，刚开始他们对她很好，约她一起出去吃喝玩乐。那是些社会上的人，其中有个还自称是大学生。于是便一起玩，后来玩起了牌，是要钱的。前几次她都赢了，现在她明白了，当初他们是故意让她赢的，赢了之后那些人就怂恿她请他们的客。又玩了一段时间，她输了，虽然她害怕没钱，有些退缩，但那些人说没关系的，他们不介意的。慢慢地当她不想再与他们在一起的时候，欠款已经累计到了600元。现在那些人天天打电话到她家逼她拿钱，其中那个大学生给了她一个账号，让她把钱汇到账上然后就跟她一刀两断。她没处筹钱，于是想到了我这个曾经的班主任。

她一再请求我不要把这事告诉她父母，说是他爸爸知道了会打死她的。他爸爸确实很凶的，常靠暴力来教育孩子。她甚至向我下跪，弄得我真是不知如何是好。本来想干脆点把钱给她，但想想一是怕她撒谎，二是那帮人有了第一次会再有第二次的。后来我说我不会把钱给她，让她叫那个人到我这来拿，当面来拿。我说跟她到她的家去，把电话号码拿来，还有那个账号。她开始死活不肯，后来向我提了两个要求：一是不要报警，二是不要告诉他爸爸。看着她可怜的样子，还有不想辜负她对我的那份信任，我答应了。可是那个电话号码根本就没人接，大概是公用电话吧。

我有些无可奈何。最后只能告诉她，等那个人再给她打电话的时候把手机号码问来，我去跟他见面，然后解决此事。她答应了。可是我不知道我这样处理对不

对，也不知道接下去该怎么办。（风之舞）

○ 点评

风之舞老师：

这孩子的话，可能是实话，也可能是谎话。如果是谎话，那就是她在别的事情上急需钱用，编个令人同情的故事来向您借钱。

我如果是您，我会借给她的，虽然我知道这钱很可能有去无回，但这是一种教育，也是一种情意。凭这个女孩和您的关系，凭她对您的信任，这次借钱可能对她的一生都有意义。

我觉得您不必过于刨根问底，她必有难言之隐，您最好尊重孩子的隐私。依我的经验，您越是不问，她将来可能对您讲得越多。

为了避免其他麻烦，我建议您让她写一个借条，上面最好写出借钱原因。她如果坚持不写出原因，也就算了，但是据此可以推测出，她说的原因可能不是实话。写借条您一定要坚持。这不是钱的问题，这是证明。万一事情有什么变故，好向她家长交代。既然孩子这样害怕家长，暂时不通知家长也是可以的。

我赞成您的意见，要求亲手把钱交给债主。如果孩子同意，您就可以陪她一起见那些人，直接告诉他们您是孩子的老师。客气地对他们说："我的学生还小，你们不要拉她搞赌博。"据我的经验，这样可以比较有效地阻断孩子和那帮人的联系，因为这类人对教师的正气还是有所畏惧的。实际上这也是警告他们，如果再拉孩子下水，教师就要采取措施了。但是这些话不要说出来，对方不是傻子，彼此心知肚明就行了。

如果这个孩子坚持自己拿钱去交给对方，那可能她说的根本就是谎话，或者对方心虚，害怕您是警察，不敢见您。这怎么办呢？可以跟孩子说："那好，你自己去。但是我要远远跟在你后面，看看他们是什么人。"您只当做一次福尔摩斯就是了。

现在问题的关键是这孩子陷进去有多深，对方背景如何。如果这只是一些小玩闹，教育孩子和他们脱离关系就行了；如果有黑社会背景，那千万要谨慎地保护孩子，保护自己，而且要随时准备报警。

钱数不多，初步估计问题不是很大。

2005.2.1

谢谢您，王老师！您的想法和建议与我这几天想的很相似，我准备借钱给她，主要犹豫的就是给钱的方式。不敢把钱给她，一是怕万一她在撒谎，拿钱去做些别的事情，也许最终造成的伤害是我无法估计的；二是怕那些人有了一次索钱的经验，还会向她要第二次、第三次。基于这两点考虑，我选择了与他们当面交涉。他们唆使未成年人赌博本身是违法行为，我想在这点上他们是心虚的。因此想借此机会帮助她彻底了断这件事。这两天我都在等女孩的电话，希望能够帮助她很好地解决这件事。

　　再次感谢！不知事情究竟会怎样，也许到时还要请教王老师呢。如果解决好了，我也会把结果写出来的。

　　王老师，我从教两年来一直有个忧虑，那就是社会上的黑势力在学校里的无形影响。很多学生都遭受过类似的敲诈、恐吓、挨打等，有时他们是恐慌不安的。所以有的学生往往千方百计地去认识社会上更有势力的人，有的因此深陷其中不能自拔。也许我说得过于严重了，但它确实存在着。这是正常的吗？（风之舞）

　　关于黑势力在学校的影响，我的基本估计是：比在社会上要小。这是因为：中小学生油水不大；中小学生的家长、老师看得都很紧，不易拉拢；即使当黑势力的小爪牙，他们也顶不了什么事。所以黑老大们是不会把中小学放在眼里的。

　　在我们北京，骚扰学校的主要不是黑势力，而是辍学生和无业青年。他们还算不上黑势力，只是小打小闹地敲诈学生一些零用钱而已。但是对于中小学生，特别是小学生，伤害很大，尤其是在心理上。这是一件严重的事情，学校必须与公安机关和社区互相配合，进行综合治理。否则教师在那里大谈学习重要性的时候，学生在底下却想着放学时如何躲过劫钱的小流氓，根本没法学好，失去了基本的学习环境。

　　作为教师，必须帮助学生对付这种骚扰。保护学生是教师的天职，但是一定要注意，不可单枪匹马地与之周旋，要取得学校领导、家长、公安部门的支持。教师的安全与学生的安全同样重要，这样才是以人为本。

　　这个孩子如果迟迟不跟你联系，那她可能从别处借到钱了，或者她想出了别的偿还办法（这非常糟糕），或者她可能有危险。我的意见，你最好主动和她联系一下，告诉她千万要相信家长，相信老师，相信公安机关，不可自作主张做傻事，那会越陷越深的。不得已，您要通知家长，但通知之前，要和孩子打个招呼，通知的同时，要做好她父亲的工作，不要动粗，否则可能把孩子推向深渊。

2005. 2. 2

案例 *81*

学生说老师冷落了她

王老师：

我班上有个女孩子，成绩很不错，是班上的学习委员，模样也很乖巧，就是性格很内向。家里经济状况不太好，她还有个弟弟，父母有重男轻女的思想，她曾经在作文中过多次流露，觉得学习很累，生活很累，父母对自己不关心、不心疼。半期考试后的近段时间，她非常敏感。语文老师在班上讲，希望同学们不要因为这次比其他班考得好就骄傲，不要做"井底之蛙"，她就给语文老师写了封信，觉得老师是在不点名地批评她。上周她也在半期总结中说受不了我的冷落，我认真地回忆了这段时间与她之间的师生关系，"冷落"二字不知从何说起。她是我所教学科的科代表，我一直非常信任和看重她。这次她考了第一名我没有奖励她、表扬她，我觉得她的耕耘已经有了收获，心理上已经获得了满足感。但我奖励了其他有进步的同学，我不知道她是不是指这个。我想问问：是不是我高估了她？（好好学习）

○ 点评

请您了解一下这个孩子的成长史

您提供的材料太少，根据这么少的材料分析这类学生的情况，是很冒险的。不过我可以试试。当然，我得随时准备纠正我的失误。

我忘了，您教几年级？学生总归是孩子，您说得对。

对这个女孩，我希望您进一步了解一下她的成长史。

按她现在的表现（多疑，爱埋怨），我估计两种可能性比较大。

一种是，她在家里确实被忽视，因此她特别在意学校生活带来的满足。她主要靠在学校实现自我，她在某种程度上用教师替代了家长。如果确实是这样，那这个孩子对老师（尤其是班主任）的态度变化应该是异常敏感的，远远超过一般同学，这您能看得出来。

另一种是正相反。家长其实并没有忽视她，在学校里她也一直受宠。她被大家捧惯了，老师一不注意她就不高兴，表扬别人不表扬她她就不高兴。永远不满意，还老委屈，这就是俗话所说的"抓尖"。这也是比较好分辨的。

也许她的心理是这两个极端的混合物。

如果这孩子原来不是这样，近来忽然小心眼起来，那不对，孩子一定遇到什么重要事情了。这更得小心，更得搞清楚。

您若能经过调查大致认定她属于哪种情况（或者我说的这两种都不对，属于另外的种类），那我就好给您出主意了，甚至您自己也就有主意了。

毛泽东有句名言："调查就是解决问题。"如果调查是按科学精神进行的，就确实如此，起码它为解决问题奠定了坚实的基础。没有调查研究，却想解决问题，这是目前多数教师工作的常态，令人遗憾。

2004.11.20

接受王老师的批评。

我认为她属于第一种情况。如你所说，我能看得出来。她在作文中曾经提到她头疼时告诉了妈妈，妈妈却让她自己去看医生。她很伤心，觉得要是不舒服的是弟弟，妈妈一定是另一种态度。她也曾多次在作文中抱怨过回家后有很多家务等她做，周末更不是她期待的，会有更多更重的田里的、山上的活等着她，她觉得很累，她不想放假。她妈妈之所以还让她读书就是因为她成绩好，指望她将来读出来后再供她弟弟念书。他爸爸外出打工好像也挣不了多少钱。在学校里老师一直是很重视她的，我以前就曾给了她一本参考书，她一直很感激，常常挂在嘴边。半期考试后我找她谈了一次，她觉得自己考得不好，我说已经不错了，我知道你尽力了。她说如果细心点还可以更好的。我说：既然你知道自己哪些地方做得还不够好，今后注意就好了，不用自责。看来我的确是做得还不够。惭愧！（好好学习）

请试试这样的办法：

这孩子喜欢学校胜过喜欢家庭，重视老师胜过重视父母，但是她又肩负着父母的重托——为弟弟开路，压力是很大的。

她对自己学习成绩的波动如此敏感主要是来自家庭的压力（期望值）。

她对教师表扬的需求主要来自父母寡情造成的情感饥渴。

请注意，对这个孩子的教育引导工作其实挺复杂、挺难做的，弄不好就会造成她未来命运不佳。

1. 教师要多亲近她，可以有一些私人交往，来满足她的情感需要。但是要私下告诉她，老师须照顾全班同学，不能总是表扬少数几个人，请她理解。

2. 分析一下这孩子的智力情况，预测一下她的学习后劲。如果这孩子很聪明，那就要在学习上给她吃点"偏饭"，保持她的优秀成绩。这很重要，因为她在家中的地位是由成绩决定的。如果家长不满意她的成绩，发现她没有那么大的利用价值，她在家中可就惨了。

3. 如果这孩子智力并不那么好，以后很难保持优势，那就向她慢慢渗透这样的观点——不一定考上大学才能有出息。她的弦绷得太紧，要让她逐渐松下来。如果能帮她确定未来适合她的职业，将来可以上职高，有奔头，就更好了。

4. 无论这孩子智力高低如何，都一定要找她家长谈，对两个孩子要一碗水端平，千万不可偏疼男孩。您告诉家长，有无数的经验证明，家长偏疼哪个孩子，哪个孩子长大后往往就没出息，而且不孝顺，最后倒霉的是家长自己。如果家长还不算太糊涂，您的工作会有效的，那可就帮了这个小姑娘大忙了，可能惠及她一生。

2004. 11. 22

第五部分
个别学生教育问题

　　之所以不用"问题生教育"的提法，是因为本章案例中有些学生尚无法被确定为"问题生"。但是将这些学生称为"个别生"，还是说得通的。

低分生为何有良好的思维素质?

今天给学生讲解综合测试题中的一道电学题,我讲完了一种解法后告诉学生:"我预计这道题有十种解法,看哪个同学能提出不同的解法。"在四班,谭××提出一种很新颖的方法,在三班,宋××、张××、李××各提出一种很好的方法。这四个同学的方法各不相同,但都很简便,计算量小,而且大部分学生不易想到。谭××和宋××是各自班级第一名,提出这样的解法不足为奇,但张××是其班级二十多名的学生,李××是班级四十多名的学生。我又疑惑又惋惜,具有这样良好的思维素质,为什么名次却这么低呢?下课后我把这两个同学叫到办公室。我表扬了他们想出了很好的解法,具有良好的思维素质,接着我告诉他们,名次和良好的思维素质不相称,可能是因为在低年级荒废了学业,现在一定要亡羊补牢,争取与自己的素质相称的成绩。(电磁感应)

○ 点评

思维素质与考试名次不是一回事

名次较低的学生答出了难题,不能认为这是偶然的。我赞成电磁感应老师的意见,名次与实际能力不是一回事,其相关性是有限的。

应试教育最大的问题就是,它成了一面哈哈镜,里面反映出来的,往往是扭曲的学生形象。

为什么有些学生思维能力强而考试成绩不好?这可能是因为他们知识上有某些漏洞,或者他们长于思考而短于记忆,而我们的考试题目有很多都是考记忆力的。还有一些考试题目是技艺性的,比赛谁把老师教的方法用得最熟练。考技艺和考记忆这两种题目,都考不出多少思维含量,所以有些不爱思考但是记性很好或者耐训练的学生，成绩就上去了。这种学生的致命弱点是将来面对真实的工作问题、科研问题和生活问题的时候，往往没有应对良策。这种人自古就有，书呆子是也。

我赞成电磁感应老师的办法，对那些思维能力强而成绩不够好的学生，一方面赞扬，一方面引导。如果能提高一些成绩，何乐不为？我不反对考高分，我对高分没有宿怨，我个人上高中以后一直是高分生。我只是反对那种把考试分数凌驾于能力之上的观念。

2005. 3. 5

他是不是人才？

今天，在数学组办公室，有老师问："刘××近来怎么样？"我说："泯然众人矣！""我就说他不行嘛！"一副不屑的神态。

刘××何许人也？在第一次单元测试中，一个分班名次三十多名的学生竟然考入班级前十名；在第二次单元测试中，竟然又考了班级第一名。我分析这个学生的试卷，发现他具有一般学生没有的感悟物理问题的灵性。我欣喜若狂，以为发现了一个人才。

我欣喜地与同行们谈论着刘的物理悟性，但是我的好心情并没有感染他们，反而使他们的脸色由晴变阴。原来，刘只有物理学得好，而其他学科成绩在班级中是中下游水平。他的物理成绩高高在上，就会影响他其他学科的成绩。我们学校是分档按不同比例计算学生成绩的。刘如果因物理成绩高由低档而进入高档，计分比例提高，就会影响其他学科的总成绩。我仍继续宣扬我的梦想，如果刘在全国物理竞赛中取得一等奖，县一中的理科实验班就会破格录取他，这是我们三班的光荣。但是没人支持我，我的同行们对此嗤之以鼻。

在第一次月考中，刘果然由低档进入高档，随之而来的是刘进出办公室的次数增加了，其他学科的教师耳提面命、谆谆教诲，"这科在中考中占的分值很大，如果这科短了，考高中是没有希望的"。可是刘的其他学科起色仍然不大，物理成绩仍然很高。但是这一阶段，我却感觉刘有了变化，他对物理的热情减弱了。跟班主任谈起来，班主任居然说："我对刘说了，其他学科不行，物理竞赛也不能去参加。"我诧异了，学生好学某一学科有什么错？为什么都来打击他？为什么不多给予鼓励？其他学科学得不好，不是他不想学好，而是他的基础太差了，人们为什么不能宽容一些呢！

今天下午放学后，我把刘叫到办公室，跟他做了一次谈话。我说伟大的科学家爱因斯坦上学的时候，表现很一般，除了物理和数学外，其他学科很平淡，他的父亲去问学校教导主任，教导主任说爱因斯坦将来一事无成。听说某个大学可能录取爱因斯坦，他妈妈带他去参加入学考试，除了物理和数学考得不错外，其他科都很差，但那所大学因为他在数学和物理方面有独到的想法，将爱因斯坦破格录取。我对刘说，你也是数学和物理学得不错，特别是对物理很有悟性。你凭考试的成绩是进不了大学的，而你想要大学破格录取你，你必须在初中参加全国物理竞赛取得全省前十名，这样县一中才可能破格录取你，继而在高中参加物理奥林匹克竞赛取得一等奖，某一个大学才可能破格录取你。如果你不甘于平凡，那你就努力吧。（电磁感应）

○ 点评

削足适履

对刘××同学的评价，无论从师德角度看，还是从科学角度看，他的多数老师都有问题。我认为电磁感应老师做得比较好。

这些老师们嘴里一定会说他们在为国家培养人才，而他们的言行告诉我们，他们真正关心的只是自己的工作业绩，别让孩子拉了自己学科分数的后腿。这是高尚的师德吗？这是真正爱学生吗？

这些老师一定会辩解说，学生要全面发展，学习不能凭兴趣。可惜这种说法得不到现代科学的支持。全面发展并不是均衡发展，门门功课优秀未必将来有创新，而且人的智力有多种类型，强迫一个人改变自己的智力类型，就是和大自然作对，那是"人定胜天"的思想在作怪。历史上有大成就的人多是偏才。我估计那些对刘××同学嗤之以鼻的老师们，自己也未必是全才，全才只是人们的一种愿望而已。我们之所以开设这么多门课程，其实并不是要求学生们把它们学得都很出色（当然都能学好也不错），而是让这些课程来适应不同智力类型的学生。现在刘同学的老师们却反过来了，他们以这些课程都学好为好学生的标准，迫使不同类型的学生适应"一刀切"的标准，这不是削足适履吗？

这些老师一定又会辩解道：这不怪我们，学校要评比呀，考试分数要和奖金挂钩呀！这样说，能把自己的缺点都掩盖了吗？不能。因为如果您真的是迫于无奈，您肯定会像电磁感应老师那样对刘××同学持同情态度，而且帮他找到一条适合他的路。现在各位的态度是什么？是"嗤之以鼻"，是"不屑"，是迫使孩子满足教师的愿望。这只能说明各位与应试教育保持着高度的一致。应试教育为什么如此难以动摇？原因之一就是有大批这样的老师做它的坚固基础。他们虽然有时也对应试教育发点牢骚，但本质上，他们和应试教育完全是"一溜子"（方言，犹一伙——编者注）的。

2005. 3. 5

我该如何教育这个厌学的孩子？

学生宗××在地理期末测试的考场上睡着了，被监考老师抓住。下面是他写的检讨：

小学刚开始我对学习还是比较有兴趣的，但学着学着觉得没有意思了，所以我开始对学习不感兴趣。心想我以前落下那么多，基础没打好怎么学？一段时间后我又想，我不学习干什么呢？我又能干什么？于是又接着学。初一开始学习各门功课还算认真，可不久就被好玩的本性击倒了。到了初二学习物理，觉得物理对我有所用，特别是对小发明感兴趣（物理书上有关于小发明的内容），开始物理还能考个七八十分，物理老师也表扬了我，但到后面开始有了一些较繁的算式，我又不想学了。其实我是会的，但太繁，一不高兴又放弃了。对于副科我一开始就没打算认真学，觉得学了又没有用，对未来找工作不起多大作用，中考又不算分，所以我放弃了。我不知（现在开始认真学）能不能赶上，要是能赶上我一定认真学；要是不能赶上，我也无能为力。

老师看了检讨，给他写了一封信（缩写）。

宗××同学：

你好！

看了你的"检讨"（应该称为给老师的信），我的心情比较复杂。

你能对老师说心里话，能如实地反映自己，这说明你对老师很信任，这让老师很感动。你敢于分析自己，不隐瞒自己的观点，这也说明你很诚实，也很勇敢。尽管你不能管束自己，但你仍知道什么是对什么是错，什么是好什么是坏，这些足以让老师为你感到高兴。

但老师对你还很惋惜。你是一个很聪明的学生，我替你惋惜的就是，你正在迷失前进的方向。

你提出了一个比较尖锐的问题——学习的用处。你认为对你来说学习没有用处，所以你放弃了学习。你把学习的意义理解错了。学习对于每一个人来说都是有意义的，科学家、教师、医生、律师要学习，农民、工人、木匠、瓦匠也要学习。你仔细想一想，我们学习的哪一门功课对将来，对我们的生活没有用处？你不学语文你会写信吗？你不学数学你会算账吗？我们读书、看报，我们测量、计算，我们设计、制造……哪一样离得开我们的学习？所以学习对于我们每一个人来说，都是有用的。我们学习不仅是为了升学，也是为了给将来的发展储备知识。一个人小时候储备的知识越多，将来就会生活得越好，就更能适应这个社会，对社会、对人类作出的贡献也就会越大，别人也就越尊敬你。所以我们每一个人应该尽自己的最大努力去学习，不然——"少壮不努力，老大徒伤悲"！

（haa8355808）

○ 点评

习惯性信息遗漏

如果我们仔细阅读这个学生的"自白"，就会发现他对自己厌学的归因至少有以下几种：

1. 没有兴趣。（"觉得没有意思"）这是非智力因素问题。

2. 基础没打好，跟不上了。（"我以前落下那么多，基础没打好怎么学？"）这里既有技术问题，又有信心问题。

3. 贪玩。（"初一开始学习各门功课还算认真，可不久就被好玩的本性击倒了。"）这是性格问题。

4. 怕累，任性，嫌麻烦。（"初二学习物理……开始……还能考个七八十分……但到后面开始有了一些较繁的算式，我又不想学了。其实我是会的，但太繁，一不高兴又放弃了。"）这是性格问题，最突出的是意志问题。

5. 觉得副科没用处，又不考试，就不想学了。（"对于副科我一开始就没打算认真学，觉得学了又没有用，对未来找工作不起多大作用，中考又不算分，所以我放弃了。"）这是认识问题。

6. 现在缺乏信心。["我不知（现在开始认真学）能不能赶上，要是能赶上我一定认真学；要是不能赶上，我也无能为力。"] 这是情绪问题、认识问题和性格问题。

可见，这篇短短的"自白书"，信息量不小。所涉及的问题，有性格问题，有非智力因素问题，有认识问题，也有技术问题，还有智力问题（偏科？）。

可想而知，只有对这些问题进行综合的、尽可能全面的干预，这个学生才能真正进步。

然而，令人吃惊的是，这样一封内容丰富的信到了教师的手里，经过教师的眼睛和大脑，竟然发生了极大的变形，大量信息被莫名其妙地筛掉了，剩下的内容简化到了不能再简化的程度——"你认为对你来说学习没有用处，所以你放弃了学习。"其实这个学生并没有说学习没有用处，他只说副科没有用处。至少六条原因，只剩下了一条。

然后教师就用这个结论指导自己的工作。

我们看教师的回信，主要内容就是给这个学生讲学习的重要性（知识就是力量）。教师的想法是：我让他明白了学习的重要性，他就好好学习了。

哪有这样容易的事情？

教师就这样把一个很复杂的厌学问题删节成了一个简单的认知问题，然后用教师驾轻就熟的、最省事的办法进行说教。这些关于学习重要性的话，学生不知听过多少遍了，有些学生甚至比老师还会说。

效果可想而知。

于是你就明白了为什么许多老师"动之以情，晓之以理"，磨破了嘴皮子都不管用了。恕我直言，这根本就是"开错了药方"。

为什么相当多的教师工作方法总是这样简单？因为他们的思维方式就是简化的、公式化的、模式化的、封闭的、多年如一日的。

你会看到，习惯了简单思维方法的教师会瞪着眼睛把有用的信息筛掉，正所谓"视而不见，听而不闻"。

我称这种现象为"习惯性信息遗漏"。

不解决这个问题，教一辈子书，教师也走不进学生的心灵。

2005. 1. 18

案例 *85*

宿舍矛盾

今天早上，我收到学生一封特殊的请求书，原文摘录如下。

姜老师：

我们506寝室全体同学除高××外，一致同意将高××调出我们寝室。

原因：他晚上很吵，有时甚至影响我们就寝。自己的事不干，让我们做，如：垫被子，洗衣服，晾衣服。时常拿我们发脾气，拿我们做出气包。希望姜老师同意我们的要求。

同意者签名：（九位同学的签名）

还有，晚上有时到别的寝室去，半夜归来，甚至不回来。损坏莫××、王××的脸盆不赔，衣叉被他扔破。

这封信使我想起高××的种种不良表现：课堂上玩手机被我没收，他保证将手机带回家，后来却又被别的老师发现没收，还到我面前撒谎说这是别人的；违反全班讨论制定的班规，在教室里打篮球；平时同学都不愿意与其交往；说话肮脏，如对着女生说"你是只鸡，我是鸭"等。

真想把他交给政教处处理，但新课程讲"没有一个学生是差生"，我也算是新课程的忠实信徒，因此备感困惑，不知该如何处理此事，望有经验的老师不吝赐教。（老骥）

○ 点评

此事处理宜慎重

我的初步印象，高某与同宿舍的同学的矛盾已经很尖锐，同学们对他已经到了忍无可忍的地步。

高同学的情况有两种可能：一种是他干这些事情完全是"本色"，他并不知道周围人对他的厌恶；另一种是他完全知道别人的感受，却不在乎，或者正希望如此。

无论哪种情况，我觉得都不可以把这封信给高某看，甚至此事都不能让高同学知道。

我认为目前比较稳妥的办法是找一个"合理的"借口将高某调出这个宿舍，或者让他走读。事先告诉其他同学：高某调走以后，也不要提这封信的事情，不要做"斗争胜利"之态，要像没事一样。

我之所以这样建议，是因为对高某的底细、背景、个性不了解。中学生好冲动，做事不顾后果，而且有迹象表明，这位高某的毛病的形成绝非一日之寒，也绝非几日之功所能解决。教师的当务之急并不是教育高某，而是保护其他9名同学和班集体的稳定。

那么对高某就不管了吗？

不是。要过些日子，再找别的"茬"与高某谈话。这种孩子会不断犯类似错误的，找他"茬"不难。教育这个孩子，要经过全面的观察和诊断后才能进行，要特别注意了解他的家庭情况。因为情况不大清楚，这方面我还无法多说。

我以为也不要急于通知政教处。我的经验，这种孩子，要先有了完整的处理方案，才能找政教处，否则弊大于利。

谨供老骥老师参考。

2004.9.29

他有权讨个公道

数学课代表找到班主任说："吴×把我的随身听的电池偷去了，你要让他赔给我！吴×两周前借了我的随身听，后来又借给了别的班级的一个人，那个人是个痞子。我就找他，让他要了回来。打开了盒盖才发现，里面的两节电池没有了。我下午去找吴×赔，他不但不赔电池，还说还给我时，电池在里面，我诬赖他。我的电池是日本进口的，一节就是一百多块钱。你一定要让他赔我的。他不赔我，我就让他爸爸赔。"

老师问："你怎么就断定是吴×偷了你的电池呢？你有什么证据吗？你当时也没有打开看看？"

"我把随身听要回来了，就放在家里，一直也没有动，今天才第一次拿出来，就没有了电池，自然是他偷去了。即使不是他偷的，也是他借给的那个痞子偷去了，那还是他的原因。"

老师于是教导他说："你是高二学生了，学过法律常识，最简单的一条，你说别人偷你的东西，你应该拥有证据。没有证据你就在班级里面公开地指责吴×偷了你的电池，你这样是违法的。"

"那你让他赔我一半，我自己认一半。这样可以了吧？"课代表说。

老师就继续进行"法律和道德教育"："咱们换个角度想想看，要是你是他，你是不是愿意接受这100元的赔款安排呢？如果接受了，别人会说肯定是你拿了电池，不然不会傻乎乎地赔这100元的冤枉钱；如果不接受，老师强行逼迫着他赔，那不等于逼他承认偷了人家东西吗？那老师也就是在犯罪了啊，诬陷罪啊。……如果吴×愿意出100元给你，那是因为他借了你的随身听用，他感谢你曾经给了他这份帮助。现在是他在你困难的时候来回报你，而不是他必须赔你这100元。你明白了吗？"

"那我这电池怎么办？"课代表不再坚持要吴×赔偿了。

老师说："电池的事情，我想对你只能是个教训。让你记得以后在借出借入过程中，一定要当面验证好物品的完好程度。至于其他事情，我今晚和你父亲电话说清楚，相信他会理解的，也不会过分责备你。"学生的气消了，走了。

教师最后总结道："凭直觉，我感到可能是那所谓的'痞子'学生做了电池的手脚，也不能排除吴×拿下电池的可能。然而，我的这个课代表所表现出来的道德素养的一般，法律知识上的贫穷，却不得不让我为他担忧。已经是十七八岁的人了，接受了这么多年的教育，竟然如此幼稚荒谬地处理与同学间的这种矛盾，这样，他到了社会上，又怎能处理好和别人的关系呢？整个这件事中，贯穿始终的，实际都是一种以自我为中心的极端个人主义思想。而具有这样思想的学生，在我们的校园中，不是很少，而是越来越多，这不能不引起我们教育工作者的高度重视。"（佚名）

○ 点评

他有权讨个公道

请先替这位数学科代表想想。

他丢了电池，又受到老师一大堆的"法律知识"教育、"道德素养"教育，并被扣上"以自我为中心的极端个人主义思想"的帽子。

他倒霉不倒霉？

而那位不经主人同意随便把人家东西转借别人的吴某、有盗窃嫌疑的吴某，却"安然无恙"，一点事没有。这公平吗？

不错，这位科代表没有权利随便说人家偷了他的东西，更没有权利在缺乏证据的情况下要求别人赔偿。

但是，他有权利要求教师查明真相，他有权利要求找回本属于自己的东西。即使最后此事无法搞个水落石出，他起码也有权利要求吴某给他道个歉。

这是在维护自己的正当权利，怎么会是"极端个人主义"？

毕竟维权过火是一回事，该不该维权是另一回事。

莫非吴某和那位所谓"痞子"反倒是"集体主义者"，反倒懂法律？

我若是班主任，我当然要提醒（注意是"提醒"，不是"教育"）这位数学科代表，你没有证据，现在不能说人家"偷"，也不能要求人家赔款。

但是接下去我首先要做的工作是"破案"，而不是教训这个可怜的孩子。他是受害者，我必须站在他这一边。他当前的主要任务不是"提高觉悟"，而是"维权"。我得帮他讨回公道，而不是急于教训他。

如果我不能"破案"，我会向他道歉——我无能。

但是我起码要使吴某给他赔个礼，绝不能让吴某逍遥事外，而让受害者丢了东西又挨说。

难道班主任只管教训学生，却没有替孩子作主的责任？

恕我直言，这种处理问题的方式，有"避硬就软"的嫌疑。

2004.7.8

女孩的轻率承诺

王老师：

您好！我收到学生的一封信，这是一个热情开朗又有些情绪化的高一女生，她说有男生向她示爱了，问我的看法。我不知该怎么回答她，我把原信（节选）贴上，请您帮忙看看。

高中的初恋是最常见的，我不知道该是什么滋味，适可而止，总不是坏事。班上有个男生对我示爱了，有时也觉得挺好。他付出很多，为了不伤他的心，我说："你学习好了，我就接受你，我决不食言。"他就将这句话当作动力。我想，这有助于他的学习，三年之后，高中毕业，大家各奔东西，这份感情定会被冲淡的，时间就会稀释一切。

好友说我很善良，我想也是，我不忍伤他的心，付出了这么多，直截了当地拒绝会对他造成多大的伤害啊。

写信是一种发泄，心里舒坦了许多。乒乓球打到桌子上来了，我笑了，黄色的小精灵在跑动，录音机里换磁带了，我的心跳动起来。爱情是什么？我不懂，暂时也不想懂，说这些，不会觉得我好不知羞吧。

那个男生（上文所提）来了，他要看信，不理他。他耸肩，坐在旁边，像在等什么。班上像我这样的还有三个女生，我们各自的处理方式不同，也不知道谁的收效好，你怎么看？出出主意。我可不想浪费精力在这种事上，虽然，有人在高中会找到自己的另一半，而我，觉得不可想象，更何况我有三个麻烦的男生。

（雪之韵）

○ 点评

雪之韵老师：

这个写信女孩的整体情况（特别是她的家教和成长史）我不清楚，不敢乱说。

但是有一个问题我劝您提醒她，在恋爱问题上，态度不可含糊，含糊有后患。

为了照顾对方的感情或面子，话可以说得比较委婉，但委婉不等于含糊。如果你并没有和对方交朋友的意愿，绝不可以用许诺交朋友来推动对方提高学习成绩。

不可以拿爱情当工具。

这孩子向对方说："你学习好了，我就接受你，我决不食言。"

但是我看她并没有认真与对方交朋友的意思。这太莽撞了。如果那个男孩是一个"给个棒槌就当针"的人就麻烦了，弄不好将来甚至可能上演悲剧的。

这姑娘糊涂！爱情跟学习成绩有什么直接关系嘛！

然而，一言既出，怎么办呢？

建议您告诉这个孩子，找个机会向那个男生解释一下，所谓"接受"，只是"做好朋友"的意思。赶紧往回拉，还来得及。

看来追求这个女孩的男生还不止一个，请告诉这个女孩，千万别轻易承诺对方什么，但是，要尊重人家的感情，更重要的是，走好自己的路。

您最好当面跟她谈，不要写信，而且不要让那个男孩知道这是您的意见。

2005. 1. 7

一个惯于借钱不还的女生

学生的钱都是父母给的，大部分同学都是不会乱花的。可现在竟然有人会脸皮厚得要命，跟同学借钱借到自己都搞不清楚究竟欠了多少人的钱的地步，把自己搞成异类，让同学唾弃。这事竟然让我给碰到了。问她究竟借了多少钱，她的第一次回答竟然是全盘否认。这个世界真是无奇不有！苦笑。

这孩子现在高二，父母在农村的私人小厂打工，文化程度很低。孩子是他们自己带大的，家里钱不多，经济比较紧张。她成绩一般是最后一名，各科成绩在30～50分之间居多。她真的没什么好的形象，跟人借的钱用来买吃的，体重超标，越吃越胖，越胖越吃。她其实很讨厌自己的肥胖，但可能是自暴自弃吧，什么都无所谓了。（宸岁）

○ 点评

我感觉这孩子是个病人

经常性地借钱不还，一般都属于品德问题。但是这个孩子的表现，与其说是品德问题，不如说主要是心理问题。说她是"坏孩子"，还不如说她是"病孩子"更确切。

她可能看不到自己的前途，找不到生活的意义，甚至找不到生活乐趣所在。她很压抑，就用"吃"来缓解这种压抑。请注意，这是不少孩子常用的一种方法。他们并不饿，甚至都不馋，他们只是用不停地吃来麻醉自己。这和借酒消愁的道理差不多，是"借吃压愁"。

家庭并不富裕，要吃没有钱，又不愿意"偷"（如果这个女孩总是借钱不还，但是从来不偷，那就证明她还有自己的道德底线，没有完全失去道德。这是宝贵的有利因素），就只好采用借钱不还的办法。这当然很丢人，但是为了缓解心理压力，也就顾不得这许多了。"脸皮厚，吃个够"。

我很同情她。

我建议老师背着她给全班同学做次工作：

第一，以后她再借钱，一定要婉言谢绝，但是暂时不要追债。

第二，认清她是一个病人。对病人是不可以鄙视的，要同情和帮助。在她面前不提还钱的事，就是最好的帮助。给她留点面子，这面子后面有她最后的"道德根据地"，再撕破了，她就可能真的破罐破摔了。

第三，大家一起想办法让她干点有益的事情，哪怕能出点小风头也好。要极其耐心地唤醒和培育她的自尊与自信。

第四，如果发现她出现不可遏止的食欲，老师或同学可以给她点吃的，但不可以给钱，而且给吃的要逐渐减少。

第五，教师要指导家长。如果家长是明白人，过一段时间，应该让家长把孩子欠同学的钱如数还清。要由孩子自己还，教师监督，这对孩子是很好的教育。如果家长不认账，或者一旦听到这个消息会拼命打骂孩子，那此事最好暂时别跟家长说，让同学先忍一忍。

看来让她考上大学是不太可能了。能帮这个孩子找到一条她可能走得通的人生之路吗？这是最重要的。可惜我情况了解得不细致，没法出更具体的主意。

2004. 11. 29

我的学生自称"社会上的人"

　　周五放学时，我班上的纪律委员给我一封信。信中他感谢我对他的信任，让他当了班干部。但现在他却不想当了，甚至还给我选了一个他认为比他更合适的同学继续下半期的工作。他陈述的理由是：他不是我想象中的好孩子，是"社会上的人"（原话），只是我的信任让他改变了不少，他非常感激我。我接班之前对他已经有所了解——行为不太规范，爱和老师作对，尤其是经常不上英语课。有过打架和被打的记录。我让他当了纪律委员后他很负责任，同学们一个月后也选了他，并且上月他还被选为最负责的班干部。

　　今天我抽空给他写了封回信，亲手交给他。他看过以后又写了一封信给我。说如果他的辞职让我为难的话，他就收回，不难为我了；说其实他管纪律就是装装样子，同学们觉得他很负责是因为他们没有经过大风大浪；说我是他佩服的三个老师中的一个，但他还是没有听这三个老师的话。最后的署名：您不懂事的学生。

　　我不知道他已经经历过什么了，我还没有想好怎样对他说，说些什么。

　　这次半期考试，他缺考了。他是考完语文后回学校的。监考历史的时候我看他趴在桌上睡觉，我想叫他出去问问，又怕影响不大好，于是找了张纸写了几个问题请他回答。

　　1.考试时没有看见你，老师很担心，你知道吗？

　　答：我都这样大了，您不用担心。

　　2.你去哪了，干吗去了？

　　答：就在街上逛，没做啥。

　　3.语文缺考，你想怎样办呢？

　　答：没考就没考，反正也考不好的。

　　4.你是纪律委员，你帮老师想想应怎样处理不请假不到校的违纪现象。

答：和别人一样，你该扣我的操行分，再把我的纪律委员撤了，我都帮你把人找好了。现在我对自己是没有信心了，我是在走下坡路，走远了。谢谢您的劝告。

考完历史，吃过午饭，下午考数学他又不见了！

我有点无奈的感觉，力不从心。（好好学习）

○ 点评

我猜他是这样一个学生

我很想知道这个学生上几年级，学习成绩如何，他的成长史，更想知道他家长的情况（职业、文化水平、性格、夫妻关系）。在知道这些情况之前，我的猜测准确率不会太高。不过也可以估计一下，供好好学习老师参考。

我猜他其实是一个社会型边缘生，与社会青年或社会闲杂人员早就有联系，做过不少"非学生"的事情，甚至可能有违法现象（他所谓"经过大风大浪"），这些，老师可能都不知道。

他明白自己已经失去了学生应有的单纯，他也知道这样下去不好。所以，一旦遇上了一个"看得起"他的老师，居然让他当了纪律委员，他出于进步的愿望和义气（人家看得起我，我就得给人家卖膀子力气，这是"差生"的基本价值观之一），他就真的好好干了，而且在老师、同学看来，他进步了。

但是他知道自己的底细，他知道自己在演戏。他之所以辞职，是发现戏演不下去了。这种表里不一使他太难受了。对于这种学生，当"好学生"是很累的。他可能已经养成了某些恶习，或者可能已经陷入了某些小集团不能自拔，甚至可能最近犯了什么事。自己既然是个"溜子"而不是个"空子"，再陪这些"傻老师"和"傻同学"玩下去，还有什么意思呢？他想退出去了，他要现原形。这样比较舒服。

您可能要问，他为什么不能坚持进步下去呢？他失去了信心。他可能也没有这种意志力。他已经习惯自己的一套生活方式了。这孩子头脑相当清醒，真是可惜了，有点抓晚了。主要怪家长。

如果这孩子年龄比较大，那我估计他不久就会辍学走上社会，最终多半会成为社会下层的一分子，能做守法公民就不错了。

老师能对他施加的影响是有限的。如果我是班主任，我将不会用对一般同学的标准要求他。我会让他体面地辞职。实在无法在学校待下去，也不要给什么处分（没有用），让他自然退学就是了。我会私下里对他说："好自为之，谨慎做人。需要帮助时，可以来找我。我永远是你的朋友。"

好好学习老师，您做得很好。您也许没有回天之力，但是无论如何，您给他留下了一段温暖的回忆。既然他知道人间确有真情，这真情就会在他的心中埋下一颗希望的种子。这就是教师的伟大之处和光荣之处。

2004. 11. 11

王老师，先谢谢你的回复。今天早晨我看见他就对他说："今天我希望你不要再缺考了。"他今天做得很好。中午还管了纪律。这个男生十四岁，各科成绩都是班上倒数，以前也听说他打人和被人打。父母是农民，文化程度不高，但是经济情况还算比较好。前段时间听说他喜欢班上的一个女生，是他的同桌。那个女孩各个方面都不错，我就是安排她去帮助他的。后来女孩子来找我要求调座位，因为他一上课就一直盯着人家看，影响得人家听不进课。我找他谈过。我说："我知道你没有恶意，她是个好女孩，老师和同学们都喜欢她，你喜欢她很正常，老师理解你，可是老师也有一句话要告诉你，如果你真的喜欢她，就该让她因为你的存在而觉得很幸福，你不能影响她的学习啊，并且你得赶快赶上她。"最后我说："我尊重你的感情，你想想自己该怎样做。"我也找了那个女孩子，她也答应继续帮助他，可是没多久又不行了，说是全年级的同学都说他们在耍朋友，两人都坚决要求分开坐。我只好对座位进行全班性的调整。您看这事儿对他的影响大不大？

您说让他体面地辞职，我想我也是不该勉强他干下去了，但是他一旦不当班干部了，他就很有可能和一些学不进去或学习困难的同学一起违纪啊。还有如何"体面"？望王老师指教！（**好好学习**）

如果这个男生提出辞职是在和这个女孩同桌之后，那还真有可能与这个女孩有关系。喜欢人家，又觉得自己配不上人家，这是很大的刺激。他的自我形象反思或许跟女孩有关，女孩成了他的镜子。青春期的孩子，对这些事很敏感的。

请您观察一下这个男孩以后是不是仍然偷偷留意那个女孩。如果是，那他之所以还对学校有些留恋，就可能与这个女孩有关。当然，也可能他父母坚决反对他辍学，他若怕家长，也只好暂时留在学校，或"三天打鱼，两天晒网"。

既然他不走，那就最好不要让他辞职，因为纪律委员这顶"乌纱帽"毕竟对他还有点约束力。所以，他不坚持辞职，您就可以不再提这件事。如果他再次请辞，您可以鼓动干部和部分同学挽留他，这其中最好有那位女孩子，但请注意，不要让那个女孩单独挽留他，以免引起他的误会。

座位分开是对的，这样对两个孩子都是保护。

只要这个男孩没有下决心离开学校，老师就要做最后的努力。看看能不能分析一下他的各门功课，有哪一门能抓上来，用补课等方式先突破一门（不要全抓）。如果真能有较明显进步，让他看到希望，他可能就不走了，说不定还会想考高中的。可以试试看。

2004. 11. 12

王老师好！那个男孩子在给我的回信中坦言："我想好好学习，可是我爱上了她，我现在满脑子想的都是她，我上课根本听不进去老师讲的，我想我是没救了。"他没有再提辞职的事，在工作上还给我提了点建议，看来他也不会马上离开学校。可是他一直这样下去也是不行的，对吧？你说如果我让那个女孩子去鼓励他把心思用在学习上可行吗？有用吗？是不是太冒险了？（**好好学习**）

"让那个女孩子去鼓励他把心思用在学习上"，愚以为此法不妥。可能把两个孩子都弄坏了。

我要是您，我会对这个男孩说："我怀疑，你说你爱上这个女孩了所以才学不好是一种借口，用来掩盖自己学习方面意志薄弱的毛病。过去你没爱上什么人的时候，你专心学习了吗？真正的男子汉没有因为儿女情长而放弃宏图大志的，我想你也不会那样没出息。优秀的女孩都喜欢有志气的男孩。总是缠绵在女孩的石榴裙下，这会让女孩看不起的。我希望你做一个意志坚强的男子汉。"

2004. 11. 16

还是那个纪律委员的事。我觉得我已经对他无计可施了。上个星期他打了班上一个男生，拳打脚踢。因为那个男孩说他给初三的一个女生写信，害得他和初三的男生差点打了起来。两个孩子我都分别找他们谈过，他们对自己的错误都有认识，都向对方道歉了。可是只隔了一天，他又旷课两节。我想问问您，在这种情况下他还适合继续担任班干部吗？他不能控制好自己的行为，又何以服众？但是如果不让他当了，没有了任何的束缚，他可能会更加肆无忌惮的，对吗？再有，他还坚持给

那个女孩写信，上课很不专心，并且开始在课堂上讲话。科任老师找他谈过，没有好转。我真的不知道我该怎样做了。（好好学习）

他的问题这样多，您要样样都关注，那是弄不过来的。我建议您只着力解决一两样，其他的先不要管，否则您自己也会焦虑的。

怎么解决呢？

鉴于这个孩子还不算太混，头脑也还比较清楚，您和他还能说得上话，我主张您找个机会，换个环境（不要在学校或家里）好好和他谈谈。您就问他："如果你是一个班主任，你会怎样对待你这样的一个学生？你帮着出点主意。"

然后你就把做班主任的难处推心置腹地告诉他。

如果他出了一些主意，你就和他一起进行可行性论证。

也许你们能找到一点解决问题的办法。

也许他也找不到办法，或者找到的办法都被你驳倒。那他就可能自己要求撤掉纪律委员职务，或者退学，或者给纪律处分。

下一步你就主动了。

我的意思是，纪律委员不要撤，临时安排一个"纪律干事"实际上接替他的工作，把他挂起来，留点面子。至于退学和处分，都尽量后移。

您可以先只要求他一样：不打架。做到这一点再说。

连这都做不到，只好请他先离开学校了，否则就要给纪律处分。

好好学习老师，我们不是神仙，我们只能做力所能及的事情。仁至义尽，问心无愧，如此而已。

2004. 11. 20

如此女生怎么教?

昨天我找班上一女生做思想工作。

问:"为何成绩老上不去?"

答:"对学习没有兴趣! 无非是父母叫我来而已!"

问:"是不是思想开小差了?"

答:"你是指谈恋爱吗?"

问:"你认为呢?"

答:"如果说实话,我在谈恋爱!"

我努力地讲着中学生谈恋爱的弊端。其表情漠然。

她说:"老师,我已经十八岁了! 我已经成年了呢!"

我无语。(liuandrews)

○ 点评

一次没有沟通的对话

这次谈话中,教师和学生的思路都很清楚。

教师的思路是:你成绩老上不去是因为思想开小差—思想开小差者,早恋也—中学生谈恋爱弊端大—所以你只有不谈恋爱,思想才能集中—学习成绩才能上去。

学生的思路是:我学习成绩上不去是因为对学习没有兴趣、没有愿望—早恋是有的—但那是我的权利。

对话无法进行下去了。

其实严格地说,这并不能算是"对话",这只是师生二人在一起"自言自语",是典型的"无沟通"对话。

双方谁也不想理解对方的意思。教师是沿着自己的既定"教案"在宣讲自己的"教育方针"，学生则是在申明自己的"既定生活原则"。

双方都是自我中心，都不想反思自身。在思维方式上，半斤八两。

然而，一个是大人，一个是孩子；一个是教育者，一个是受教育者。

我们对教育者要求得稍高一点，总是比较合理吧？

这位老师的发言，出发点是提高学习成绩，落脚点也是提高学习成绩，有相当明显的应试色彩和管理色彩。是以人为本，还是以"分"为本？我觉得属于后者。

所以这位老师并不关心孩子的生存状态，不关心孩子的感觉和喜怒哀乐，关心的只是"你要照我说的去做"。

所以他一开口，就像一位"领导"，而不像是学生的朋友。

朋友见面，总是先问寒问暖，也就是首先关心对方的生存状态（你过得好不好）。现在很多教师自称是学生的"朋友"，可是他们对学生说话的口气，怎么听怎么不像个朋友。

还不止如此。这位老师的逻辑推理也是经不起推敲的。

"成绩上不去就是因为思想开小差，因为不刻苦"，这是相当多教师的逻辑。这个归因是极其粗糙的。事实上，学生成绩上不去有很多种原因，情况非常复杂，绝对需要一个一个具体地分析。这样简单归因，那就不要研究和分析了，只要加强管理和监督，搞得孩子没有时间偷懒，不得不刻苦，就大功告成了。许多老师就是这样做的。他们简单粗放的工作方法，来源于对学生问题的不科学的归因。这种极其简化的思维方式，使得他们很难进步——有现成的答案，自然不需要再思考了，"抓"就是了。

我们再来看这个女同学。教师认为她学习成绩上不去是因为早恋，她却认为自己是根本没有学习的动力和兴趣，师生的归因显然不同。如果这位老师有一点研究的愿望，他就应该想一想：是我说的有道理，还是孩子说的有道理？即使教师坚定地认为自己有道理，也应该据理驳斥学生。他应该向学生证明，"你成绩上不去不是因为你没有学习的动力和兴趣，而只是因为（或主要因为）你早恋"。这样，说服力就要强得多，这也才谈得上是"对话"。可是这位老师听到学生的不同意见之后，想都不想就顺着自己的思路说下去了。这不和照着教案讲课一样吗？

我不敢保证这个女孩子说得更正确，但是据我多年的经验，在归因上，孩子可能比老师正确。这位老师只知道早恋是影响学习的因素，而不知道学生的整体生存状态不好常常是早恋的原因。很多学生都不是因为早恋而走向失败，而是因为失败才走向早恋的。一个学生如果自己并不想上高中，而迫于家长压力不得不上，自然很苦闷，那么早恋岂不就是宣泄这种苦闷的一个渠道吗？这时候如果向她大谈早恋的害处，就是废话，就是浪费教师的精力和爱心。果然，老师在谈早恋的害处，学生却在谈自己恋爱的权利。这就证明学生完全知道其害处——对于一个没有学习动力的孩子，这种害处说不定还是"好处"呢？起码它可以使生活不至于过于枯燥。

所以我若是和这个女孩子谈话，我不会从学习成绩谈起，我也不会主动提起谈恋爱这件事。我会问她过得好不好，心情如何，将来有什么打算，有什么苦闷。我首先要关心她整体的生存状态。如果她的父母在非常主观地"塑造"她，我会首先找她父母谈谈，尽量改善孩子的生存环境。然后更重要的是，我要试着帮她找到一条能够实现自我的路子，也就是找到一件她自己愿意做，而又有意义的事情（可能是考大学，也可能不是）。当一个孩子有奔头的时候，早恋问题才好解决。没有奔头的孩子会把恋爱当成一种"临时奔头"，这时候堵是堵不住的。

教师与学生对话，只有带上研究色彩，才能沟通，若一味主观地"贯彻"自己的想法，对话就会变成说教而降低效果。

这位老师发现自己的方针贯彻不下去，气愤地无言以对。但如果这个学生"低头认罪"，承认自己早恋不对，表态以后一定不开小差，好好学习，有用吗？最多给老师一个精神安慰而已。早恋则可能转入"地下"。这种事情太多了。到时候，教师会更加生气的。

要真正解决问题，没有科学的"诊疗"意识和方法是不行的。

2004. 10. 4

告诫同行，碰上这样的女生千万不要挽救！

下文摘自风中的叹息老师的来信。

我鄙视她，但一直在挽救她，今天（离高考还有87天的时候）我终于决定放弃她，因为我已经真的没有精力和体力管她了，说难听些，我"黔驴技穷"了。

她18周岁（初二时因为和校内外的男性相处，被父母要求换了个学校重读了一年），其貌不扬，一米五左右的小个，除皮肤白以外，我实在找不出她的美了。每次考试你不用看有多少人参考，只要看她的排名就知道了，因为她从没有考过倒数第二，总是倒数第一（全校高三年级近千人）。数学150分的卷，她总是考个位数。她有本事认认真真把卷填满，却一分也得不到，连选择题也是全错。

但她特能装纯真，上课认真坐着听（其实在想她的心事），认真记笔记（全在乱写），就是睡觉也有本领坐直了睡。有好几次我在讲课，偶尔有一个停顿时，她莫名其妙地站起来说："对不起，老师我不会！"但我根本没有提问她。

她往往是看见你就认错。不用你开口，她就会说："老师你找我，我知道我最近又不好了，又惹事了，我再也不在教室唱歌了，再也不很晚回宿舍了，再也不……"那温柔的声音，要不是我深知其人，我真会很感动的。

她还坦诚到令人恐怖的程度。不论她和谁之间发生了什么，只要你有点证据去问她，她就会十分坦诚地承认一切，能说到你不好意思听下去的地步。

她是全校知名的人物，哪个男生被她盯上，那个男生就完蛋了。高一军训时，学校告诫大家不要和教官来往，可她每天都和教官在一起说笑，休息时，还抢照片。

她喜欢在教室里旁若无人地深情唱歌；喜欢将她的情书随意地放在桌上供人随手翻阅；喜欢将日记记得像木子美那样直白（大胆地讲性），还放在桌上，让人批阅；喜欢在宿舍讲她的情人们，讲她的恋爱史；喜欢很伤心地流泪，还告诉别人谁是最好的，谁是最差的，像祥林嫂讲阿毛，讲得宿舍老是被扣分……还偷偷告诉别的女生性是很神奇的，气得我差点打她耳光。

她的情书写得很好，很煽情，这一点我很服她。她高一时写了一封情书给一个高三的男生，这个男生看她的情书认真到老师走到他身边他也没有发现。我特别注意她是否和我班里的同学走得近，果然，开学三周我班的两个男生为了她就差点打架。

她心不灰、意不冷，自信得要命，一向认为自己是世界上最美丽、最有吸引力的女人。她在社会上的接触面很广，常有各样的车来校门口接她，其中有奔驰、宝马。她出入的经常是星级宾馆。这帮人都以为她是个很纯的女高中生。

她的爸爸是个局长，妈妈是个人事科长。我打电话给她妈妈，她妈妈说："让我多活几天吧，我就当她死了。"而她的爸爸会说："一个人有所为，有所不为，我实在没办法管她了。老师呀，你再忍受一下吧，三年到头了就好了，让她到社会上去吧，随她怎样。"每一个寒暑假，她妈妈都把她关起来，电话也锁掉，因为她一个寒假能打掉一千多元的电话费。她妈妈说，有一回忘记了锁好防盗门，她就出去了，后来找了好几天才找到她，她竟住进了一个陌生男人家。她妈妈还和我说，如果不是出于人道，如果不是自己生的，她就弄死她算了，她要死了就好了。她妈妈是个很要强，很坦诚，很纯朴的知识女性。她妈妈不让她碰属于她爸妈的东西，还骂她："不知道带了什么脏病回家了，不要碰我们的东西。"她妈妈有句话是说给我的："老师呀，她玩你呀，像玩小孩子一样，她会觉得你我都是傻子的！"

她的名言：谁让我生在局长家呀。班主任怎么啦？我还和教育局长在一个桌子上吃饭呢！

我到她原来的初中了解她的过去，她的初中老师说："她在班里的日子是我的噩梦。"

能够想到的教育她的方法都用过了，我也请学校的心理老师对她辅导过十几回了，就差用导弹了。高一时，半个月不闹大事是她的最长极限。

我们班的女生在我不断教育和谈心后都不去碰她的那些东西（我和女孩们说，她是个编故事的行家，她在乱写乱说呢）。她在我班是另类，大家习惯了她的新鲜事，从不会和她比，只是出于礼貌有时也帮她一下，比如在她不会做题时，也教她一下，她没钱吃饭时，请她吃一顿。当她大声地深情地唱歌时，我们的男班长会严厉地说："这里是教室，自修时间不要唱歌，要唱你出去唱。"我们班男生都很鄙视她的，我感觉是这样。

有好多老师还表扬我，说我有这样的学生在班里，能够不让班里女生学她那样，能够不让班里男生爱上她，实在是我的大功劳！

（风中的叹息）

○ 点评

学会诊疗"不可救药"的女孩

一

风中的叹息老师所有的帖子我都下载并集中起来读过了。网友们的跟帖我也浏览了。这是一个很有意思的教育案例。这样的女孩子，我知道好几个了。我估计这类孩子以后会多起来——"时势造英雄"。

首先要向风中的叹息老师致敬。风中的叹息老师是一位很有爱心、很敬业、很有反思精神的老师。换一个人，很可能赶快把这个学生挤走了事，实在挤不走，熬到她毕了业，也巴不得永远不再提起她。经验交流会上，大家都在谈自己"过五关斩六将"的辉煌，哪有揭自己"走麦城"的疮疤的？从这个地方，我们可以看出风中的叹息老师的真诚和上进心。

我认为这一次风中的叹息老师的教育可以说是成功的。风中的叹息老师的同事们指出，有这样的学生在班里，能够不让班里女生学她那样，能够不让班里男生爱上她，实在是风中的叹息老师的大功劳。我认为这不是单纯的安慰之词，这是中肯的评价。不是每个老师都有这种本领的。风中的叹息老师的努力没有白费，教师教育的成功与不成功是不可以只看一个学生的。

对于这个女孩子，风中的叹息老师的努力就全白费了？也未必。总会有些东西渗入她的灵魂的。她清夜扪心的时候，或者将来某一天的某个时刻，她脑海里会出现中学老师的身影——温暖的身影。我这也不是安慰风中的叹息老师，我有经验。有些青春期的孩子，在某一阶段会"昏了心"的，十头牛也拉不回来，但是他们不会永远如此，他们会长大的。我见多了。

什么叫成功？

现在这个概念非常模糊，似乎有个"一刀切"的标准，好像只有把学生教育到一个大家公认的水平，或者该生有如何如何明显的进步，发生了判若两人的变化，班主任的工作才叫成功。

愚以为，对"成功"要做具体分析，分析的起点是学生原来的基础。基础不一样，成功的标准就应该不同。

有些孩子，能让他出类拔萃才是成功；有些孩子，能让他自食其力就是成功；有些孩子，能让他成为守法公民就是成功；有些孩子，能做到他在我管辖的这段时间不被公安局抓走就是成功。

"没有教不好的学生，只有不会教的老师。"这种说法只在作为一种浪漫主义的宣传鼓动口号的时候才有意义，把它作为评价教师工作的客观标准是绝对不可以的，否则我按同样的逻辑也可以说"没有不会教的老师，只有不会领导的校长、局长"。无论什么好话，只要一说过头，就会变成石头，砸到自己的脚上。

二

风中的叹息老师的这个帖子引起的反响挺大，点击率很高，跟帖众多，可谓发言盈"网"。

不过我感觉发言中感慨者居多，冷静分析者少。

面对这样一个"问题生"，最重要的是"诊断意识"。也就是说，首先要十分认真地研究这个孩子到底得的什么"病"，因什么原因得的这个"病"，然后才可能开出药方。

要知道，认为"问题生"的表现很另类，很荒唐，不可思议，那都是我们教师"单向度"的看法。如果我们真的了解了这个学生，就会发现她的这一系列表现都完全符合她本人的性格逻辑，甚至在一定程度上可以说，她"只能这样"，就好像得了炎症，白血球会增加一样。到这种程度，"诊断"才算有了眉目，才可以谈到治疗。现在多数老师都没有把主要精力放在"诊断"上，上来就治病，这就难免做无用功。风中的叹息老师还是比较动脑筋的，但是他的这么多帖子，也还是记录情况多，分析不够。

下面我来根据风中的叹息老师提供的材料分析一下这个孩子的情况。她的"病"（问题）在哪里呢？

1. 扭曲的自我。

这孩子对自己高度地不了解，她的"自我意识"是迷失的、紊乱的，是盲目的自卑和盲目的骄傲的奇妙混合物。

实际上她看不起自己，所以她破罐破摔，挥霍自己，糟蹋自己，玩世不恭。她知道同学和老师鄙视她，所以摆出一副"我还瞧不起你们呢"的架势来抵抗。为了平衡心中抹不去的沮丧，她不但必须在表面上做"趾高气扬、满不在乎"状，而且必须在内心深处建立一种自我欺骗的机制，以保证自己不至于崩溃，这是虚假的自我满足。我父母有势力，我个人有魅力，这是阿Q精神。

她既搞不清自己真实的缺点，也搞不清自己真实的优点。她的自卑和自傲同样建立在扭曲的自我上面，所以她的生活是不真实的，像梦，像游戏。

2. 情感的饥渴。

这孩子给我的感觉是：她非常渴望有人爱她，即使是假的她也要，她需要这个。

可是她确实缺乏讨人喜欢的资本，她毛病太多了。越是头脑清醒的人越难以喜欢上她，越是熟悉她的人越难以喜欢上她，越是与她接触时间长的人越难以喜欢上她。于是合乎逻辑的结果就是，她只好去找头脑不清醒的人，不熟悉她的人，与她只有短期接触的人，来骗取他们的"爱"。其实她对"爱"的期望值是很低的，能满足眼前的情感需要就可以了。这是饮鸩止渴。

3. 实现自我的方式发生了畸变。

每个人都想实现自我，每个人都想活得更体面、更有价值，每个人都在用行动为生存、为自己所做的一切辩护。大人小孩都是如此。风中的叹息老师不也在期待网友的理解吗？我写这一篇文章，也是希望它能有点用处。

请替这个孩子想一想，她手里还有什么"牌"呢？她用什么来证明自己还有存在的价值呢？她功课太差了，学习上是失败者，纪律情况不佳，人缘不算好，也不是班干部，更没有什么得奖的机会。她的优势在哪里？

她也在想，也在寻找实现自我的方式。她慢慢发现只要自己"不顾脸面"，就可以吸引某些男孩的注意；只要自己敢于说别人说不出口的话，就可以吸引大家的眼球，从而得到一种快感；只要自己拿纪律不当回事，就可以得到某种"自由"。总而言之，她经过长期探索，终于找到了一条"实现自我"的新途径——以"不要脸"为露脸，以"耻辱"为光荣。我不是也做了别人做不到的事情吗？另类？至少有我这一类，有我这一号，比没有人注意我强。我"闹"故我在，我"坏"故我在。这和阿Q自诩为世界上最能自轻自贱的人的心理机制是一样的。这在心理学上叫作"否定性的自我肯定"。

从这个角度看，这孩子是一个可怜的人。她在四周的漠视中，挣扎着寻找出风头的每一个机会，挣扎着证明自己还有价值。她在为自己的生存辩护啊！不这样做，她还怎么活下去？

有人可能会说，她何必用这种方式实现自我呀？不是还有更好的办法吗？

是的。但是她不具备使用其他方法的条件：有的需要毅力，她没有毅力；有的短期内不能见成效，她又没有长远眼光；有的则需要朴实的心态，而她满脑子都是虚荣。而且，她的家长和老师并没有特别耐心地帮她找到一条切实可行的实现自我的道路。风中的叹息老师说她是个没有目标的人，很对。可是我们设身处地为她想想，她能找到适合自己的目标吗？她的路在何方？目标找不到，可是她还得活下去呀！

于是，她投机取巧，她得过且过，她只能如此。从某种特别的意义上可以说，她的选择是聪明的，她不糊涂。

她走的路当然错了，但是合乎她的逻辑。

三

现在我们来看看，形成她这种性格的原因是什么。

她是低水平的家庭教育的牺牲品。

她的父母从来就没有耐心引导她正确地认识自我。他们把孩子当宠物，当招牌，而一旦孩子没给他们挣脸面，他们又把孩子当包袱，当负担。他们从来没有把孩子看成一个独立的人。

他们溺爱孩子，过度保护，这就必然使孩子意志薄弱。他们带孩子参加大人的应酬，这就刺激了孩子的虚荣心，造成了她的优越感。因为他们的官员身份，孩子可以犯错误而不受惩罚，这就必然使孩子缺乏责任感。这是其中一个极端。在另一个极端，他们又用完全不该用的词语贬低孩子，弄得孩子脸皮越来越厚，最后竟刀枪不入。

总之，他们时而把孩子捧上九天，时而把孩子贬入十八层地狱。他们对孩子的评价就是混乱的，没有谱，请问孩子在这样的"教育"中长大，怎么可能正确认识自我呢？也只能随着家长的评价，忽而自卑，忽而自傲，在两个极端振荡。

孩子的父母尽管在生活上对她疼爱有加，可是在情感上有所忽视。可能亲子交流很少，否则他们之间不会如此隔膜。两位家长都是官员，他们可能把职业病带到家中来了，他们的家庭教育，有明显的官僚主义色彩。

我还怀疑这夫妻之间的感情也并不好。父母感情不好的孩子，有两种可能的消极结果：一种是长大了不喜欢与异性交往，另一种是急切地渴望与异性交往。

父母从来没有认真研究过：按我孩子的具体情况，她应该通过什么途径实现自我价值？父母不管三七二十一，不顾孩子的特点，非要孩子走多数孩子通常走的路，实现父母的战略部署。一旦不能如愿，就只会责怪孩子，而没有想到该调整自己的指导方向和期望值。这也是官僚主义。孩子看不到前途，在迷乱中自己蹚出了一条路……

这孩子也是我们僵化的教育体制的牺牲品。

看得出她的智能类型是偏于语言智能的。如果我们有为这种偏科儿童设立的特殊学校，这孩子后来的发展可能会是另一个样子，请想想日本的《窗边的小姑娘》吧。先天性偏科的孩子进入"一刀切"的学校，她注定要备受折磨，同时要折磨别人。

老师的教育恐怕也不是无懈可击的吧？从孩子初中老师的表态来看，教师很可能更多地把她看成一个麻烦制造者，把精力更多地用在防范她，而不是研究她。教师对学生的评价，更像一个管理者对被管理者的评价，可能入木三分，但是缺乏沟通，谁也没有走进谁的心灵。

自然还有社会影响，就不多说了。

四

回想起来，在小学和初中，家长和学校如果用另一种思路教育这个孩子，情况也许会比现在好得多。上了高中，确实不好办了。她翅膀硬了，成气候了，有一定经验了，而且思维方式比较稳定了。所以我认为，风中的叹息老师能把她稳住，已经很不错了。

那么，作为高中的班主任，我们除此之外，就无所作为了吗？

我想，至少还可以做以下几件事。

1. 指导孩子的家长，对她既不要冷漠，也不要迁就。不可以对她说贬低的话，也不可以轻易答应或者拒绝她的请求。慢慢商量慢慢磨，关注而不过多干涉。给她一种"平静的爱"。以我的经验，如果家长能坚持这种态度，孩子就不会轻易失去控制、逃往社会。这就给学校教育创造了较好的背景。

2. 学校老师不要盯她太紧。不要给她那么多耍老师的机会和撒谎的机会。只要大局不乱，有些事可以不理她。不松不紧，不冷不热。不要批评，因为她久经考验，批评没有用；也不要轻易表扬，因为她会认为你是在哄她。以我的经验，教师坚持这种态度，最有利于学生的反思。

3. 抽时间和她聊聊天，注意聊天中不要有教育语言。如果班里有些活动可能发挥她的特长，可以用不经意的态度邀请她，她参加你不要太高兴，她不参加你也不要表示失望。

4. 如果师生关系好到可以交心的程度，那可以跟她谈谈未来。非常现实地研究她将来用什么手段谋生，像朋友一样给她出点主意，帮她找出一条似乎能走得通的路。注意不要用黑暗的未来吓唬她，这种话她已经听过太多了，没有用的。不谈黑暗，要谈什么地方有"亮"。

这样做，或许这孩子的情况会好一些。

但这只是假设。

现在孩子已经离开学校了，让我们祝她好自为之。

现在风中的叹息老师已经"解放"了。风中的叹息老师不必"叹息"。您做得很棒，以后会做得更棒。

不知道什么时候又会有这样一个孩子闯进我们的视野。

我们应该准备好迎接他们，学会帮助他们。

2004. 9. 30

优秀生的悲剧

2001 年，一位 14 岁的少年忽然在黑夜里服毒自杀了。他给父母留下了这样一张字条："这样的生活没有意义，这样的生命没有价值。"悲痛欲绝的父母经过仔细查找，才发现孩子自杀的原因竟然如此不可思议：

今天，我看了一个电视节目，记者采访一个偏远山区的放牛娃。"孩子，你在这里放牛做什么？""让牛长大！""那牛长大之后呢？""娶媳妇呗！""娶完媳妇呢？""生娃呗！""生了娃呢？""让他放牛呗！"

人生如此，生活还有啥意义？不如……

就因为这么一个简单的问题得不到答案，这位英俊少年去了。此前，他是班里的班长，学校的三好学生。

朋友，你认为，如何避免这种悲剧的发生？（狂人论坛）

○ 点评

帮助学生找到生命的意义

这是教育在线"宏观教育论坛"上的一篇短文。我不知道这位 14 岁少年自杀的事情是否属实，但是那个放牛娃的故事我是听说过的。

无论是否属实，这个故事都提出了一个很严肃、很重大的"哈姆雷特式"的问题。

我接触过一些中学生，他们中很多人曾忧郁地对我说："王老师，您说活着有什么意思？不就是天天写作业吗？"

我在他们的眼神中，看到了不应该看到的灵魂的苍老。

我很难过。

当然，他们都没有自杀。但是可以肯定，看不到自己生存意义的孩子，生活质量高不了——无论他学习成绩如何。

生存有意义吗？

有人说有，有人说没有。

我想，生存本身的确没有什么意义，但是每个人既然活着，就必须赋予它某种意义。人与动物的区别就在于此。动物不是为了生存的意义而活着，它们也不会因为找不到生存的意义而自杀。人类为意义而生存，人类生存在意义中。人类吃了智慧果，他再也没有办法"物我两忘"了，他已经醒来，只好活个明白。

所以我们教育者有一个最基本的任务：帮助孩子找到他自己的生存意义。这是生命的支点，比一切学问和毕业证书都重要。

什么样的生存方式最有意义？

我不知道。我想这也没有标准答案。

但是我知道以下几种生存方式是比较缺乏意义的：

1. 按照别人（家长、老师）制定的目标和方式而生存。这是"给别人活着"，不是孩子自己的生活。这肯定没意义。意义是别人的。

2. 在封闭循环的圈子里打转，不能超越环境，不能超越自我。那个放牛娃的生活就是这样。正是这一点，刺激了那个14岁少年的负面"感悟"（看透了），因而自杀。

3. 只为个人而生存。人类是社会动物，人类的生存本质上是群体的，而不是个人的。人无法忍受孤独。个人如果不与他人交流，不能用某种方式把自己融入某个集体（家庭、团体、国家、民族），他就难以找到生活的意义。单独的一个人无意义可言，意义产生于群体中。

想当年关于生命的意义，一度是有标准答案的。改革开放以后，人生观、价值观逐渐多元化了。但无论怎样多元化，人们总要赋予生命一种意义，人们不能忍受无意义的人生，这一点没有变。而且无论到何时，各种人生意义也总会有好坏之分，优劣之别。

也许有人会问：这个14岁少年看了放牛娃的故事而自杀了，那个放牛娃为什么不自杀？

我想放牛娃自杀的可能性很小，因为他习惯了封闭。如果他走出大山，看到了大千世界，再让他回去循环，他恐怕也无法忍受了。除非他立志改变自己的生活

（再也不能那样活），或者改造家乡，这就有意义了。

城里的孩子比农村的孩子自杀率高，今日的孩子比旧日的孩子自杀率高，重要原因之一就是前者比后者多吃了几个"智慧果"，他们开始有点"哲学思考"了，自己想不通，又没人指点，于是不活了。

从这个角度看，有思想的孩子反而比没有思想的孩子危险。

当年解决生命意义问题，靠的是灌输法。如今这种办法不灵了。我们应该结合具体情况，适时地点拨孩子，帮助他们，而不是代替他们找到各自生命的意义。

2004. 11. 14

她想退学

下面是一篇高一女生的作文。

新学期的第一天

我的朋友一个个地失去，这是为什么？

高一了，这是我高一第二学期的第一天，我感伤，我落寞。我看着一个个床位空空的，那是我的好友留下的空虚，看在眼里，疼在心里⋯⋯

无奈！应该走的还是要走，为什么在我身边上演的总是悲剧？面对抉择，每个人都是痛苦的。我发觉我做每一件事都是后悔的，别让我选择，好吗？

一回到教室我就像失了魂，完全不是一个正常人。我知道这样很痛苦，但我又不能逃避⋯⋯有时真想抛下一切，有多远就走多远，永远都不会再回头⋯⋯

但是我不能，我还没有能力。人除了学习还需要些什么？为什么人的生活就是这样？

也许全世界的人都想不明白我为什么就那么厌学，我也想不明白，就知道回到学校的第一天我整个人都死了，彻底地死了。

也许风太大，雨太快，使我感觉不到生活的存在。人活着实在太苦了，如果有来世的话，我会选择当一只猪。可怜的小生命，我只要活得开心！

这个孩子玲珑娇小，每天总在上课铃响前几分钟到教室，无论有事无事都是如此。她给人的印象是听话、有礼貌，嘴边总是带着一丝微笑和羞涩。

高一第一学期期中时，她曾萌生过退学的念头，说自己在学校"很迷茫，不知道干什么"。我对她讲述了读书的好处，并鼓励她勇于面对困难，最终她选择了读下去。

到了第一学期的期末，她再次萌生了退学的念头，说自己"想过继续读下去，不过，好像付出了努力，总是什么也学不到。并且，在学校的日子真的很很很压抑"。并且已经准备收拾行李了。我再次约谈鼓励她，她留了下来，并且，在剩下的时间里，学习非常勤奋。

第二学期即将开学时，她又表示要退学。她说："不知怎的，我一来到学校，心情就是非常非常压抑。"我问她为什么会压抑，她说她也不清楚，似乎这是天生的。我让她换一个角度对待生活，她说："我一直在这样调节，但我发现我永远也改变不了，调节不了。在学校，生活中只有压抑。每次一来到学校就烦躁！"

在语文课要求的第一篇周记中，她写下了上面这篇沉重的、声情并茂的《新学期的第一天》。

在一次谈心中，她告诉我她在学校也有开心的时候，那是在宿舍里，"可以玩，可以说话"。她承认不是在学校不开心，而是在教室不开心，这是从初三开始的，因为那时经常考试，她的名次每次都在后面。她说她现在"不想学"，哪科也不喜欢，"听不懂……也听不进去"。

请问：还有什么更好的办法吗？（天蓝66）

○ 点评

强攻不克的时候

敌军强大而自己攻城不下的时候，是继续进攻还是撤退？恐怕还是撤退好。实力悬殊我军弱小的时候，是堂而皇之地打阵地战好，还是进退自如地打游击战好？显然是游击战好。做事要审时度势，死心眼是不行的。

愚以为，人生亦如此。有前进就有后退，有直路就有弯路。在有些时候，撤退和走弯路都是必要的。谁不愿意乘长风破万里浪呢？可是该躲进港湾的时候，还是要躲的。

学生恐怕也是这样。如果他们都能按部就班，小学、中学、大学地拾级而上，不休学、不退学、不留级、不生大病，那当然很好。但这说的是一般情况。十个手指不一般齐。有些孩子就不是如此按部就班。对于大家都合适的路，对于他可能就不合适；人家走大路合适，他可能偏偏走小路合适；人家匀速走合适，他可能反而变速走合适；人家连续走下去合适，他可能走走停停合适。教育者不可以用一个模子套所有的学生。

要因材施教，也要因材施"不教"。

我亲眼见过一些学生，死活不念书，只好退学，早早参加了工作。工作几年，又忽然回过头来参加成人高考，学习态度判若两人了。有人就说，你早知今日，何必当初？对学习的看法不同了。没有这段时间的工作，他不可能有后来的学习热情，这种亲身体验是任何人的任何说教都不能替代的。这段时间，对于他来说，就是一种必要的撤退。你能不能不让他走这段弯路呢？恐怕不能，这是他的命运，是他的性格决定的命运。如果你硬和他的命运（这里所说的"命运"没有迷信的含义，指的是他的特殊成长规律）作对，结果很可能导致他精神的崩溃。一旦崩溃，想撤退都不行了，撤退的本钱都没了。这种崩溃的孩子，我接触过一些，太可惜了。他们的家长和老师，虽然出于一片好心，但是都太死心眼了，最终害了孩子。台湾作家三毛的家长如果也是这种思路，三毛这个作家恐怕就不会出现了。

我看了天蓝66老师提供的材料，初步印象是这个孩子实在是已经尽力了，恐怕她攻不上去了。我不知这是智力问题（我发现天蓝66老师对这孩子的智力类型和智力水平一直没有评论，其实这是非常重要的），是基础问题，还是学习方法问题，但是我感觉不大像学习以外的人际关系呀、情绪呀等问题。现在学习对于她来说等于受罪，她度日如年。继续鼓励她迎难而上，这合适吗？我怀疑。我担心她崩溃。我觉得她起码应该休息一下，实在不成，应该让她休学或者退学。这样她将来即使不再上学，也未必没有光明的前途。人生自有千条路，条条道路通罗马。

对于孩子来说，最好的路不是我们教师、家长指定的路，而是适合他性格和资质的路。

古人云："退一步海阔天空。"

实在攻不动了，还要继续吹冲锋号吗？

2005. 3. 22

他觉得自己快崩溃了

王老师帮我！

小宇（男）今年初三，学习成绩基本在前十名内。周三他的父亲来校找我，说小宇周一回家后行为反常：平时从不帮家长做家务，但是那天他自己洗的衣服，而且还说以前学习不努力，"从今天起一定会好好学习的"，后来竟哭了起来。还说对不起自己的父母（因为我那天的班会主题是孝顺父母）。父母吓坏了，反过来劝他说只要努力就够了。他的父亲说有点担心自己的孩子，怕他压力太大。我在学校没有发现小宇有异常，我个人认为他可能是心灵有所触动，也许是要改变自己的处境吧。于是我说让他顺其自然，静观他的变化就可以了。

今天上午他父亲又来了，说问题很严重，说孩子在家常哭，觉得压力太大，觉得对不起父母，害怕即将到来的考试。

我意识到问题的严重，于是中午留他单独谈话。他的状况很差，一直在叹气，就是觉得很压抑。我给他讲，任何事情再坏也到不了解决不了的地步。他说他也懂这些道理，可就是想不通。我问他想什么，他也说不出什么，就是觉得什么也没有学会，觉得以前的时间都浪费了。上课老在想要好好学习，控制不了自己。

而且最近的一次小测验，他的成绩很不理想。这令他更受打击。

他的父母都是大学毕业，家里只有他一个孩子，对他的学习很关注。父亲可以辅导他的功课。这个孩子性子比较慢，他母亲性子急。可以说他的学习是他家最重要的事情。

我想不出什么好的方法，于是今天下午我带他去了心理咨询室。

他是不是压力太大？我该怎么帮助他？他觉得自己快崩溃了。

急切等你的帮助。（胡萝卜）

○ 点评

教学生宽容自己

我的初步印象，这孩子的心理问题属于自我攻击。他不接纳自己，不宽容自己，站在自己的对立面攻击自己。

他的自我分裂成了两半，一半攻击另一半。堡垒内部厮杀起来了，他当然无法静下心来学习。

自我批评和自我反思本来是重要的优点，但是过了头，就成心理疾病了。

其实那个被攻击的自我才是他头脑中的"原住民"，那个攻击者是后来杀进来的"殖民者"，说穿了就是父母和老师。

听话的好孩子往往有这样的命运，他们常把父母和老师的高标准、严要求内化成了自己头脑中的法官，用来审判自己。

当这种内化深入到一定程度的时候，即使父母和老师后来改口，降低了期望值，也不行了。孩子头脑中的"法官"已经取得了相对的独立性，统治地位已经巩固了。也就是说，这时候你即使撤掉了外部压力，他也轻松不了，他头脑中已经有了自己给自己加压的机制，能自动加压了。

这个学生的麻烦，可能就在这里。

对此，我有以下几条建议：

1. 告诉孩子父母，平时要"顾左右而言他"。看见他哭，装没看见，跟他说话，只聊闲天。既不可说加压的话，也不可有意说减压的话（因为那等于压力提示）。暗中密切注意孩子的动态，外表一定要装得若无其事。

2. 如果孩子有很喜欢的亲属或朋友，可以找个借口（别说为了放松），让他离开家庭一段时间，住到别人家去，躲开父母这两个刺激源。

3. 教师也做若无其事状，最好对该生这样说："你这种情绪很正常，我小的时候也闹过几天你这种情绪，后来很快就过去了。都怪你父母，他们毕竟缺乏教育专业知识。"别老找他谈，千万不要做震惊状，否则会加重孩子的病情。

4. 悄悄安排几个学生（一定要保密，找嘴严的学生）向他请教学习上的问题，而且做钦佩状，这有很好的镇静作用。

以上都是缓兵之计。

5. 等到孩子基本平静的时候，再把他当初攻击自我的原因如实告诉他，如此才能使他真正学会宽容自己（把外来"殖民者"请出去）。但是这个时机要好好把握，不要急于亮"底牌"。

以上意见，谨供参考。

2005. 1. 21

您好，王老师。我是上面那个孩子的心理辅导老师，现在想跟您讨论一下这个孩子的情况。

孩子目前表现出以下症状：

1. 睡眠不好，睡前常常哭泣！

2. 多疑，非常在乎别人的评价（眼神、言谈、态度）。

3. 极度自卑，全盘否定自己。

4. 言语动作迟缓，情绪极其低落，与以前判若两人。（以前动作迟缓，但在可以接受的范围内。老师同学家长都看出他有明显的改变，他自己也觉察出来了。）

5. 情绪低沉，无法自控。对任何事物皆失去兴趣（以前他极感兴趣的事物现在对之也毫无精神）。自述非常想回到以前什么都不在乎的状态，但无法控制自己。

6. 食欲不振。

我初步判断是"抑郁症"，想与王老师达成共识！共同商讨对策！

（师大心理系毕业，工作时间四年，工作经验不足。非常渴望与专家进行面对面的交流！）（心理老师）

根据您提供的情况，我还是觉得他的问题是自我攻击、自我否定。

如果他还没有到非休学不可的程度，我建议他继续上学，因为待在家里，每天面对父母，可能他会更难受。

以我个人的习惯，一般不完全采用欧美的心理治疗方式，而是借鉴他们的方式。再说我也不是正规的心理医生，我是教育者。比如欧美人去看心理医生，堂而皇之，我们中国人则一般不愿意这样。我指导过的不少孩子，家长提出请他们去看心理医生的时候，他们就说："谁有病？你才有病呢！要看医生你自己去！"家长没有办法。所以我面对这类孩子，一般不说他们有病。像上面谈到的这位初三毕业生，要是我跟他谈，我会说："你太累了。休息休息就好了。今年不能考高中可以明年考嘛！"然后再给他的家长和同学做工作，但不让他知道。

既然您判断他患有抑郁症，您也可以按照抑郁症的治疗方法在他身上试试，看有没有效果。我提的建议，仅做参考而已，毕竟"临床"的是您。

2005.1.24

她肩负着全家的所有希望

我有一个学生，进校时成绩在全班 24 名，学习非常刻苦，连上厕所的时间也舍不得浪费，但期中考了班级 32 名。经了解，她家里还有一个妹妹，智力上有点问题。她曾对她的好朋友说过："自从七年前，我家的所有希望就全都寄托在我的身上了。"

请问大家有没有什么好的办法帮助她？（何斌）

○ 点评

这个女孩情况不妙

这个女孩情况不妙，甚至可以说有危险。因为她正在努着劲做一件可能她根本做不到的事情。她在超负荷运转。她在为别人（父母）主观确定的指标盲目奋斗。

一旦这种努力超出她能忍受的底线，她就有可能崩溃；一旦这种努力的效果总是不好，她就会陷入深深的自责，甚至会有负罪感，于是也可能崩溃。

我感觉这孩子离"学校恐惧症"已经不远了。

当务之急是找她的家长谈。告诉他们：你们不可以让孩子实现大人的理想；你们不可以代替孩子确定她的生活目标；你们不可以主观确定孩子的分数指标。孩子究竟能学成什么样，需要请内行人来论证；"刻苦"不能解决一切问题，一味要求孩子刻苦，只能降低孩子的学习效率，她表面在"学习"，实际脑子已经不转了。你们这样搞下去，最可能的结果是，孩子不但无法实现你们的目标，而且可能成为病人，成为你们将来的"包袱"。

如果家长能醒过来，你就再劝孩子。告诉她：你应该根据自己的实际情况确定自我期望值；你应该找到一条适合自己的路，而不必非要实现你父母的理想；学习成绩好坏并不全在于学习时间的长短，如果觉得自己脑子不转了，应该休息，否则没有效果；人的能力有大小，在考试分数面前，要保持平常心；等等。

这孩子亟需放松。

教师千万不要认为刻苦总比不刻苦好。绝不可以鼓励蛮干式的"刻苦"，否则会害人的。

2004.11.10

一个迷失自我的大学生

1. 一个家境贫寒的农村孩子。

2. 成长轨迹：农村普通中学—国家示范重点高中—重点大学（现在是××大学二年级心理学系的学生）。

3. 我和他的关系。我既是他的中学老师又是朋友，他非常信任我。

这个大孩子是我那一批学生中最让我操心的一个，在高三第一学期结束前，我还专程去过一趟县城，为他做了一些心理辅导，主要是做了一个"听筒"。

总感觉到他有些问题，但我不能很清晰地分析出来。另外，我们已约定，过年时我和他们将聚一聚，到时我想把我的想法和他们交流一下。所以在此想请王老师指点一二（我私下以为他不适合学心理学，总担心他越学问题会越多）。（沧海笑）

附信如下：

船长：

你好！

抱歉这么久才给你写信，这学期实在是太忙了，学习、工作、兼职，我戏言是"俗务缠身"。现在到了期末考试，我反而清闲了许多。先说一说学习方面的东西。这学期应该较上学期和再上学期要用功得多，但是通过这一年多的专业课学习，我发现自己对这门课的兴趣实在是不够，早已没有了刚进大学时的那种兴奋，因为那时我对心理学充满了憧憬，我希望它能够帮我解决自身存在的问题，现在我的问题已经解决得差不多了，我对心理学的憧憬已经没有当初那么热烈，甚至有些厌烦。我不喜欢那种成天拿着从书本上学到的一点理论到处显摆的做法。我本质上是一个追求实际功效的人，虽然我也从不否认理论的指导作用，甚至很看重它。我忍受不了学习心理学所带来的痛苦。但是同时我也发现，如果我把它作为一个不太重要的副业来学，就不会有这种感觉，相反会仔细地思考一些东西，学着从心理学的角度去思考问题。

是不是我真的不喜欢这门学科呢？我自己也不清楚，或许有这样的一种可能是我接触到的老师都不是很好的，就像高一时遇到一个垃圾老师然后就不喜欢数学一样，其实数学是我的最爱。看了一些有关变态心理学和人格心理学方面的东西，发现自己在这些方面还是有一些兴趣的。再说吧，我的底线是不管喜不喜欢，目前还是现实一点，认真学好它吧。

船长，如果告诉你我剃了光头，你会不会很惊讶？应该多少有一点吧？实际上我确实剃了光头。为什么呢？别人问我这个问题时我回答说没有任何理由，其实理由还是有的。这么长时间以来，我发现自己做事变得思前顾后，好像没有了当年的激情。我把剃光头看成是对我自己的一种挑战，以我目前的这种情况，能不能做到不去考虑一些问题就做一件需要面临或多或少的压力的事情呢？实际上我做到了。

船长，讲一件可能令你和姚老师失望的事情：到目前为止我还是迷失自我的。不知道自己是谁，不知道自己在做什么，不知道自己应该做什么。这是一件很痛苦的事情。但是有一点我很乐观，我觉得随着时间的推移一切都会变得很好的。

这学期思考哲学上的一些问题比较多，似乎有些陷入的感觉。

好了，就写到这了。具体地回去后再细谈。

祝一切都好！

水手：小雪

○ 点评

沧海笑老师：

您提供的材料太少，特别缺乏他的家庭教育情况和童年经历方面的信息，因此我还无法判断这孩子问题的性质。只能做一点初步的猜测。

他给您的信，我以为有两个关键点：一是不喜欢所学专业，二是迷失自我。

不知道他报这个志愿的时候是什么想法，也不知道他理想的志愿是什么，这很重要，希望您能问问他。

据他自己说，他现在不喜欢心理专业，有以下几个原因：

1. 本打算学这个专业解决自己的心理问题，现在问题已经解决，所以兴趣不大了。（应该问问他：你解决了什么问题？）

2. 心理学理论脱离实际。（那应该问问：在你看来，什么样的理论不脱离实际？

由此可以追踪他的真实问题。）

3. 老师教得不好。

这是他说在明面的理由。我怀疑还有一个他不愿说出的理由：心理学揭痛了他的伤疤，迫使他面对真实的自我，使他反感。如果存在这种可能性，则只要搞清他的伤疤在哪里，就好办了。

我们再来看第二个关键点：迷失自我。

人在何种情况下才会声称自己"迷失自我"呢？

第一种，从来就没有找到过"自我"，从来就不了解自己。

第二种，曾经有过比较明确的"自我"，但现在怀疑它了，否定它了，心灵成了空白。

第三种，其实知道自己是怎么回事，但是不敢承认，于是谎称"迷失"了。

我不知道这个孩子属于哪一种。

我隐隐约约感到他有一个"自卑情结"，至于这个情结具体是什么，我实在不敢乱猜。如果您能提供更多的背景材料，我很愿意和您一起研究一下这个孩子。但是请注意，此人素质较高，且非心理上的外行，所以他说的话，反而可能披上了更巧妙的外衣（愚以为，他对您也是如此。虽然您是他的朋友，但这是一种本能，未必是他存心要对您隐瞒），难以判断真伪。这就增加了诊断的难度。

2005. 1. 12

谢谢王老师，为了您能更好地了解这个孩子的情况，我把我所了解的一些情况罗列一下。

1. 农村出生。他家我去过几次，门前是土路，家有八亩地，有年迈的奶奶，一家四口人，破旧的瓦房，母亲替人织布，父亲给人家做小工，每天收入 20～30 元不等。不幸的是，去年他父亲又患上了糖尿病，他自己的学习花费也挺高的。

2. 从小学的办学点上学，后到乡中心中学上学，然后到县城重点高中上学，最后到国际化大都市上海上大学。这期间他一直生活在城市与乡村的巨大反差中。

3. 能力很强，是个理想主义者，还有些浪漫，但残酷的现实往往把他的浪漫打得支离破碎。

（1）想做班长的小雪。

小雪是我初二接班时的一个优生，除了学习好，没发现他有别的什么过人的地方。班级选举班长时，他没有选上，一是由于他从村小上来的，全体同学有些排外；

二是由于其貌不扬，说话声音不高；三是由于我对他也不太了解。当时为了照顾落选的他，团支部书记一职就给了他。记得他当时很不高兴。我发现后，找他谈了我的看法，我说，"党是领导核心，团支部书记就是班里最大的官了"，后来他也就这样接受了。

（2）喜欢看报纸的小雪。

每周他回家都要求他父亲到大队收集没人再看的报纸，拿回家给他看。现在他特别喜欢看《南方周末》等报纸。

（3）正直的小雪。

对社会上的丑恶现象很痛恨。有一次在班会课上，因为他们要加试英语口语的事，"把我们当试验品了？！"他第一个发难。以前大多数学校或多或少都有些乱收费的问题，"腐败！"这也是他在下面大声讲出来的。

（4）没有朋友的小雪。

因为相貌、身材、性格、其他学生排外的原因，班级绝大多数学生都不愿理他，他原来学校的一个女生（在别的班上），却很愿意听他说话——大概是觉得他可怜吧！有同事及学生告诉过我这件事（在他们眼中就是早恋）。我班级活动时，那个女孩也大大方方地来过，我的直觉告诉我，不是那么回事。记得和小雪谈话时，他承认他喜欢她，并表示自己能处理好这件事。后来初三一毕业就自然不联系了。

（5）初中喝酒事件——想当救世主。

那是初三上学期，10月份吧，一天中午按惯例轮到他值班（维持纪律），在三番五次制止"八大金刚"式的人物乱讲话无效的情况下，他大吼一声"别讲话！"然后冲出教室，摔门而去，奔到学校小卖部，要了一瓶啤酒，一气灌下了大半瓶，摇摇晃晃地走到值班老师处，说了句"老师我违反纪律了……"就醉倒在地上了。此时我正好到校，立马吩咐同学把他扶到宿舍，并准备脸盆以防呕吐。

他想当救世主，想和"八大金刚"那类人打成一片，或者说他很喜欢那类人，可惜他的体格、体能都不如他们，天生的"八脚"跑不快。为了满足他充当此类角色的需要，我教了他一些基本的篮球比赛裁判规则，经过自习他基本掌握了，然后我就每天组织"八大金刚"打篮球，我和他一起做裁判，后来就他一个人担任，再后来，他竟成了"佛祖"，全班同学都认同了他，那些"金刚"还特别听他的话，大概是心有愧疚吧！

（6）友情破碎的打击。

从高一到高三，他有一个很好的朋友（知心的、志同道合的），他们在同一个宿舍。到了高三，一次为了宿舍的卫生值日发生了口角，是朋友没有做值日，作为班干部的他说了一句责怪的话，于是朋友不理他了——朋友就应该相互"帮助"而不是拆台。他很难过，他解释了许多，想"破镜重圆"，却没有成功。于是他就想不通了，给我写了一封信，就一句话"船长，我想见到你！"让我看得心惊肉跳的，第二天我就赶到他学校，陪他在校园操场上转圈子，中午我和他在小吃店点了几样小菜，边吃边聊了好一阵，我只知道自己说了许多废话，主要的还是他自己在疗伤。

（7）北大梦的破碎。

记得在高一进校后的一次月假，他们几个回母校，我有意无意地说了一句话"我们学校至今为止还没出一个北大、清华的学子"，说者有意，听者也有意！以后他们都拿这句话相互勉励，由于那年江苏出卷，试卷奇难，人民大学提前招生他们都没动心，就奔北大和清华！论实力，他们班主任、科任老师都不怀疑（我和他们老师交流过），可惜，天有不测风云，他们落难了（那一批学生大部分录取了省重点大学），只得退而求其次，虽说考取了××大学，但专业不是他自己决定的（服从志愿），这是进门的代价！所以他的情绪在信中有所流露。

（8）心理咨询。

高中毕业后，他专门去了一趟市人民医院，就自己友谊破碎及其他一系列遭遇所带来的心理问题咨询了专家。他上大学前告诉了我这件事，他想弄清"自我"到底是什么，这也成了他选择心理学的唯一动力。

（9）参加联合国会议。

他听说有一个联合国会议在上海举行，他想进去参观，却吃了闭门羹——必须是西装革履才能进入会场。他不服，立马回校向同学借了一套，居然也蒙混过关了。回来后只告诉我一句"印度人讲的英语和美国人讲的英语不一样，听不懂"。

（10）现在的他。

去年，他又谈了一个女朋友，和他同乡，比他大，而且是一个在外打工的。我去武夷山经过上海正好遇上他们在一起，临上火车我送他一句话"顺其自然"。他还想学德语，参加了系棒球队，还兼职干起了一份叫什么研究性的干事（带薪的）。

以上是关于他的一些故事片段，不知王老师还能分析出哪些本质的东西？我该怎么和他交流沟通？（沧海笑）

一

感谢沧海笑老师又提供了不少材料，现在这个孩子的形象，在我脑子里明晰多了。本来只是一个远处的身影，现在走近，能看见五官了。但这也还只是个初步印象。我还是得随时准备调整我的看法。

我感觉他身上有两个非常尖锐的矛盾，几乎把他的灵魂撕裂了。

第一个矛盾：他有异常强烈的出人头地的渴望，却没有多少个人魅力。

他雄心勃勃，想当领袖，想当"人上人"，想一呼百应，想成为众人目光的焦点，可惜没有吸引人的外表和风度。他比较"土"，人家不买他的账。

他的雄心是从哪里来的呢？因为他出身贫寒，刺激了他强烈的"翻身"欲望，而他从小在家乡又是佼佼者（学习成绩），周围人的羡慕和赞赏助长了他的雄心。

他希望自己是众望所归，人家却根本不拿他当一盘菜，这当然令他极其痛苦，而且会愤怒，所以他愤世嫉俗。你从他的正义感、他对腐败的仇恨里，能感觉到某种"仇富"的心态和厌恶城里人的心态。你从他最近交个家乡的女朋友中也能感觉到这一点。他在灵魂深处想："我和你们不是一个溜子。"

所以从社会心理学角度看，这个孩子的心灵矛盾是社会贫富差距、城乡矛盾的反映。他有点像于连（小说《红与黑》的主人公）。

第二个矛盾：他整体上缺乏优势，在局部却有突出的优势。

如果这个孩子整个的人没有多少魅力，功课也一般，那倒平静了，他就"认头"了，会老老实实地去过他的日子，也就不会有什么心理危机了。

然而他的功课出类拔萃，优势非常突出。按照应试主义的评价标准，只要功课好，一俊遮百丑，就什么都是好的了，整个人都是别人的榜样。他也觉得应该是这样，可惜现实生活不是这样。在学生中，评价一个人是不完全看学习成绩的。青春期的孩子尤其注意外貌、个头、谈吐、气质、家里是否有钱、打扮是否时髦、有没有情趣等等。

在这些方面，他毫无优势可言。于是同学不注意他。这对他不啻当头一棒。这就相当于在一块滚烫的石头上泼一盆冷水，石头是要破裂的。我们可以想象他有多么痛苦。

所以他的这个矛盾，也是应试教育的评价标准和社会流行评价标准的矛盾。如果学校不把成绩好的学生捧那么高，他的心态也不至于如此沸腾。在这个意义上可以说，他是应试教育的受害者。为什么他和别人都关系不佳，唯独和沧海笑老师关系密切呢？除了沧海笑老师的个人魅力以外，我想可能还有一个重要原因——老师永远喜欢成绩好的学生，看见老师，他就想起了自己的优势，这会带来一种安全感。

二

城乡矛盾也好，应试教育的评价标准和社会流行评价标准的矛盾也好，都是我们社会的深层次矛盾，短时间内绝对解决不了。这就难怪他对心理学专业失望了——心理学本来就解决不了这么大的社会问题。

可是上述两种矛盾造成的焦虑和痛苦天天伴随他，这是令人难以忍受的。

他怎么应对呢？

第一是向心理学求救。去看心理医生，去研究心理学。结果是失望。

第二是强迫自己"不去想它"，采取点惊世骇俗的行动（喝啤酒、剃光头）来发泄。这就是他所说的"能不能做到不去考虑一些问题就做一件需要面临或多或少的压力的事情呢？实际上我做到了"。然而这只是吃止痛片而已。

第三是向朋友倾诉，缓解心理压力。沧海笑老师荣幸地成了他倾诉的对象。对于他的心理健康，沧海笑老师的贡献很大。我认为，如果没有沧海笑老师起缓冲作用，这个孩子会做出更怪异的事情来。

我们看到他的对策主要是三个。第一个是有意识采取的，第二、三个像是无意识实行的。

总之，这个孩子是一个不愿面对现实的现实主义者，是一个浪漫不起来的浪漫主义者。他思维方式僵硬，处世不圆滑，与社会过不去，和自己过不去。他不了解自己，而且可能从来就不了解自己。

他的办法解决不了问题。他需要帮助。

三

有法帮助他吗？

目前我能想到的帮助他的办法，有以下五种。

1. 给他泼冷水。

告诉他：你没什么了不起的，你只是个普通人，过普通人的日子才是幸福。他若能认同，心理也就平衡了。

我怀疑这种办法他会很反感，因为他正年轻气盛。

2. 给他打气。

告诉他：你是最优秀的，你一定能出人头地，你会成为万人仰望的人。不要理那些俗人！

我估计这话他会爱听，而且可能激起他奋斗的狂热，但是一旦受到挫折（这种挫折几乎不可避免），那就很危险，容易崩溃。

所以我不赞成上面两个办法。这孩子现在既不需要批评，也不需要表扬。

3. 告诉他实情。

把他的优势、劣势，他心灵的尖锐矛盾，这些矛盾的个人原因和深层次社会原因，全都原原本本对他说清楚，让他彻底搞清自身的处境，自己选择一条出路。

我想这可能是根本的解决办法。但是现在就摊牌，时机是否成熟，我没把握。面对现实是需要有勇气的。他有没有这个勇气，做好心理准备了没有，我不知道。所以此计宜缓行。不过早晚躲不开。

4. 先缓和他的心态。

这是我的主张。不着急把事情说穿，先想办法让他放松。

要是我，我就建议他读《菜根谭》和佛经故事，听听古典音乐，读读小说。如果有兴趣，可以写点诗。矛盾虽然不能因此而解决，却可以缓和。等到他大体能听进逆耳忠言的时候，再把实情摊给他。

5. 遇到一位强悍者。

我看这个孩子骨子里是个权威主义者（农村来的孩子这种现象比较普遍）。如果他遇到一个强悍的、他非常敬畏的人，他的心理危机也可以用另一种方式解决。这个人根本不跟他讲什么道理，只是命令他"你这么做就是了"。他很可能不再多想什么，而是把强悍者的目标当成自己的人生目标，遵照强悍者的指示去安排自己的生活。

这只是一种可能性，一种机遇，我们无法安排，而且我也不希望这样。这是另一种麻醉。

以上是我的初步想法，谨供沧海笑老师参考。

2005. 1. 14

自己不学习，怪父母离婚

以下是一个学生的作文。

想要有个家

我想有个家，爸爸会疼我，妈妈会爱我，爸爸不会与妈妈吵架，爸爸无论多忙也都会抽空和我们去玩。

妈妈不会整天叽叽歪歪，也不会把家里的所有的事情都给我做，会细心照顾我，生病的时候不会让我自己照顾自己，不在家也会煮好饭留给我，不会让我吃泡面，不会把我当猪一样关在家里，让我出去一次。心中的家，有温暖，有人疼我，不会让我哭，让我难过。

当不开心时，我总会想起心中的家，当我想爸爸时，我会想心中的家，因为它是我一直想要的家。

家是幸福的港湾，家是我爱的家，我想有一个这样的家，别人家是那么幸福，而我的冷冷清清。不会没饭吃，不会胃疼，不会吵架，真希望这些都是真的，我想有个完完整整的家，为什么就这么难。

爸爸你为什么不要我？弟弟和姐姐都好想你啊！还有你说五一节来带我去石竹山，已经一年了，为什么你还不回来？我想爬龙山，鼓山，石竹山，还有泰山，黄山，对了，你只带弟弟去新加坡，而我和姐姐呢？连五马山（本地附近的一座山）都没去过，知道你疼弟弟，但是干吗不回来看看他呢？

每次出去都会看到别人都是一家一起吃饭，过生日。你们给我过一次生日吗？我没有过一次生日，连个礼物都没有收到过，还说我过得比别人幸福，为什么我会生在这样的一个家庭？学习是不好，但是你们有关心过我吗？为什么你们只是责怪？为什么？我不喜欢你们。

我想得到的是关心，不是冷漠。一个人住一间房间，很可怕，电闪雷鸣时，一个人躲在被窝里喊"爸爸妈妈你们在哪里"，那时候你又在哪里？

这位学生平常一般不写作文，写的话有时候就是凑几句或者一段，说是没办法写，据说她从二年级起就不写作业了，但是我还是让她写。对这个学生，我的要求是作文字数够就可以了。因此，写的时候她也是经常凑字数，作文多凑几次，有时候也就能凑合着看了。她的家庭面临比较大的问题，父母不和，基本上面临着分崩离析的暗淡前景。

有时候觉得自己不讲道理，这个孩子连生存都有点儿困难了，老师还要求她写作业、读书；她母亲自己也是一头烦恼，据说还帮她父亲带一个他同别的女人生的孩子。她妈妈觉得自己的家都已经不像家了，可老师却要求其尽到家长的责任。学生读书，家长管教孩子要有一个前提，就是家里人还有为这个家庭添砖加瓦的愿望。（海蓝蓝2895）

海蓝蓝2895老师，您提到的这个学生与我班上一个男生的情况有点像。他父母离婚，在他刚出生时就离婚了。他一直跟奶奶生活。现在读初一。常与班上同学发生冲突，有时就是打架。我现在把他的早期记忆的材料发给您看看。看看与他现在的表现有些什么关联。

他只有一则记忆材料。

在7岁那年，我奶奶告诉我：我爹妈在我生下来几个月就离婚了，是他们害了我。我奶奶说我要用功点儿。就是在那一次，我奶奶把我骗上车跟我妈妈到滨海。我不想去，在路上我十分暴躁。我一直哭，过了三个小时到了滨海。我妈妈说先去外婆家。我说去就去。到了外婆家，我发现外婆和外公对我一点都不好。我舅舅的孩子跟我抢东西。后来，被外公看到了，他就上来打我。我气得跑了，就躲在一个草堆里。他们一直在外面叫我。我心想就气死他们。谁叫他们打我。我就不出来。后来我还是怕他们着急，我就出来了。在路上，他们一直说我。我急得就从电动车上跳下来，头往地上一摔。上医院缝了几针。这时，他们怕我有什么三长两短，就一直怕我。我从医院出来后就要回家。我妈妈只好把我送回家。到家后，我奶奶看见我头上带了一个小白帽，就问我怎么了。我就说我头上被缝了两针。奶奶天天买大鱼大肉给我吃。我奶奶对我真是太好了。在学校，我也想学好。可是我犯一点错误，老师就打我。我心想，我就考不好，我就不学。我想要一个好老师，他对我好，我也对他好。

以上，供参考。（Coolcatcafe）

○ 点评

愚以为教育这类孩子有两个原则：第一个是要同情他们，关心他们，帮他们解决具体困难；第二个是一定要鼓励他们自强自立。千万不要片面强调什么"特别的爱给特别的你"，那样有可能使他们变成"精神乞丐"，就是永远乞求他人的同情，甚至变态成"我的一切失败都不赖我，你们都应该同情我，谁都欠我的"，那可就完了。事实上，这些孩子所遇到的问题，有很多是他们无力解决的，只能面对。有不少情况类似的孩子心态则完全不同，长大了十分优秀。面对破碎家庭、失败家庭、空巢家庭，教师的根本任务并不是改变这个家庭（力所不及），或者补偿这个家庭的缺憾（不可能补齐），虽然这些都可以试着做一做，但这些都不是根本的。教师作为人生指导者，关键是启发和鼓励孩子自主，帮他们站起来，而不是躺在那里哼哼。上面两个案例中的孩子，都已经有躺着呻吟的明显症状了（当然，不要直接这样批评他们）。他们最需要的不是情感宣泄（虽然这也有用），而是理智地、勇敢地面对生活。鲁迅说"真的猛士，敢于直面惨淡的人生"，愚以为应该朝这个方向引导他们。

2013.3.22

我也觉得他对别人常带有一种敌视情绪。只要是有冲突，他都是说别人不对。就算是老师主持公道了，他也觉得老师是偏袒别人，对他不公。只要别人说他不对，他就是一副不认账的态度。只有说他好了，他才接受。他现在的心态就是爹妈离婚，别人对他不好，所以他才会学坏，他才会不学习。如果从记忆材料来看，他打架是为了保护自己，但事实是与很多同学的冲突多是他挑起来的。我觉得他是不是想通过使自己受伤而获得特别关注或者树立威风呢？

王老师说得非常在理，出乎我意料又在情理之中。（海蓝蓝2895）

孩子用不上学要挟家长

有个学生，曾经是班里的班长，很聪明，就是爱玩游戏，成绩也因此下滑。为了玩游戏，他要求父母装宽带。电信部门的服务承诺是在 12 天之内上门安装，可他却要求父母在一周内让宽带到位。为了促使父母做到，他甚至发话超过七天就不上学。结果在其父母的反复催促下，电信部门在第八天装好了宽带，可是因为有言在先，超过限期就不上学，所以那孩子始终不肯到校。班主任上门请他，他跟父母提出条件：上学可以，但是每天回家必须允许他玩游戏。父母没同意，他就以离家出走来威胁。现在已经半个多月过去了，该生还是坚持非要父母答应了他的条件才肯上学。他的父母也拿他毫无办法。这样的学生该怎么处理呢？（j800611）

○ 点评

别让孩子以退步获取好处

这孩子的做法，用老百姓的话说，就属于"犯浑"了。

可是为什么他如此蛮不讲理，家长居然没有办法呢？

因为他点住了家长的两个"死穴"。

一个是，我国几乎所有的家长，都在求着孩子上学，哄着孩子上学，只要孩子能上学，好好学习，家长可以忍气吞声，做任何的妥协和让步。

孩子明白了这个底细，就掌握了核武器（原子弹）。只要我用不好好学习相要挟，我就肯定能迫使父母给我买我想要的东西，只要我用不上学相要挟，我就能得到更多的好处。

另一个是，家长都不忍心看到孩子吃亏受委屈。这本来是人之常情，但是做过了火，心太软，就会被孩子利用。你不是怕我挨饿受冻吗？我偏不吃饭，大冷天不穿衣服，心疼死你！你不是怕我流落街头吗？我偏出走一个给你看。你不是就怕我没出息吗？我偏考个不及格给你！

孩子开始这样做，可能是出于一种逆反心理，但是他很快就发现，这样做颇有经济效益——能换来家长大大的让步。

孩子明白了这个底细，就掌握了热核武器（氢弹）。

我亲眼见到许多孩子熟练地使用这两种"大规模杀伤性武器"把家长打得落花流水。

于是就成了这样：孩子越退步，得到的好处越多；得到的好处越多，就会更起劲地退步……孩子就这样"渴望堕落"了。

家长用亲情压迫孩子，逼子成龙；孩子的回应是用亲情剥削家长，敲诈你的钱财———还一报。

为什么孩子会变成这样？

因为家长从孩子很小的时候起就为了自己的心理需要去讨好孩子。孩子做了一些本该做的分内之事（按时起床，不迟到不早退，注意听讲，独立完成作业），家长也当孩子立功一样去表扬和奖励。孩子无功受禄，久而久之，就会把自己本来应该做的事情看成是对家长的恩赐（我给你上学，给你完成作业），进一步看成是讨价还价的资本。于是他就可以用退步换取好处了。

事已至此，家长和学校还有没有办法呢？

有。基本原则是：再也不能无原则让步下去了，否则孩子的气焰会越来越嚣张；但是也不可以硬顶，因为这种孩子往往已经走火入魔，硬顶会出事的。

于是剩下的出路就是慢慢磨。我绝不随便答应孩子的要求，但是也不立刻拒绝，不完全拒绝。我和孩子讨价还价，拉锯战，慢慢磨他的性子，使他明白，他不能为所欲为。

笔者本人用这个原则指导过不少家长，大都取得了明显的成绩，挽回了家长相当部分的权威，很多孩子变得不那么"混"了。

要准备打持久战。至于具体的做法，那要非常灵活，不是三句两句说得清楚的。

家长和教师要注意，孩子一般也有两个"死穴"。

第一个是，他没有独立的经济能力，这就使他所有的闹腾都具有外强中干的性质。家长不要怕。

第二个是，绝大多数孩子其实心里都明白，他不上学就没有出路或者前途不光明。

　　家长如果能护住自己的"死穴"（别让孩子"拿住"），点住孩子的"死穴"，转变孩子还是有希望的。

　　学校老师怎么办？当孩子欺负家长正在收获好处的时候，你劝他上学是很难的（他正自以为得计），来了不久还会回去，上学已经成了他的筹码了。

　　教师这时严肃地对学生说："你不上学，是违反义务教育法的。如果不改，学校要处理。"这就行了。感动法恐怕没有多大用处。学校教师这时的重点工作并不是针对学生本人，而应该是指导其家长。

2005. 1. 22

伤心父亲给大学生儿子的公开信

据新华社电，2004年11月1日下午，南京大学逸夫馆楼左前方的公告栏上不知何时贴了两张A4纸，那是一封"伤心父亲给大学儿子"的信。这封信的内容引发了学生的热烈讨论。

亲爱的儿子：

尽管你伤透了我的心，但你终究是我的儿子。虽然，自从你考上大学，成为我们家几代里出的唯一一个大学生之后，我心里已分不清咱俩谁是谁的儿子了。从扛着行李陪你去大学报到，到挂蚊帐、缝被子、买饭菜票，甚至教你挤牙膏，这一切，在你看来是天经地义的，你甚至感觉你这个不争气的老爸给你这位争气的大学生儿子服务，是一件特沾光、特荣耀的事。

的确，你考上大学，你爸妈确实为你骄傲。虽然现今的大学生也不一定能找到工作，但这毕竟是你爸妈几十年的梦想。我们那阵，上大学不是凭本事考，要看手上的茧子和出身，这也就是我们以你为荣的原因，然而，你的骄傲却是不可理喻的。在你读大学的第一学期，我们收到过你的3封信，加起来比一份电报长不了多少，言简意赅，主题鲜明，通篇字迹潦草，只一个"钱"字特别工整而且清晰。你说你学习很忙，没时间写信，但同院里你高中时代的女同学，却能收到你洋洋洒洒几十页的信，而且每周一封，每次从收发室门口过，我和你妈看着你熟悉的字，却不能认领。那种痛苦是咋样的，你知道吗？

后来，随着你读二年级，这种痛苦煎熬逐渐少了，据你那位高中同学说，是因为你谈恋爱了。其实，她不说我们也知道，从你一封接一封的催款信上我们能感受到，言辞之急迫、语调之恳切，让人感觉你今后毕业大可以去当个优秀的讨债人。

当时，正值你妈下岗，而你爸我微薄的工资，显然不够你出入卡拉OK、酒吧、餐厅。在这样的状况下，你不仅没有半句安慰，居然破天荒来了一封长信，大谈别人的老爸老妈如何大方。你给我和你妈心上戳了重重一刀，还撒了一把盐。最令我伤心的是，今年暑假，你居然偷改入学收费通知，虚报学费。这之前，我在报纸上已看到这种事情。没想到你也同时看到这则新闻，一时间相见恨晚，及时娴熟地运用这一招，来对付生你养你爱你疼你的父母。虽然，得知真相后我并没发作，但从开学到今天，两个月里，我一想到这事就痛苦，就失眠。这已经成为一种心病，病根就是你——我亲手抚养大却又倍感陌生的大学生儿子。不知在大学里，你除了增加文化知识和社交阅历之外，还能否长一丁点善良的心？（《华商报》，2004 年 11 月 3 日）

○ 点评

愿"伤心的父亲"变成"反思型父亲"

虽然我很同情这位父亲的遭遇和处境，但是我不得不说，孩子变成这样，其实是合乎逻辑的。此处冰冻三尺，绝非一日之寒，也绝非异地之寒。这杯苦酒是你们夫妻二人亲手酿成的。谁让您扛着行李陪孩子去大学报到，谁让您给他挂蚊帐、缝被子、买饭菜票，甚至教他挤牙膏的？他自己没有手和脑吗？上了大学还不会挤牙膏，其生活自理能力岂不停留在幼儿水平？要维持此种水平，必须有出格的溺爱做支撑。

既然您自愿给孩子当奴隶，您就不要抱怨孩子用奴隶主的态度对待您。既然您一直不顾家庭承受能力无原则地满足孩子的一切要求，您就不要抱怨孩子长大拿您当一个可以透支的银行——他习惯这样了。既然您从来没有让孩子和您同甘共苦，他如何能体察您的辛苦？

正是家长的溺爱，教会了孩子自私和不孝。

家长为什么这样？不光是出于亲子之情，还有家长自己的心理需要。家长想让孩子替自己实现几十年的梦想（上大学），想让孩子给自己挣脸面，想养儿防老……

当孩子的要求超出家长所能提供条件的上限时，当孩子脱离家长希望的轨道而沿自己的方向狂奔时，家长失去控制权了，于是家长"伤心"了，家长"寒心"了。不亦惑乎！家长早就应该知道是这样的结果。溺爱培养不肖子孙，这是常识。

事已至此，家长把最后的希望寄托于高等学府。他说："不知在大学里，你除了增加文化知识和社交阅历之外，还能否长一丁点善良的心？"这不等于让大学的教授教莘莘学子学会孝顺父母吗？大学负担如此"德育"任务，该笑还是该哭？

我们的教育就是这样，大家除了考试分数什么也看不见，本该由家庭教育解决的品德问题推给学校，本该幼儿园、中小学解决的品德问题推给大学。难怪我们老得"加强学生思想品德教育"，因为家庭教育的基础就没打好，学校要不断"补课"；因为学校一边"加强"某种教育，一边同时把隐患推给高一级学校，在应试的疯狂中，实际上我们教育的每一道工序"制造"的问题往往比"解决"的问题还要多，问题都留给下一道工序，最后都留给社会……

解铃还需系铃人。学校固然有责任教育这位大学生，但是家长若不反思自我，端正态度，是解决不了问题的，因为这个学生总会毕业的，到时候仍不孝顺，家长再找谁？

自己拴的铃儿，想让别人去解开，这是中国许多家长的毛病，该变变了！

再一次对这位父亲表示同情和慰问。

2004. 11. 10

案例 *100*

一个挑战自我的学生的手记

王老师：

国庆之前我布置了一道作文，让学生挑战一次自己。因为学生虽然看起来年龄不大，却经常口口声声地要挑战自我，但我以为那都不是行动。他们经常低估自己的能力，在心理上畏惧新事物的现象并不比上了年龄的人少。因此我和学生商量了一下，让他们利用假期尝试一两件自己平常不敢做却很有意义的事情，并且用日记形式记录下来，完成不完成没有关系，但是要把自己的各种感受和结果记录下来。今天学生的作文交上来了，我惊奇地发现，所有有计划挑战自我的学生，他们的任务全部完成了，虽有一部分学生完成得相当痛苦，但是他们也完成了。我摘录一个学生的日记如下。

秦××的日记

我准备挑战自己的弱点——背诵。别人一定会说背诵是多么简单，还用得着挑战吗？可是，对我这个脑子不好使，记忆力不好的人，难度可是很大的。

我打算每天背10个单词，虽然数量不多，但是我得让自己把这10个单词背得滚瓜烂熟，每天背完后还得把它默写下来，如果错了一个单词的话，我就得把这个单词抄10遍，抄完以后重测。

第一天

早晨，天刚亮，大概5点半左右，可能我对挑战充满了新鲜感，我就起来小声读单词了，我是先根据音标慢慢地凭感觉把每一个音给拼读出来，就像一两岁的小孩子在努力学习一样，我比平常认真了一些。因为我是从头开始背，最先教过的单词印象会比较深，背起来也容易了许多。过了不多久，我就背了下来，但是我怕这只是瞬间记忆，我就多读了一会儿。时间一分一秒地过去了，我有些不耐烦，大概过去了十分钟，我坚持不下去了，我就扔下书跑到楼下去了。我还没有完成任务，我纠结了一天。到了晚上，我躺在床上决定我要完成任务，我想，只是10个单词而已，既然要挑战自己，就不能轻易放弃。可能这次我坚持下来后，我的成绩就能提高了，这又不是要我上刀山下火海，挺一挺就过去了，没有过不去的坎。

于是我立刻去拿书和本子，看了一遍单词我就开始默写，第一课的单词十分简单，不到5分钟我就默写完了，我对照书给自己打分，得了满分。今天终于可以画上句号了。

挑战自己的第一天，其实很简单，只要克服了心中的纠结，你就挑战了自己。

第二天

因为昨天睡得比较晚，今天早上快要七点才起床，起床后有一大堆的事情要做。做完了事情，我休息的时候打开电视，电视里精彩的节目又像一块磁石一样，深深地吸引着我，使我无法自拔。不但节目很精彩，我内心也很精彩，我心中的正义和邪恶正在激烈地打仗中。

正义：你应该去背单词了。

邪恶：背什么单词呀，这电视多么精彩，你看你看得多么高兴呀！

正义：高兴是高兴，但是你没有完成你的任务，你应该在学习中创造精彩，看电视给你带来的快乐只是暂时的，成绩好了，给你带来的快乐就不是暂时的了。

邪恶：至少现在是快乐的，把握现在就足够了。

正义：要为长远做打算。

……

心理战争终于停下来了，但是我又要去做其他的家务事。

又是到了晚上，我又开始背单词，妈妈说我是"早不忙夜心慌"。万家灯火都熄灭了，唯独我房间的这盏灯还是明晃晃地亮着。

如果还照这样下去，我每天晚上都得熬夜了，无论如何，我明天早上五点半都得起来背单词，要把背单词当成一种习惯，努力让自己养成。

第二天和第三天正是自我挑战难度最大的两天，如果这两天坚持下来，剩下的就没有多大的困难了。但这只是对于八天来说，如果每天都这样的话，恐怕就不止这几天来适应了吧。最重要的是要有足够的耐心和坚持不懈，只有这样，才能取得最后的胜利。

第三天

房东的鸡叫起来了，我从睡梦中惊醒过来，但眼睛始终没有睁开，我心想："我要执行我的任务了。"可是没有行动，我懒散地从床上爬了起来，睡意还没有从我脑子里烟消云散，过了几分钟，我觉得迟早都得起来背单词，还不如早点完成任务，我就拖着我那疲惫的身躯背起了单词。差不多六点的时候，我就背完了单词。这一天我的心中没有纠结，想做什么事都可以，都不用顾虑还有任务没有完成，这一天是我放假以来过得最痛快的一天。

第四天

今天，我跟昨天一样，早上起来背单词，我全部单词都通过了。我觉得背十个单词很容易，我就增加了一个单词，加上一个单词，完全没有负担。我今天总共背了十一个单词，比起往常一两个单词都没去背要好多了。

第五天

今天我有事，要出去，所以我今天早上没有背单词，等到晚上回家后才背。但是我照样不会耽误明天早上的背诵，明天，我一样会坚持遵守平常起床背诵的时间。并且，我又加上了单词，今天背了 13 个单词。

第六天

我早上早早地起来，背了 14 个单词，在不知不觉中，我背的单词越来越多，也越来越习惯这种学习方式了。

第七天

习惯慢慢在养成，挑战自我仍在继续，我依照平常的习惯背了单词，背了 15 个单词，已经增加了平常的二分之一了，继续加油。

第八天

这是挑战自我的最后一天，我坚持到了最后，今天，我总共背了 16 个单词，这次挑战自我，我认为自己成功了。

从以前每天一个单词都不背，到现在每天背 16 个单词，挑战自我就是使自己进步的方法。富有勇气和耐心，有坚持不懈的精神的人，不妨试一试挑战自我，让自己进步。

您对此有没有什么想法和意见？（海蓝蓝 2895）

○ 点评

我觉得您这个案例很精彩。您找到了一个办法，一个抓手，把教育转化成了自我教育，这才是真正的教育。真正的教育不是教师和学生较劲，而是引导学生自己管理自己。与其让他们把心理能量用来抗拒老师（这是常见的状况，一般称之为逆反），不如想方设法让学生把心理能量用来战胜自我。您的办法有两点特别出彩：一点是告诉学生"完成不完成没关系"。这非常重要，体现了过程重于结果的思想，解除了学生的顾虑，也可预防作弊。另一点是让学生把自己的感受写下来，这也很重要，因为这个写作过程能培养学生的反思习惯和能力。经验告诉我们，学生只要有点反思能力，他就不容易要浑，要浑的孩子都是没有反思能力的人。您的这种做法普遍可用，而且不难操作。

2012. 10. 8

图书在版编目（CIP）数据

今天怎样做教师：点评 100 个教育案例：中学／王晓春著. —修订本. —上海：华东师范大学出版社，2014.1

ISBN 978 - 7 - 5675 - 1656 - 4

Ⅰ.① 今 ... Ⅱ.① 王 ... Ⅲ.① 教案（教育）—汇编—中学 Ⅳ.① G632.41

中国版本图书馆 CIP 数据核字（2014）第 017145 号

大夏书系·教师专业发展

今天怎样做教师
——点评 100 个教育案例（中学）（修订版）

著 者	王晓春
策划编辑	李永梅
审读编辑	杨 坤
封面设计	奇云文海·设计顾问
责任印制	殷艳红

出版发行	华东师范大学出版社
社 址	上海市中山北路 3663 号 邮编 200062
网 址	www.ecnupress.com.cn
电 话	021 - 60821666 行政传真 021 - 62572105
客服电话	021 - 62865537
邮购电话	021 - 62869887 地址 上海市中山北路 3663 号华东师范大学校内先锋路口
网 店	http：//hdsdcbs.tmall.com

印 刷 者	北京密兴印刷有限公司
开 本	700×1000 16 开
插 页	1
印 张	20
字 数	335 千字
版 次	2014 年 11 月第二版
印 次	2024 年 7 月第十六次
印 数	50 101 — 52 100
书 号	ISBN 978 － 7 － 5675 － 1656 － 4/G · 7147
定 价	55.00 元

出版人	王 焰

（如发现本版图书有印订质量问题，请寄回本社市场部调换或电话 021-62865537 联系）